校企合作大数据与会计专业精品教材

财经法规与会计职业道德

主编　干冀春　桂光泽　赵　盼

内容提要

本书以现行的会计、税收等法律制度为依据，注重学用结合，理论联系实际，系统阐述了财经法规与会计职业道德的相关内容。全书共分为5个项目，具体内容包括会计法律制度、结算法律制度、税收法律制度、财政法律制度和会计职业道德，旨在提高学生的基本素养，规范其会计行为。

本书任务明确、知识全面、内容翔实，可作为高等院校大数据与会计专业学生的教材。

图书在版编目（CIP）数据

财经法规与会计职业道德 / 干冀春，桂光泽，赵盼主编. -- 上海 : 上海交通大学出版社，2024.8

ISBN 978-7-313-30359-2

Ⅰ. ①财… Ⅱ. ①干… ②桂… ③赵… Ⅲ. ①财政法－中国－高等职业教育－教材②经济法－中国－高等职业教育－教材③会计人员－职业道德－高等职业教育－教材 Ⅳ. ①D922.2②F233

中国国家版本馆CIP数据核字(2024)第032007号

财经法规与会计职业道德

CAIJING FAGUI YU KUAIJI ZHIYE DAODE

主　　编：干冀春　桂光泽　赵　盼

出版发行：上海交通大学出版社　　地　　址：上海市番禺路951号

邮政编码：200030　　电　　话：021-64071208

印　　制：三河市祥达印刷包装有限公司　　经　　销：全国新华书店

开　　本：787 mm×1092 mm　1/16　　印　　张：14.5

字　　数：335千字

版　　次：2024年8月第1版　　印　　次：2024年8月第1次印刷

书　　号：ISBN 978-7-313-30359-2　　电子书号：ISBN 978-7-89424-848-0

定　　价：48.00元

PREFACE 前言

会计人才既是我国人才队伍的重要组成部分，也是维护市场经济秩序、推动经济高质量发展、促进社会和谐的重要力量。加强会计人才队伍的建设，不仅有助于提升会计人才的核心竞争力，而且能够保证会计部门充分发挥促进经济社会发展的职能。

为了适应和满足高等院校培养应用型会计人才和全面开展素质教育的需求，我们根据实际教学需要，组织“双师型”教师和企业专职人员共同编写了本书。本书紧扣“财经法规与会计职业道德”课程的教学主题，旨在培养学生在会计核算与监督、票据支付、税收核算、财政预算等方面的分析能力和判断能力，为其未来从事会计工作打下坚实的基础。

总体而言，本书具有以下特色。

一、育人为本，德育为先

党的二十大报告指出：“育人的根本在于立德。”本书有机融入党的二十大精神，秉持“育人为本，德育为先”的编写理念，将法制精神、专业精神和职业精神等元素融入课程教学中，凸显教材的育人功能。例如，在学习目标中设置素养目标，引领学生在学习过程中提升核心素养；在项目考核评价表中设置“职业素养”指标，通过量化考核促进学生的全面发展。

二、校企合作，协同育人

本书在一线“双师型”教师和企业专职人员的指导与支持下编写而成。本书在内容安排方面既充分考虑了教学大纲的要求，保证知识的专业性；又以促进学生就业、满足职业发展需求为导向，突出实用性和实效性。

三、注重实践，模块清晰

本书采用“项目—任务”式编写模式，每个项目包含“学习目标”“考证链接”“知识导航”“任务导入”“任务实施”“知识检测”“项目考核评价”等模块。各模块的具体说明如下。

- **学习目标**：阐述学生在学完本项目后应达到的“知识目标”“技能目标”“素养目标”，能够使学生在明确学习重点的基础上，有的放矢地学习。
- **考证链接**：梳理本项目与初级会计资格考试中《经济法基础》《初级会计实务》科目相对应的知识点，旨在帮助学生更好地理解和掌握考试内容，为其顺利通过考试提供有力的支持。
- **知识导航**：简单介绍本项目的基础知识，为学生学习后续内容做准备。
- **任务导入**：基于知识应用，设计了一系列实用且具有操作性的任务，如汇报演讲、模拟表演等，使学生快速进入学习情境，激发学生的学习兴趣。

❖ **任务实施**：列出实施步骤，促进学生将学习成果应用到具体任务当中，实现知行合一。

❖ **知识检测**：设置单项选择题、多项选择题、判断题和不定项选择题，帮助学生检验学习成果，巩固所学知识和技能。

❖ **项目考核评价**：采用自评和师评相结合的方式，从知识、能力和素养三个维度对学生的综合能力进行全面评价。

此外，本书还在知识讲解部分穿插了“互动空间”“小贴士”“知识视窗”“同步习题”等栏目，在帮助学生理解、掌握重难点的同时，拓宽了学生的知识面，锻炼了学生的应用技能。

四、资源丰富，平台支撑

本书配有丰富的数字资源，构建了线上线下结合的教学模式。学生可以借助手机或其他移动设备扫描二维码获取相关视频，教师可以登录文旌综合教育平台“文旌课堂”查看和下载本书配套资源，如教学课件、课后习题答案等。学生和教师在使用过程中有任何疑问，都可以登录该平台寻求帮助。

此外，本书还提供了在线题库，支持“教学作业，一键发布”。教师只需通过微信或“文旌课堂”App 扫描扉页二维码，即可迅速选题、一键发布作业、智能批改作业，并查看学生的作业分析报告，提高教学效率，提升教学体验。学生可在线完成作业，巩固所学知识，提高学习效率。

本书由干冀春、桂光泽和赵盼担任主编，田意颖、董婉姝、荣希白、杨玲琳、李明和胡逸冰担任副主编。在编写过程中，编者参考了大量文献资料，未能一一列明来源，在此对相关作者表示衷心的感谢。此外，本书的案例均为自编，其中涉及的单位与个人信息均为虚构。

由于编者水平有限，书中存在的疏漏与不当之处，恳请广大读者批评指正，以便日后进一步完善。

本书配套资源下载网址和联系方式

网址：https://www.wenjingketang.com

电话：400-117-9835

邮箱：book@wenjingketang.com

片 头

CONTENTS 目录

项目一

走进会计法规时空——会计法律制度

知识目标

（1）了解我国会计法律制度的构成。
（2）了解我国会计工作管理体制的内容。
（3）掌握会计核算的总体要求和具体规定。
（4）掌握会计监督的构成。
（5）掌握会计机构的设置要求和会计人员的配备要求。
（6）明确会计违法行为及违反会计法律应承担的法律责任。

技能目标

（1）能够进行会计核算。
（2）能够填制和审核会计凭证、登记会计账簿、保管会计档案。
（3）能够根据实际情况，为单位正确建立健全会计机构、配备会计人员提出合理的建议。

素养目标

（1）培养遵守财经法规的意识、严于律己的职业操守。
（2）具有客观、公正的职业态度。

考证链接

本章内容与初级会计资格考试的《经济法基础》考察内容相对应，具体内容如表 1-1 所示。

表 1-1　考证链接

本章内容	《经济法基础》考察内容
知识导航	要求了解的内容：会计法律制度的概念
建立会计工作管理体制	要求熟悉的内容：会计工作管理体制
进行会计核算	要求掌握的内容：会计核算的规定，会计档案管理的规定
实行会计监督	要求掌握的内容：会计监督的规定
设置会计机构与配备会计人员	要求掌握的内容：会计岗位设置的规定，会计人员的规定 要求熟悉的内容：代理记账的规定，会计人员工作交接的规定 要求了解的内容：会计机构的规定
明确会计法律责任	要求熟悉的内容：违反国家统一的会计制度的法律责任，伪造、变造会计资料及编制虚假财务会计报告的法律责任，隐匿或故意销毁会计资料的法律责任，授意、指使、强令会计机构和会计人员违法办理会计事项的法律责任，单位负责人打击报复会计人员的法律责任

知识导航

一、会计法律制度的概念

会计法律制度是指国家权力机关和行政机关制定的，用以调整会计关系的各种法律、法规和规章制度的总称。其中，会计关系是会计机构和会计人员在办理会计业务过程中，以及国家在管理会计工作中发生的各种经济关系。在一个单位中，会计关系的主体为会计机构和会计人员，客体为与会计工作相关的具体事务。

二、会计法律制度的构成

我国的会计法律制度包括会计法律、会计行政法规、会计部门规章和地方性会计法规。

（一）会计法律

会计法律是指由全国人民代表大会及其常务委员会经过一定立法程序制定的有关会计工作的法律。我国现行的会计法律有两部，分别是《中华人民共和国会计法》（以下简称《会计法》）和《中华人民共和国注册会计师法》（以下简称《注册会计师法》）。

1.《会计法》

《会计法》是会计法律制度中层次最高、法律效力最强的法律规范，是制定其他会计法规的基本依据，也是指导会计工作的最高准则。现行的《会计法》于 1985 年 1 月 21 日颁布并于 2024 年 6 月 28 日第十四届全国人民代表大会常务委员会第十次会议表决通过，自 2024 年 7 月 1 日起施行。

《会计法》包括七章，分别是总则，会计核算，公司、企业会计核算的特别规定，会计监督，会计机构和会计人员，法律责任，附则。

2.《注册会计师法》

《注册会计师法》是我国中介行业的第一部法律，也是规范注册会计师及其行业行为规范的最高准则。现行的《注册会计师法》于 1993 年 10 月 31 日颁布并于 2014 年 8 月 31 日第十二届全国人民代表大会常务委员会第十次会议审议通过后施行。

《注册会计师法》包括七章，分别是总则、考试和注册、业务范围和规则、会计师事务所、注册会计师协会、法律责任、附则。

（二）会计行政法规

会计行政法规是指由国务院制定并发布，或由国务院有关部门拟定并经国务院批准发布的，用于调整经济生活中特定方面会计关系的法律规范，其制定依据是《会计法》。我国现行的会计行政法规主要有两部，分别是《总会计师条例》《企业财务会计报告条例》。

1.《总会计师条例》

《总会计师条例》是对《会计法》中关于总会计师相关规定的细化和补充。它包括五章，分别是总则、总会计师的职责、总会计师的权限、任免与奖惩、附则。

2.《企业财务会计报告条例》

《企业财务会计报告条例》是对《会计法》中关于企业财务会计报告相关规定的细化和补充。它包括六章，分别是总则、财务会计报告的构成、财务会计报告的编制、财务会计报告的对外提供、法律责任、附则。

（三）会计部门规章

会计部门规章是指国务院财政部门及其他相关部委，按照法律、法规和规章制度的规定，在本部门的权限范围内制定的，用于调整某些会计关系的国家统一的会计制度和规范性文件。我国的会计部门规章主要包括国家统一的会计核算制度、会计监督制度、会计机构和会计人员管理制度、会计工作管理制度等内容。

小贴士

国家统一的会计制度是指国务院财政部门根据《会计法》制定的关于会计核算、会计监督、会计机构和会计人员、会计工作管理的制度。规范性文件是指有权机关在履行职责过程中形成的，具有特定效力和规范格式，可以反复适用的立法性文件和非立法性文件。

（四）地方性会计法规

地方性会计法规是指由省、自治区、直辖市人民代表大会或常务委员会在遵循宪法、会计法律、法规和规章制度的基础上，根据本地区实际情况制定和发布的，关于会计核算、会计监督、会计机构和会计人员、会计工作管理的规范性文件。

知识视窗

我国会计法律制度的构成

我国会计法律制度的构成层次分明，其层次不同，效力不同，制定机构也不同（见表 1-2）。

表 1-2　我国会计法律制度的构成

层次	效力	制定机构	特征	举例
会计法律	最高	全国人民代表大会及其常务委员会	××法	《会计法》 《注册会计师法》
会计行政法规	低于会计法律	国务院，或由国务院有关部门拟定并经国务院批准发布	××条例	《总会计师条例》 《企业财务会计报告条例》
会计部门规章	低于会计行政法规	国务院财政部门及其他相关部委	××制度、办法、规范	《企业会计制度》
地方性会计法规	最低	省、自治区、直辖市人民代表大会或常务委员会	××省（市） ××办法、条例	《深圳经济特区注册会计师条例》

同步习题

【例 1-1　单项选择题】下列选项中，属于会计行政法规的是（　　）。

A.《会计法》　B.《深圳经济特区注册会计师条例》

C.《会计档案管理办法》　D.《企业财务会计报告条例》

答案：D

任务一 建立会计工作管理体制

任务导入 »

会计工作在单位管理中发挥着重要的作用，它对于提升单位效益、推动经济发展、维护市场秩序及保障国家财政安全具有至关重要的影响。为了规范会计工作，使其在经济管理中充分发挥作用，政府部门需要在宏观层面上对会计工作进行必要的指导、监督和管理，并建立科学、合理的会计工作管理体制。

请同学们以小组为单位，了解我国的会计工作管理体制，并对其分类整理，然后以PPT的形式在课堂上进行展示。

会计工作管理体制是指国家对会计工作管理权限进行划分的制度。我国的会计工作管理体制包括会计工作的行政管理、会计工作的行业自律管理及单位内部的会计工作管理。

一、会计工作的行政管理

（一）会计工作的行政管理体制

按照《会计法》的规定，国务院财政部门主管全国的会计工作，县级以上地方各级人民政府财政部门管理本行政区域内的会计工作。这体现了我国会计工作行政管理体制的“统一领导、分级管理”原则。

（二）会计工作的行政管理内容

我国会计工作的行政管理内容包括制定国家统一的会计制度、会计市场管理、会计专业人才评价、会计监督检查。

1. 制定国家统一的会计制度

国家统一的会计制度包括国家统一的会计核算制度、会计监督制度、会计机构和会计人员管理制度、会计工作管理制度。

2. 会计市场管理

会计市场管理包括会计市场的准入管理、过程监管和退出管理。

（1）会计市场的准入管理。会计市场的准入管理是指财政部门对会计专业能力的获得、代理记账机构的设立、注册会计师资格的取得及会计师事务所的设立等环节所进行的条件设定。

（2）会计市场的过程监管。在获得会计市场准入资格后，会计机构和会计人员还应当持续符合相关资格条件，并主动接受财政部门的监督和检查。

（3）会计市场的退出管理。会计市场的退出管理是指财政部门对在执业过程中严重违反《会计法》《注册会计师法》的会计机构或会计人员进行的处罚，如吊销执业资格，并强制其退出会计市场。

3. 会计专业人才评价

会计专业人才是我国人才队伍的重要组成部分，也是我国经济建设的重要力量。我国已建立一套阶梯式的会计专业人才评价机制，包括初级、中级、高级、正高级会计专业人才评价机制，会计行业领军人才的培养和评价机制，以及对先进会计人员的表彰和奖励机制等。

4. 会计监督检查

会计监督检查由财政部门负责实施，主要包括会计信息质量检查和会计师事务所执业质量检查，以及对会计行业自律组织的监督和指导等。会计监督检查对于规范会计秩序、打击违法行为、保证会计信息质量及维护社会主义市场经济秩序具有重要意义。在会计监督检查的过程中，财政部门有权对违反《会计法》《注册会计师法》等会计法律的行为进行行政处罚。

二、会计工作的行业自律管理

会计工作的行业自律管理是对行政管理的一种有益补充，有助于引导会计人员依法开展会计工作，树立良好的风气，从而推动会计行业的发展。我国会计行业的自律性社会团体主要包括中国注册会计师协会、中国会计学会和中国总会计师协会。

（一）中国注册会计师协会

中国注册会计师协会成立于 1988 年，是依据《注册会计师法》《社会团体登记管理条例》的有关规定设立的社会团体法人，也是中国注册会计师行业的自律管理组织，其由注册会计师组成，主要履行行业自律管理职能。该协会旨在服务其会员，监督他们的执业质量和职业道德，并依法实施注册会计师行业管理，协调行业内外关系，维护社会公众利益和会员权益，以促进行业健康发展。

（二）中国会计学会

中国会计学会成立于 1980 年，是由全国会计领域各类专业组织及个人自愿结成的学术性、专业性、非营利性的社会组织，隶属于国务院财政部门。该学会不仅是联系政府机构、工商界和学术界的桥梁和纽带，也是会计精英就财务会计改革与实践进行交流的高层次平台。

（三）中国总会计师协会

中国总会计师协会成立于1990年，是经国务院民政部门批准成立的跨地区、跨部门、跨行业的全国非营利一级社团组织。自成立以来，该协会按照国家有关规定实行行业自律管理，在服务财政和会员、维护会员合法权益、实行会员自律管理等方面做了大量卓有成效的工作，在推动中国总会计师制度改革、促进中国总会计师制度与国外财务总监制度国际趋同、加强会计人才队伍建设方面发挥了重要作用。

三、单位内部的会计工作管理

（一）单位负责人的职责

单位负责人是指单位的法定代表人，或法律、法规和规章制度规定代表单位行使职权的主要负责人。对于法人单位，单位负责人就是单位的法定代表人，即依法代表法人单位行使职权的负责人，如公司的董事长、国家机关的最高行政官员；对于非法人单位，单位负责人就是法律、法规和规章制度规定代表单位行使职权的主要负责人，如合伙企业的执行合伙企业事务的合伙人、个人独资企业的投资人等。

作为本单位的最高负责人，单位负责人负责统一管理本单位包括会计工作在内的所有工作。按照《会计法》的规定，单位负责人不仅应对本单位的会计工作和会计资料的真实性、完整性负责，还应保证会计机构和会计人员依法履行职责，不得授意、指使、强令会计机构和会计人员违法办理会计事项。

小贴士

授意是指暗示他人按其意思行事的行为；指使是指以明示的方式，指示他人按其意思行事的行为；强令是指明知命令违反法律，却仍强迫他人执行该命令的行为。

互动空间

在某公司召开的会议上，董事长说："财务会计报告的专业性太强，我看不懂，在上面签名、盖章没有实际作用，以后公司对外报送的财务会计报告都交由总会计师赵总全权负责吧。"该公司董事长的说法能否成立？并说明理由。

（二）会计机构的设置与会计人员的选拔任用

会计机构是各单位办理会计业务的职能机构。《会计法》规定，各单位应当根据会计业务的需要，设置会计机构。

会计人员的选拔任用由其所在单位具体负责。单位应按照法律、法规和规章制度的规定选拔任用本单位的会计人员，对他们进行管理，督促他们依法履行职责。按照《会计法》的规定，会计人员应当具有从事会计工作所需要的专业能力；担任单位会计机构负责人（会计主管人员）的，应当具有会计师以上的专业职务资格或从事会计工作三年以上的经历。

会计机构负责人应具备的基本条件

小贴士

会计机构负责人（会计主管人员）是指在一个单位内部具体负责会计工作的中层领导人员。单位设置会计机构的，应该配备会计机构负责人；单位无法设置会计机构的，可以在有关机构中配备专职会计人员并指定会计主管人员。

（三）会计人员的回避制度

回避制度是一种保证执业或执法公正性的制度，它通过实施职务回避和业务回避，对执业人员或可能影响执业人员公正性的执法行为进行调控。回避制度已成为我国人事管理的一项重要制度。

按照《会计基础工作规范》的规定，国家机关、国有企业、事业单位任用会计人员应当实行回避制度。单位领导人的直系亲属不得担任本单位的会计机构负责人（会计主管人员），会计机构负责人（会计主管人员）的直系亲属不得在本单位会计机构中担任出纳工作。

知识视窗

需要回避的亲属关系

需要回避的亲属关系包括夫妻关系、直系血亲关系、三代以内旁系血亲关系及配偶亲关系。

（1）夫妻关系。夫妻关系是血亲关系和配偶亲关系的基石与源泉，也是亲属关系中最核心和最重要的部分。

（2）直系血亲关系。直系血亲是指和自己有直接血缘关系的亲属。我国法律规定的直系血亲分为以下两种情况：一种是生育自己的和自己所生育的上下各代亲属（相互之间有一脉相承的血缘关系），如祖父母、父母、子女等；另一种是和自己无直接血缘关系，但法律规定其地位与直系血亲相等的亲属，如养父母、养子女等。

（3）三代以内旁系血亲关系。旁系血亲是指同出一源的非直系血亲。所谓三代以内旁系血亲，是从自己这一代往上或往下数三代以内的非直系血亲，如自己的兄弟姐妹及其子女、父母的兄弟姐妹及其子女。

（4）配偶亲关系。配偶亲是指配偶的父母和兄弟姐妹、儿女的配偶及其父母。

任务实施

（1）全班学生以3～6人为一组进行分组，各组选出组长并进行任务分工。

（2）各组学习我国的会计工作管理体制，并对其进行分析、总结和拓展。

（3）制作PPT。各组将分析、总结和拓展的内容制作成不少于八页的PPT，以便全面、清晰地呈现分析结果。

（4）展示汇报。各组通过抽签决定汇报顺序，然后由代表依次上台陈述分析结果。在此期间，教师和其他同学可随时提出问题或发表意见。

（5）教师进行总结和点评。

任务二 进行会计核算

任务导入

北京奇星文具公司（以下简称“奇星公司”）是一家生产并销售办公用品的公司。因规模较小且业务相对简单，公司没有设立专门的会计机构，仅在综合办公室配备了会计主管小张、会计小王和出纳小刘。

请模拟编制奇星公司2023年12月的经济业务（数量自拟），并根据这些经济业务进行会计核算。

会计核算，也称“会计反映”，是以货币为主要计量单位，通过确认、计量、记录和报告等环节对特定主体的生产经营活动或预算执行过程进行的反映。会计核算是各单位做好会计工作的一个重要条件，对于保证会计信息质量，提高会计工作效率，正确、及时地编制财务报表，满足相关会计信息使用者的需求具有重要意义。

一、会计核算的总体要求

（一）会计核算的依据

《会计法》对会计核算的依据作出了以下具体规定：① 各单位必须根据实际发生的

经济业务事项进行会计核算，填制会计凭证，登记会计账簿，编制财务会计报告；② 任何单位不得以虚假的经济业务事项或资料进行会计核算。以上规定可以从以下两个方面进行理解。

（1）以实际发生的经济业务事项为依据是进行会计核算的重要前提，是填制会计凭证、登记会计账簿、编制财务会计报告的基础，也是保证会计信息质量的关键。

小贴士

按照《会计法》的规定，应当办理会计手续，进行会计核算的经济业务事项包括：① 款项和有价证券的收付；② 财物的收发、增减和使用；③ 债权债务的发生和结算；④ 资本、基金的增减；⑤ 收入、支出、费用、成本的计算；⑥ 财务成果的计算和处理；⑦ 需要办理会计手续、进行会计核算的其他事项。

需要注意的是，只有那些已经发生的且引起资金变动的经济业务事项才需要进行会计核算，而那些虽已实际发生但未引起资金变动的经济业务事项（如签订合同、预计购买等）不需要进行会计核算。

（2）以虚假的经济业务事项或资料进行会计核算，会导致生成的会计资料与实际发生的经济业务事项不符，从而误导会计信息使用者，扰乱社会经济秩序。这是一种严重的违法行为，相关单位和个人若存在这种行为，将会受到法律的严厉制裁。

（二）对会计资料的基本要求

1. 会计资料的生成和提供必须符合国家统一的会计制度规定

会计资料是在会计核算过程中生成的，用于记录和反映实际发生的经济业务事项的资料，包括会计凭证、会计账簿、财务会计报告和其他会计资料。作为记录会计核算过程和结果的载体，会计资料对投资者制订投资决策、经营者进行经营管理及国家实施宏观调控具有重要的意义。因此，会计资料的生成和提供必须符合国家统一的会计制度规定。

小贴士

为了保证会计资料的真实性和统一性，政府部门建立了一系列规章制度，如《会计基础工作规范》《会计档案管理办法》《小企业会计准则》等。

2. 提供虚假的会计资料是违法行为

真实性和完整性是对会计资料最基本的质量要求，也是会计工作的生命线。《会计法》对此作出了以下具体规定：① 任何单位和个人不得伪造、变造会计凭证、会计账簿及其他会计资料，不得提供虚假的财务会计报告；② 伪造、变造会计凭证、会计账簿，编制虚假财务会计报告，构成犯罪的，将依法追究刑事责任。

（1）伪造会计凭证、会计账簿及其他会计资料是指以虚假的经济业务事项为基础，

编制出虚假的会计凭证、会计账簿及其他会计资料的行为。

（2）变造会计凭证、会计账簿及其他会计资料是指通过涂改、挖补等手段，改变会计凭证、会计账簿及其他会计资料真实内容的行为。

（3）提供虚假的财务会计报告是指通过编造虚假的会计凭证、会计账簿及其他会计资料，或直接篡改财务会计报告上的数据，使财务会计报告无法真实、完整地反映单位的财务状况和经营成果，从而误导和欺骗财务会计报告使用者的行为。

二、会计凭证的规定

会计凭证是记录经济业务事项发生和完成情况的书面证明，也是登记会计账簿的依据。根据来源和用途的不同，会计凭证可分为原始凭证和记账凭证。

（一）原始凭证

原始凭证是在经济业务事项发生或完成时，由经办人员取得或填制的，用于记录和证明经济业务事项的发生或完成情况、明确相关经济责任的会计凭证。它是会计核算工作的原始资料和重要依据。

原始凭证的类型

1. 原始凭证的类型

根据不同的分类标准，原始凭证可分为不同的类型（见表 1-3）。

表 1-3　原始凭证的类型

分类标准	类型
来源	外来原始凭证和自制原始凭证
格式	通用凭证和专用凭证
填制手续和内容	一次性原始凭证、累计原始凭证和汇总原始凭证

在生活中，你接触过哪些原始凭证？请举例说明，并对它们进行分类。

2. 原始凭证的内容

按照《会计基础工作规范》的规定，原始凭证必须包括以下内容：① 凭证的名称；② 填制凭证的日期；③ 填制凭证的单位名称或填制人姓名；④ 经办人员的签名或盖章；⑤ 接受凭证的单位名称；⑥ 经济业务事项的内容；⑦ 数量、单价和金额。

3. 原始凭证的填制与取得

填制与取得原始凭证是会计核算工作的起点。《会计基础工作规范》对原始凭证的填制与取得作出了以下具体规定：① 从外单位处取得的原始凭证，必须加盖填制单位的公章；② 从个人处取得的原始凭证，必须有填制人员的签名或盖章；③ 自制原始凭证必须有经办单位领导人或其指定人员的签名或盖章；④ 对外开出的原始凭证，必须加盖本单位公章。

小贴士

为了使会计工作能够顺利进行，《会计法》规定，办理经济业务事项的单位或个人必须填制或取得原始凭证，且必须将其及时送交会计机构。对于“及时”的时间期限，一般是指一个会计结算期，通常为一个自然月。这样才能够保证会计核算工作的正常进行及当期会计资料的真实和完整。

4. 原始凭证的审核

审核原始凭证是保证会计信息质量的重要措施之一，也是会计机构和会计人员的重要职责。会计机构和会计人员必须按照国家统一的会计制度规定对原始凭证进行审核，对不真实、不合法的原始凭证有权不予接受，并向单位负责人报告；对记载不准确、不完整的原始凭证有权予以退回，并要求出具单位按照国家统一的会计制度规定对其更正或补充。

5. 原始凭证的更正

为了规范原始凭证的内容，明确相关人员的经济责任，并防止相关人员利用原始凭证进行舞弊，《会计法》对原始凭证的更正作出了以下具体规定：① 原始凭证记载的各项内容均不得涂改；② 原始凭证有错误的，应由出具单位重开或更正，并在更正处加盖出具单位的印章；③ 原始凭证金额有错误的，应由出具单位重开，不得在原始凭证上更正。

（二）记账凭证

记账凭证是会计人员根据审核无误的原始凭证，按照经济业务事项的内容加以归类，并据以确定会计分录后填制的会计凭证。它不仅记载了经济业务事项的简要内容，而且能够作为登记会计账簿的依据。

收款凭证、付款凭证和转账凭证

1. 记账凭证的类型

根据不同的分类标准，记账凭证可分为不同的类型（见表 1-4）。

表 1-4 记账凭证的类型

分类标准	类型
使用范围	通用记账凭证和专用记账凭证
所反映的经济业务事项是否与货币资金收付有关	收款凭证、付款凭证和转账凭证

2. 记账凭证的内容

按照《会计基础工作规范》的规定，记账凭证必须包括以下内容：① 填制凭证的日期；② 凭证编号；③ 经济业务事项的摘要；④ 会计科目；⑤ 金额；⑥ 所附原始凭证的张数；⑦ 填制凭证人员、稽核人员、记账人员、会计机构负责人（会计主管人员）的签名或盖章。

3. 记账凭证的填制

在会计核算过程中，填制记账凭证是至关重要的环节，也是确保会计信息准确性的关键。《会计法》对记账凭证的填制程序和要求作出了以下具体规定。

（1）记账凭证必须根据审核无误的原始凭证和有关资料进行填制。

（2）收款凭证和付款凭证应当由出纳签名或盖章。

（3）记账凭证应进行连续编号。如果一个经济业务事项需要填制两张以上记账凭证，则填制的记账凭证可采用分数编号法编号。

（4）记账凭证可以根据每一张原始凭证填制，或者根据若干张同类原始凭证汇总填制，也可以根据原始凭证汇总表填制。但不同内容和类别的原始凭证不得汇总填制在一张记账凭证上。

（5）除结账和更正错误的记账凭证可不附原始凭证外，其他记账凭证必须附有原始凭证。如果一张原始凭证涉及多张记账凭证，会计人员可以把原始凭证附在主要的记账凭证后，并在其他记账凭证上注明附有该原始凭证的记账凭证编号或附上该原始凭证的复印件。

（6）如果一张原始凭证所列支出需要由多个单位共同负担，则由其他单位负担的部分应开具原始凭证分割单，并进行相应的结算。

（7）记账凭证填制完成后，如有空行，自金额栏最后一笔金额数字下的空行处至合计数上的空行处应画线注销。

（8）记账凭证必须保证字迹清晰、工整，书写规范。

4. 记账凭证的审核

记账凭证的审核内容主要包括编制依据的真实性、填写项目的完整性、科目的正确性、金额计算的准确性及书写的清晰度等。

对于实行会计电算化的单位，机制记账凭证也要认真审核，确保会计科目的正确使用和数字的准确无误。打印出来的机制记账凭证应由制单人员、审核人员、记账人员及会计机构负责人（会计主管人员）签名或盖章。

5. 记账凭证的更正

当记账凭证出现错误时，不同的错误类型应采取不同的更正方式（见表 1-5）。

表 1-5　记账凭证的错误类型及更正方式

错误类型	更正方式
记账凭证填制错误，但尚未登记入账	重新填制记账凭证
当年的记账凭证填制错误，且已登记入账	用红字填制一张与原内容相同的记账凭证，并在摘要栏注明“注销某月某日某号凭证”字样；再用蓝字重新填制一张正确的记账凭证，并在摘要栏注明“订正某月某日某号凭证”字样 注：如果记账凭证的会计科目没有错误，只有金额错误，则会计人员可将正确金额与错误金额之间的差额另编一张新的记账凭证。调增金额用蓝字，调减金额用红字
以前年度的记账凭证填制错误，且已登记入账	用蓝字填制一张更正的记账凭证

三、会计账簿的规定

会计账簿是由特定格式的账页组成，以经过审核的记账凭证为依据，全面、系统、连续地记录经济业务事项的簿籍。它既是会计资料的重要组成部分，也是会计信息的主要载体之一。依法建账是会计核算的基本要求，也是真实记录和反映经济业务事项的重要前提。

会计账簿样本图

（一）会计账簿的类型

根据不同的分类标准，会计账簿可分为不同的类型（见表 1-6）。

表 1-6　会计账簿的类型

分类标准	类型		概念及举例
用途	序时账簿（也称“日记账”）	普通日记账	是用于序时记录全部经济业务事项的会计账簿。在会计实务中，该账簿很少被采用
		特种日记账	是用于序时记录某一类经济业务事项的会计账簿，如现金日记账、银行存款日记账等
	分类账簿（以下简称“分类账”）	总分类账（以下简称“总账”）	是根据总分类科目设置账户和分类登记的会计账簿，用于总括反映经济业务事项
		明细分类账（以下简称“明细账”）	是根据明细分类科目设置账户和分类登记的会计账簿，用于详细反映经济业务事项
	备查账簿（也称“辅助账”）		是对某些在日记账和分类账中未记录或记录不全的经济业务事项进行补充登记的会计账簿，如租入固定资产备查簿、应收票据贴现备查簿等

（续表）

分类标准	类型	概念及举例
账页格式	两栏式账簿	是只有借方和贷方两个金额栏的会计账簿，如普通日记账
	三栏式账簿	是设有借方、贷方和余额三个金额栏的会计账簿，如现金日记账、银行存款日记账、总分类账，以及资本、债权债务明细账
	多栏式账簿	是在借方和贷方两个金额栏按需分设若干专栏的会计账簿，如收入明细账、成本明细账、费用明细账
	数量金额式账簿	是在借方、贷方和余额栏内，分别设有数量、单价和金额栏的会计账簿，如原材料明细账、库存商品明细账、产成品明细账
外形特征	订本式账簿（以下简称“订本账”）	是在启用前将编有连续序号的账页装订成册的会计账簿，如现金日记账、银行存款日记账
	活页式账簿（以下简称“活页账”）	是将一定数量的账页置于活页夹内，可根据记账内容的变化随时增加或减少部分账页的会计账簿，如明细账
	卡片式账簿（以下简称“卡片账”）	是将一定数量的卡片式账页存放于专设的卡片箱中，可以根据需要随时增加或减少部分账页的会计账簿，如固定资产卡片

（二）会计账簿的启用规则

启用会计账簿时，会计人员必须遵循以下规则。

（1）在会计账簿封面上注明单位名称和账簿名称。

（2）在会计账簿扉页上附账簿启用和经管人员一览表。

（3）启用订本账时，应从第一页到最后一页按顺序编定页码，不得跳页、缺号。

（4）启用活页账时，应将空白账页按账户顺序编号，并定期装订成册，装订后再按实际使用的账页顺序编定页码并添加目录，以便记明各账户的名称和页次。

（三）会计账簿的登记要求

为了保证会计账簿记录的准确性，会计人员必须根据审核无误的会计凭证登记会计账簿，并符合相关法律、法规和规章制度。

1. 准确完整

在登记会计账簿时，会计人员应将记账凭证的日期、编号、摘要、金额及其他相关资料逐项记入账内，做到数字准确、摘要清楚、登记及时、字迹工整。

2. 注明记账符号

会计账簿登记完成后，会计人员应在记账凭证上签名或盖章，并注明已登账的符号，如画“√”，以免漏记或重记。

3. 书写留空

会计人员在会计账簿中书写文字或数字时，应紧靠底线书写，在文字或数字上方留有适当空格。空格一般应占格距的二分之一，以便会计人员在发现登记错误时进行更正。

4. 正常记账使用蓝黑墨水或碳素墨水

正常记账使用蓝黑墨水或碳素墨水，禁止使用圆珠笔（银行的复写账簿除外）或铅笔。

5. 特殊记账使用红墨水

下列情况可以使用红墨水记账：① 用红字修改或冲销错误凭证；② 在不设借方、贷方等栏目的多栏式账页中，登记减少数；③ 三栏式账簿的余额栏前如未印明余额方向，在余额栏内登记负数余额；④ 按照国家统一的会计制度规定可以使用红字登记的其他会计记录。

6. 顺序连续登记

各种会计账簿应按页码顺序连续登记，不得跳行、隔页。如果发生跳行、隔页，会计人员可以将空行、空页画线注销，也可以注明“此行空白”或“此页空白”字样，然后由记账人员签名或盖章。

7. 结出余额

凡需要结出余额的会计账簿，在结出余额后，会计人员应在借方或贷方等栏目注明“借”或“贷”等字样。对于没有余额的会计账簿，会计人员应在借方或贷方等栏目注明“平”字样，并在余额栏内用“θ”表示。其中，现金日记账和银行存款日记账必须逐日结出余额。

8. 过次承前

每一账页登记完毕结转下页时，会计人员应结出本页合计数及余额，将其写在该页最后一行和下页第一行的相关栏内，并在摘要栏内注明“过次页”“承前页”字样；也可以将本页合计数及余额只写在下页第一行的相关栏内，并在摘要栏内注明“承前页”字样，以保持会计账簿记录的连续性，便于对账和结账。

小贴士

对于需要计算并结转本月发生额的会计账簿，“过次页”的本页合计数为自本月初起至本页末止的发生额合计数；对于需要计算并结转本年累计发生额的会计账簿，“过次页”的本页合计数为自年初起至本页末止的累计数；对于既不需要计算并结转本月发生额也不需要计算并结转本年累计发生额的会计账簿，“过次页”的本页合计数为本页末的余额。

（四）会计账簿的核对

为了保证会计账簿记录的真实、可靠、准确和完整，会计人员应核对会计账簿记录的相关数据，即账目核对，也称“对账”。对账主要包括账实核对、账证核对、账账核对和账表核对。

（1）账实核对是指将各项财产物资、债权债务等账面余额与实际拥有的数额进行核对，以确保账实相符。

（2）账证核对是指将会计账簿记录与会计凭证进行核对，主要核对会计账簿记录与原始凭证及记账凭证的时间、凭证字号、内容、金额等内容是否一致，同时检查记账方向是否准确，以确保账证相符。

（3）账账核对是指将各种会计账簿之间的有关内容进行核对，以确保账账相符。

（4）账表核对是指将会计账簿记录与财务报表的有关内容进行核对，以确保账表相符。

四、财务会计报告的规定

（一）财务会计报告的组成

财务会计报告，是指单位对外提供的、反映其在某一特定日期财务状况和某一会计期间经营成果、现金流量及所有者权益等会计信息的文件。按照《会计法》《企业财务会计报告条例》的规定，财务会计报告由财务报表和财务情况说明书组成。

1. 财务报表

财务报表是对单位财务状况、经营成果、现金流量和所有者权益的结构性表述，也是财务会计报告的主体和核心部分。一套完整的财务报表至少应包括“四表一注”（见表 1-7），即资产负债表、利润表、现金流量表、所有者权益变动表和财务报表附注。这些组成部分在财务报表中具有同等的重要性。

表 1-7　财务报表的组成

财务报表的组成	概念	作用
资产负债表	反映单位在某一特定日期财务状况的报表	通过如实反映单位资产、负债和所有者权益的金额及其结构情况，帮助财务会计报告使用者分析和评价单位的财务状况、偿债能力等情况，为其作出经济决策提供依据
利润表	反映单位在某一会计期间经营成果的报表	通过如实反映单位实现的收入、发生的费用和应计入当期利润的利得和损失等金额及其结构情况，帮助财务会计报告使用者分析和评价单位的经营成果、盈利能力等情况，为其作出经济决策提供依据

（续表）

财务报表的组成	概念	作用
现金流量表	反映单位在某一会计期间现金及现金等价物的流入和流出情况的报表	通过如实反映单位各项活动的现金流入和现金流出情况，帮助财务会计报告使用者分析和评价单位的生产经营过程，尤其是经营活动中产生的现金流量和资金周转状况
所有者权益变动表	反映所有者权益各组成部分当期增减变动情况的报表	通过如实反映单位所有者权益的增减变动情况，帮助财务会计报告使用者了解所有者权益增减变动的总量信息和结构性信息
财务报表附注	用于对资产负债表、利润表、现金流量表和所有者权益变动表等报表中列示项目的文字描述或明细资料进行补充，以及对未能在这些报表中列示的项目进行说明的报表	通过对财务报表进行补充说明，帮助财务会计报告使用者了解财务报表的编制基础、依据、原则和方法

2．财务情况说明书

财务情况说明书是单位根据财务报表及其他财务资料，对一定时期（通常为一年）内的财务、成本等情况进行分析和总结后所编制的书面报告。按照《企业财务会计报告条例》第十五条的规定，财务情况说明书至少应当对下列情况作出说明：① 单位生产经营的基本情况；② 利润实现和分配情况；③ 资金增减和周转情况；④ 对单位财务状况、经营成果和现金流量有重大影响的其他事项。

财务情况说明书能够全面说明单位的生产经营和经济活动情况，并对经济业绩和存在的问题进行分析总结。这是财务会计报告使用者，尤其是单位负责人和国家管理部门了解和评估相关单位生产经营和经济活动开展情况的重要资料。

（二）财务会计报告的编制要求

财务会计报告必须根据审核无误的会计账簿和有关资料进行编制，并符合以下编制要求。

（1）年度财务会计报告应于年度终了进行编制。符合国家统一的会计制度规定，需要编制半年度、季度或月度财务会计报告的单位，应遵循相关规定。

（2）编制年度财务会计报告前，各单位应按照相关规定全面清查资产并核实债务。

（3）财务会计报告应根据真实的交易、事项及完整、准确的会计账簿记录等资料，按照国家统一的会计制度规定的编制基础、依据、原则和方法进行编制。

（4）财务会计报告应由单位负责人和会计机构负责人（会计主管人员）签名并盖章；设置总会计师的，还应由总会计师签名并盖章。

（三）财务会计报告的对外提供

（1）各单位应按照法律、法规和规章制度中关于财务会计报告提供期限的规定，及时对外提供财务会计报告。

（2）各单位应按照《企业财务会计报告条例》的规定，向相关各方提供编制基础、依据、原则和方法一致的财务会计报告。

（3）财务会计报告需要经注册会计师审计的单位，应将由注册会计师及其所在的会计师事务所出具的审计报告与财务会计报告一同对外提供。

五、会计档案管理的规定

（一）会计档案的内容

会计档案是指单位在会计核算过程中接收或形成的，用于记录和反映单位经济业务事项的，具有保存价值的文字、图表等各种形式的会计资料。这些资料包括通过计算机等电子设备形成、传输和存储的电子会计档案。

会计档案主要包括会计凭证、会计账簿、财务会计报告及其他会计资料。其中，其他会计资料包括银行存款余额调节表、银行对账单、纳税申报表、会计档案移交清册、会计档案保管清册、会计档案销毁清册、会计档案鉴定意见书及其他具有保存价值的会计资料。

（二）会计档案的管理部门

国务院财政部门和国家档案局共同主管全国会计档案工作，联合制定全国统一的会计档案工作制度，并对全国范围内的会计档案工作实行监督和指导。县级以上地方人民政府财政部门和档案行政管理部门共同负责管理本行政区域内的会计档案工作，并对本行政区域内的会计档案工作实行监督和指导。

（三）会计档案的归档

单位的会计机构或会计人员所属机构（以下简称“单位会计管理机构”）需要按照归档范围和归档要求，定期整理、立卷应归档的会计资料，并编制会计档案保管清册。

（四）会计档案的移交

1. 单位内部会计档案的移交

（1）会计年度终了后，当年形成的会计档案可由单位会计管理机构临时保管一年，随后移交给单位档案管理机构进行长期保管。如果因工作需要推迟移交的，单位会计管理机构应获得单位档案管理机构的批准。但是，单位会计管理机构临时保管会计档案的时间不得超过三年。在此期间，会计档案的保管应符合国家档案管理的相关规定，且不得由出纳兼管。

（2）在办理会计档案移交时，单位会计管理机构应编制会计档案移交清册，并按照国家档案管理的相关规定办理移交手续。不同形式的档案，其移交要求也有所不同：① 纸质会计档案移交时应保持原卷封装；② 电子会计档案移交时应将其元数据一并移交，并确保文件格式符合国家档案管理的相关规定；③ 特殊格式的电子会计档案移交时还需要一并提供读取平台。

小贴士

元数据是指描述电子档案的内容、结构、背景及整个管理过程的数据。

（3）在接收电子会计档案时，单位档案管理机构应对电子会计档案的准确性、完整性、可用性和安全性进行检测，只有在符合要求的情况下才能接收。

2. 单位之间会计档案的移交

单位之间移交会计档案时，交接双方应办理会计档案移交手续。移交前，移交会计档案的单位应编制会计档案移交清册，列明需要移交的会计档案名称、卷号、册数、起止年度、档案编号、应保管期限和已保管期限等内容。移交过程中，交接双方应按照会计档案移交清册所列内容逐项进行交接，并由交接双方的相关负责人监督。移交完成后，交接双方、经办人和监督人应在会计档案移交清册上签名或盖章。

如果需要移交电子会计档案，会计档案接收单位应对保存电子会计档案的载体及其技术环境进行检查，以确保接收到的电子会计档案准确、完整、可用和安全。

（五）会计档案的查阅、复制与借出

各单位应严格遵守相关制度，合理利用会计档案。一般情况下，单位保存的会计档案不得对外借出。但在工作需要且符合国家有关规定的情况下，单位可办理相关手续将会计档案借出。借用单位需要妥善保管和合理利用所借的会计档案，确保其安全和完整，并在规定时间内归还。在查阅、复制或借出会计档案时，相关人员应办理登记手续，并严禁篡改和损坏会计档案。

（六）会计档案的保管期限

会计档案的保管期限分为永久和定期两类。其中，定期保管期限一般分为十年和三十年。会计档案的保管期限从会计年度终了后的第一天算起，具体规定如表 1-8 和表 1-9 所示。

表 1-8 企业和其他会计组织会计档案的保管期限

序号	档案名称	保管期限	备注
一	会计凭证	—	—
1	原始凭证	三十年	—
2	记账凭证	三十年	—
二	会计账簿	—	—
3	总账	三十年	—
4	明细账	三十年	—
5	日记账	三十年	—
6	固定资产卡片	—	固定资产报废清理后保管五年
7	其他辅助性会计账簿	三十年	—
三	财务会计报告	—	—
8	月度、季度、半年度财务会计报告	十年	—
9	年度财务会计报告	永久	—
四	其他会计资料	—	—
10	银行存款余额调节表	十年	—
11	银行对账单	十年	—
12	纳税申报表	十年	—
13	会计档案移交清册	三十年	—
14	会计档案保管清册	永久	—
15	会计档案销毁清册	永久	—
16	会计档案鉴定意见书	永久	—

表 1-9 财政总预算、行政单位、事业单位和税收会计档案的保管期限

序号	档案名称	保管期限			备注
		财政总预算	行政单位和事业单位	税收会计	
一	会计凭证	—	—	—	—
1	国家金库编送的各种报表及缴库退库凭证	十年	—	十年	—
2	各收入机关编送的报表	十年	—	—	—
3	行政单位和事业单位的各种会计凭证	—	三十年	—	包括原始凭证、记账凭证和传票汇总表
4	财政总预算拨款凭证和其他会计凭证	三十年	—	—	包括拨款凭证和其他会计凭证

（续表）

序号	档案名称	保管期限			备注
		财政总预算	行政单位和事业单位	税收会计	
二	会计账簿	—	—	—	—
5	日记账	—	三十年	三十年	—
6	总账	三十年	三十年	三十年	—
7	税收日记账（总账）	—	—	三十年	—
8	明细分类、分户账或登记簿	三十年	三十年	三十年	—
9	行政单位和事业单位固定资产卡片	—	—	—	固定资产报废清理后保管五年
三	财务会计报告	—	—	—	—
10	政府综合财务会计报告	永久	—	—	下级财政、本级部门和单位报送的保管两年
11	部门财务会计报告	—	永久	—	所属单位报送的保管两年
12	财政总决算	永久	—	—	下级财政、本级部门和单位报送的保管两年
13	部门决算	—	永久	—	所属单位报送的保管两年
14	税收年报（决算）	—	—	永久	—
15	国家金库年报（决算）	十年	—	—	—
16	基本建设拨款、贷款年报（决算）	十年	—	—	—
17	行政单位和事业单位会计月度、季度报表	—	十年	—	所属单位报送的保管两年
18	税收会计报表	—	—	十年	所属税务机关报送的保管两年
四	其他会计资料	—	—	—	—
19	银行存款余额调节表	十年	十年	—	—
20	银行对账单	十年	十年	十年	—
21	会计档案移交清册	三十年	三十年	三十年	—
22	会计档案保管清册	永久	永久	永久	—
23	会计档案销毁清册	永久	永久	永久	—
24	会计档案鉴定意见书	永久	永久	永久	—

同步习题

【例 1-2　单项选择题】对于定期保管的会计档案，最长保管期限为（　　）年。

A. 十　　B. 十五　　C. 二十　　D. 三十

答案：D

（七）会计档案的销毁

1. 会计档案的鉴定

单位应定期鉴定已到保管期限的会计档案，并形成会计档案鉴定意见书。经鉴定仍需要继续保存的会计档案应重新确定保管期限，保管期满且无保存价值的会计档案可以销毁。会计档案的鉴定工作由单位档案管理机构牵头，并组织单位内会计、审计、纪检监察等相关部门或人员共同完成。

2. 会计档案的销毁程序

经鉴定可以销毁的会计档案，应按照以下程序进行销毁。

（1）单位档案管理机构编制会计档案销毁清册，列明拟销毁会计档案的名称、卷号、册数、起止年度、档案编号、应保管期限、已保管期限和销毁时间等内容。

（2）单位负责人、档案管理机构负责人、单位会计管理机构负责人、档案管理机构经办人、单位会计管理机构经办人在会计档案销毁清册上签署意见。

（3）单位档案管理机构负责组织会计档案销毁工作，并与单位会计管理机构共同派员监销。销毁前，监销人应对会计档案销毁清册所列内容进行清点、核对；销毁后，监销人应在会计档案销毁清册上签名或盖章。

此外，对于电子会计档案的销毁，除符合国家有关电子档案的销毁规定外，单位档案管理机构、单位会计管理机构和信息系统管理机构还应共同派员监销。

3. 不得销毁的会计档案

保管期满但尚未结清债权债务的会计凭证和涉及其他未了事项的会计凭证不得销毁。对于这类会计档案，纸质档案应单独抽出立卷，电子会计档案应单独转存，直至相关未了事项完结。同时，这类会计档案应在会计档案鉴定意见书、会计档案销毁清册和会计档案保管清册中列明。

任务实施 »

（1）全班学生以 3～6 人为一组进行分组，各组选出组长并进行任务分工。

（2）各组通过网络搜索或现场调查的方式，了解文具公司的日常经济业务。

（3）各组根据了解到的信息，编制奇星公司的相关经济业务，并进行会计核算。具体内容包括填制会计凭证、登记会计账簿，出具该公司 2023 年 12 月的月度资产负债表和月度利润表。

（4）制作PPT。各组将会计核算的过程和结果制作成不少于八页的PPT。

（5）展示汇报。各组通过抽签决定汇报顺序，然后由代表依次上台陈述核算过程和结果。在此期间，教师和其他同学可随时提出问题或发表意见。

（6）教师进行总结和点评。

任务三 实行会计监督

任务导入 »

请自编、自导、自演一场关于奇星公司接受会计监督的情景剧，并在表演中展示每种会计监督所关注的重点内容。

会计监督是指相关单位对经济活动进行监督检查，以控制并引导经济活动按照既定的方向、目标、计划和原则进行。作为我国经济监督体系的重要组成部分，会计监督是保障会计信息质量的重要环节。

强化会计监督的关键在于构建一个有效的会计监督体系。《会计法》规定，我国的会计监督体系包括内部监督、政府监督和社会监督。

一、内部监督

内部监督的依据

内部监督是指会计机构和会计人员根据法律规定，通过会计手段对经济活动的合法性、合理性和有效性进行的一种监督。

（一）内部监督的主体与对象

按照《会计法》《会计基础工作规范》的规定，各单位的会计机构和会计人员负责对本单位的经济活动进行会计监督。也就是说，内部监督的主体是各单位的会计机构和会计人员，对象是本单位的经济活动。

对于违反《会计法》和国家统一的会计制度规定的经济业务事项，会计机构和会计人员有权拒绝办理或依法予以纠正。发现会计账簿记录与实物、款项及相关资料不符时，会计机构和会计人员应按照国家统一的会计制度规定，对有权自行处理的经济业务事项及时处理，对无权自行处理的经济业务事项立即向单位负责人报告，请求查明原因并作出处理决定。

小贴士

虽然内部监督的主体不包含单位负责人，但是单位负责人也应积极支持和保障会计机构和会计人员有效行使会计监督的职权。

（二）内部监督的基本要求

内部监督的范围十分广泛，涵盖人事、财务、物资等多个方面。各单位应根据实际情况建立、健全本单位的内部监督制度，并满足以下要求。

（1）记账人员与经济业务事项的审批人员、经办人员、财物保管人员的职责权限应明确，并实现相互分离和制约。

（2）重大的对外投资、资产处置、资金调度及其他重要经济业务事项的决策和执行，应明确相互监督和制约的程序。

（3）财产清查的范围、期限和组织程序应明确。

（4）会计资料定期进行内部审计的办法和程序应明确。

同步习题

【例 1-3　单项选择题】内部监督的对象是（　　）。

A. 本单位负责人　　B. 本单位的经济活动

C. 本单位经济业务的经办人员　　D. 本单位的会计机构和会计人员

答案：B

（三）内部监督的内容

1. 内部控制

1）内部控制的概念

对企业而言，内部控制是指由企业董事会、监事会、经理层和全体员工共同实施的，旨在实现控制目标的过程。对行政事业单位而言，内部控制是指单位为实现控制目标，通过制定制度、采取措施和执行程序，对经济活动风险进行防范和管控的过程。

2）内部控制的目标

企业内部控制包括以下几个目标：① 确保企业经营管理合法合规、资产安全、财务会计报告和相关信息完整；② 提高经营效率和效果；③ 促进企业实现发展战略。

行政事业单位内部控制包括以下几个目标：① 确保经济活动合法合规、资产安全和有效使用、财务信息真实完整；② 有效防范舞弊和预防腐败；③ 提高公共服务的效率和效果。

3）内部控制的原则

企业、行政事业单位在建立和实施内部控制时，都应遵循全面性、重要性、制衡性和适应性原则。此外，企业还应遵循成本效益原则。

（1）全面性原则。内部控制应贯穿决策、执行和监督的全过程，覆盖企业、行政事业单位的各种业务和事项。

（2）重要性原则。内部控制应在全面控制的基础上，特别关注重要业务事项和高风险领域，并采取更为严格的控制措施，确保不存在重大缺陷。

（3）制衡性原则。内部控制应在治理结构、机构设置、权责分配、业务流程等方面相互制约、相互监督，同时兼顾运营效率。

（4）适应性原则。企业内部控制应与自身的经营规模、业务范围、竞争状况和风险水平等相适应，并随着情况的变化及时加以调整。行政事业单位内部控制应符合国家有关规定和单位的实际情况，并随着外部环境的变化、单位经济活动的调整和管理要求的提高，不断修订和完善。

（5）成本效益原则。企业内部控制应权衡实施成本与预期效益，以适当的成本实现有效控制。

4）内部控制的责任人

对企业而言，董事会负责内部控制的建立、健全和有效实施，监事会对董事会建立与实施内部控制进行监督，经理层负责组织领导企业内部控制的日常运行。此外，企业还应成立专门的机构或指定合适的机构，负责组织协调内部控制的建立、实施及日常工作。

对行政事业单位而言，单位负责人对内部控制的建立、健全和有效运行负责，并根据实际情况，建立、健全适合本单位的内部控制体系，然后组织实施。

5）内部控制的内容

企业建立与实施有效的内部控制，应包括以下几个方面。

（1）内部环境。内部环境是企业建立与实施内部控制的基础，一般包括治理结构、机构设置与权责分配、内部审计机制、人力资源政策、企业文化等。

（2）风险评估。风险评估是指企业及时识别并系统分析经营活动中与实现内部控制目标相关的风险，以便合理确定风险应对策略。

（3）控制活动。控制活动是指企业根据风险评估结果，采用相应的控制措施，将风险控制在可承受范围内。

（4）信息与沟通。信息与沟通是指企业及时、准确地收集和传递内部控制的相关信息，确保这些信息在企业内部、企业与外部之间进行有效沟通。

（5）内部监督。内部监督是指企业对内部控制的建立与实施情况进行检查，以便评价内部控制的有效性，进而及时发现并改进内部控制缺陷。

行政事业单位在建立与实施内部控制时，应完成以下工作：① 梳理单位各类经济活动的业务流程，明确业务环节；② 系统分析经济活动风险，确定风险点，并选择相应的风险应对策略；③ 在上述工作的基础上，根据国家相关规定建立、健全单位的内部管理

制度，并督促相关工作人员认真执行。

6）内部控制的方法

内部控制的方法包括不相容职务分离控制、内部授权审批控制、会计控制、财产保护控制、预算控制等。

（1）不相容职务分离控制。不相容职务分离控制要求企业和行政事业单位合理设置相关工作岗位，明确职务权限，形成相互制衡的机制。

（2）内部授权审批控制。内部授权审批控制要求企业和行政事业单位根据相关规定，明确各岗位办理业务的权限范围、审批程序和相应责任。

（3）会计控制。会计控制要求企业和行政事业单位严格执行国家统一的会计核算制度，加强会计基础工作，明确会计凭证、会计账簿和财务会计报告的处理程序，保证会计资料的真实完整。

（4）财产保护控制。财产保护控制要求企业和行政事业单位建立财产日常管理制度和定期清查制度，采取财产记录、实物保管、定期盘点、账实核对等措施，确保财产安全。

（5）预算控制。预算控制要求企业和行政事业单位实施全面预算管理制度，明确各责任单位在预算管理中的职责权限，规范预算的编制、审定、下达和执行程序，强化预算约束。

互动空间

年末，某公司召开董事会，通过了若干重要决议，其中包括以下两项：① 为了加强货款回收，允许公司销售部门及相关销售人员直接收取货款；② 为了加强预算管理，决定设立预算管理委员会，由其负责批准年度预算方案、分析和考核预算执行情况。从内部控制的角度来看，这两项决议是否合理？

2．内部审计

1）内部审计的概念

内部审计是指单位内部开展的一种独立且客观的监督和评价活动。它通过单位内部独立的审计机构和审计人员，对各部门的财务收支、其他经营活动及内部控制的适当性、合法性和有效性进行审查和评价，从而促进单位目标的实现。

2）内部审计的特点

内部审计主要关注经营过程的有效性及各项制度的遵守与执行情况。审计的结果通常以建议性意见为主，其客观性和公正性可能相对较低。

3）内部审计的内容

内部审计的内容主要包括财务审计、经营审计、经济责任审计、管理审计、风险管理等。

（1）财务审计。财务审计是指按照规定的程序和方法对单位资产、负债、损益的真实、合法、效益进行审计监督，对会计报表反映的会计信息依法作出客观、公正的评价。财务审计的目的是揭露和反映单位资产、负债和损益的真实情况。

（2）经营审计。经营审计是经济性、效益性、建设性的审计。经营审计是对单位生产、经营、管理的全过程进行审计，其任务是揭露经营管理过程中存在的问题，寻求解决问题的有效途径，提供改善经营管理、提高经济效益的措施。

（3）经济责任审计。经济责任审计是指对经济责任人履行经济责任的情况进行审查。这种审计有助于落实问责机制，促进经济责任人采取有效的管理行为，同时也有利于保护利益相关者的利益。

（4）管理审计。管理审计是指以计划、组织、决策和控制等管理职能为对象的一种经济效益审计。它通过对各种管理职能的健全性和有效性进行评估，考查管理水平的高低、管理人员素质的优劣，以及管理活动的经济性和效率性，并针对管理中存在的问题提出改进建议和意见。

（5）风险管理。风险管理是对影响组织目标实现的各种不确定性事件进行识别与评估，并采取应对措施，将其影响控制在可接受的范围内的过程。风险管理旨在为组织目标的实现提供合理保证，包括风险识别、风险评估、风险应对三个阶段。

4）内部审计的作用

（1）预防保护作用。内部审计机构通过对会计工作实施监督，能够及时发现并纠正问题，保障资产的安全与完整，从而提升单位管理水平。

（2）服务促进作用。内部审计在单位优化管理、挖掘潜力、降低生产成本、提高经济效益等方面具有促进作用。

（3）评价鉴证作用。内部审计是经营管理分权制的产物。随着规模的扩大和管理层次的增加，单位需要对各部门的经营业绩进行考核与评价。内部审计能够对各部门的活动产生客观、公正的审计结论和意见，从而发挥评价和鉴证作用。

二、政府监督

政府监督是指财政部门代表国家，对单位和单位中相关人员的会计行为实施检查，并对发现的违法会计行为实施行政处罚的一种外部监督。

（一）政府监督的主体和对象

财政部门是政府监督的实施主体。除财政部门外，审计部门、税务部门、人民银行、证券监管部门等也可以按照相关法律、法规和规章制度规定的职责和权限，对相关单位的会计资料进行监督检查。

政府监督的对象是会计行为。财政部门有权对有违法会计行为的单位和个人实施行

政处罚。违法会计行为是指公民、法人和其他组织违反《会计法》及其他相关法律、法规和规章制度的行为。

（二）政府监督的主要内容

1. 对单位依法设置会计账簿的检查

财政部门对单位依法设置会计账簿的检查，具体包括以下几个方面。

（1）各单位是否依法设置会计账簿。

（2）已设置会计账簿的单位，其会计账簿的设置情况是否符合法律、法规和规章制度的要求。

（3）各单位是否存在账外设账及伪造、编造会计账簿等违法行为。

2. 对单位会计资料是否真实、完整的检查

财政部门对单位会计资料是否真实、完整的检查，具体包括以下几个方面。

（1）各单位对实际发生的经济业务事项是否及时办理会计手续，并进行会计核算。

（2）各单位填制的会计凭证、登记的会计账簿、编制的财务会计报告是否与实际发生的经济业务事项相符，是否做到账实相符、账证相符、账账相符、账表相符。

（3）各单位提供的财务会计报告是否符合相关规定。

3. 对单位会计核算情况的检查

财政部门对单位会计核算情况的检查，具体包括以下几个方面。

（1）各单位会计核算的内容是否真实、完整。

（2）各单位采用的会计年度、记账本位币、会计处理方法、会计记录文字是否符合相关规定。

（3）各单位对资产、负债、所有者权益、收入、成本、费用、利润的确认、计量、记录和报告是否符合相关规定。

（4）各单位会计档案的建立、保管和销毁是否符合相关规定。

4. 对单位会计人员的专业能力和职业道德的检查

财政部门对单位会计人员的专业能力和职业道德的检查，具体包括以下两个方面。

（1）会计人员是否具备专业能力，如会计机构负责人（会计主管人员）是否具备规定的任职资格。

（2）会计人员是否遵守职业道德。

5. 对会计师事务所出具审计报告的程序和内容的检查

财政部门有权对会计师事务所出具审计报告的程序和内容进行监督。也就是说，财政部门有权对注册会计师及其所在的会计师事务所的审计质量进行监督。

三、社会监督

社会监督主要是指注册会计师及其所在的会计师事务所依法对委托单位的经济活动进行审计和鉴证的一种外部监督。注册会计师是指依法取得注册会计师证书并接受委托从事审计及会计咨询、会计服务等业务的执业人员；会计师事务所是指依法设立并承办注册会计师业务的机构。此外，单位和个人对违反《会计法》和国家统一的会计制度的行为进行检举，也属于社会监督的范畴。

（一）注册会计师的业务范围

注册会计师执行业务，应加入会计师事务所。《注册会计师法》规定，注册会计师可以依法承办以下业务。

（1）审计业务：① 审查单位财务报表，并出具审计报告；② 验证单位资本，并出具验资报告；③ 办理单位合并、分立、清算事宜中的审计业务，并出具相关报告；④ 办理法律、法规和规章制度规定的其他审计业务。需要注意的是，注册会计师在进行审计时，仅对其出具的审计报告负责。注册会计师审计不能替代或减轻单位负责人对会计资料真实性和完整性的责任。

注册会计师出具审计报告的禁止性行为

（2）会计咨询、会计服务等业务：① 设计会计制度；② 担任会计顾问，提供会计、财务、税务和其他经济管理咨询服务；③ 代理记账；④ 代理纳税申报；⑤ 代办申请注册登记，协助拟定合同、协议、章程及其他经济文件；⑥ 培训会计人员；⑦ 审核单位前景财务资料，即单位未来一段时间内的财务预测和规划数据，包括预期收入、支出、利润、资产负债状况等；⑧ 评估资产。

注册会计师承办的业务，由其所在的会计师事务所统一受理并与委托方签订委托合同。会计师事务所对本所注册会计师依照相关规定承办的业务，承担民事责任。

小贴士

注册会计师执行业务，可以根据需要查阅委托方的有关会计资料和文件，查看委托方的业务现场和设施，以及要求委托方提供其他必要的协助。

（二）注册会计师审计与内部审计的关系

1. 两者的联系

（1）两者都是现代审计体系的重要组成部分。

（2）两者都关注内部控制的健全性和有效性。

（3）注册会计师审计可能涉及对内部审计成果的利用。

2. 两者的区别

两者的区别具体如表 1-10 所示。

表 1-10　注册会计师审计与内部审计的区别

项目	注册会计师审计	内部审计
目标	主要是对被审计单位财务报表的真实性（或合法性）和公允性进行审查	主要是对内部控制的有效性、财务信息的真实性和完整性，以及经营活动的效率和效果进行审查
独立性	为需要可靠信息的第三方提供服务，不受被审计单位管理层的领导和制约，独立性相对较强	为单位内部提供服务，受总经理或董事会的领导和制约，独立性相对较弱
接受审计的自愿程度	作为独立的第三方对被审计单位进行审计，委托方可自由选择会计师事务所	代表总经理或董事会实施单位的内部监督，作为内部控制制度的重要组成部分，单位内部部门必须接受内部审计人员的监督
审计方式	必须按照《注册会计师法》、执业准则和规则来实施审计	根据单位经营管理的需要自行组织实施，具有较大的灵活性
审计时间	通常是定期审计，每年对被审计单位的财务报表进行一次审计	通常是对单位内部部门进行定期或不定期审计，时间安排相对灵活
职责和作用	对投资者、债权人及其他利益相关者负责，对外出具的审计报告具有鉴证作用	出具的报告只对本单位负责，仅作为本单位改进经营管理的参考，并不对外公开

知识视窗

三种会计监督的关系

内部监督、政府监督、社会监督之间既有联系，又有区别。

1. 三者的联系

内部监督是政府监督和社会监督有效实施的基础，政府监督和社会监督是对内部监督的一种再监督，政府监督是社会监督有效进行的重要保证。

2. 三者的区别

三者的区别具体如表 1-11 所示。

表 1-11　内部监督、政府监督和社会监督的区别

项目	内部监督	政府监督	社会监督
监督主体	单位的会计机构和会计人员	财政部门、审计部门、税务部门、人民银行、证券监管部门及国家规定的其他相关部门	社会审计组织和社会公众
监督性质	单位内部的一种自我约束机制	政府相关部门按照法律、法规和规章制度的规定，对会计主体的会计行为进行的监督	通过发挥审计、鉴证职能，以及单位和个人的检举来实施

（续表）

项目	内部监督	政府监督	社会监督
监督时间	可以是事前监督，也可以是事中监督或事后监督	事后监督	事后监督
监督内容	不仅包括制止、纠正和检举不合法的收支，而且包括为加强经济管理和提高经济效益提供服务	会计主体的行为是否合法	主要是注册会计师对被监督单位财务报表的真实性发表意见，以提高被监督单位财务报表的公信力

任务实施 »

（1）全班学生以3～6人为一组进行分组，各组选出组长并进行任务分工。

（2）根据会计监督的内容，小组成员共同设计角色和剧本，并利用课余时间进行排练。

（3）各组通过抽签决定表演顺序，然后依次上台表演，时间不超过五分钟。

（4）教师进行总结和点评。

任务四 设置会计机构与配备会计人员

任务导入 »

因规模扩大，奇星公司计划成立会计机构，由小张担任会计机构负责人。由于缺乏相关经验，小张对于如何配备职责相互牵制的会计人员感到困惑。此外，根据公司的人事调整，小刘将担任成本费用核算会计，由小张负责监交。

请模拟小刘的会计工作交接过程，并帮助小张配备职责相互牵制的会计人员，为公司防范财务舞弊做好准备。

会计机构是各单位根据会计工作需要设置的职能部门，负责处理本单位的经济业务事项，进行会计核算和实施会计监督；会计人员是从事会计工作的专职人员。建立、健全会计机构，配备一定数量的、具备高素质和会计从业能力的会计人员，是各单位做好会计工作、充分发挥会计职能的重要保证。

一、会计机构的设置

（一）单独设置会计机构

一个单位是否单独设置会计机构，主要取决于以下几个因素。

（1）单位规模。单位规模决定了内部职能部门的设置，因此也决定了单位是否需要单独设置会计机构。一般来说，大中型企业和具有一定规模的行政事业单位，需要单独设置会计机构。

（2）经济业务与财务收支状况。经济业务繁多、财务收支金额大的单位，需要进行较多的会计处理和报表编制，因此需要单独设置会计机构，以确保会计工作效率和会计信息质量。

（3）经营管理需求。有效的经营管理依赖于信息的及时、准确、全面和系统。单位如果需要进行精细化管理，对会计信息有较高的要求，则其设置会计机构显得尤为必要。

（二）在有关机构中配置专职会计人员

无法单独设置会计机构的单位，为了适应内部客观需求和组织结构特点，可以根据规定在有关机构中配备专职会计人员并指定会计主管。这些机构通常是与财务会计工作接近的内部部门，如计划、统计或经营管理部门，也可以是能充分发挥会计职能作用的综合性部门，如办公室等。

（三）实行代理记账

没有设置会计机构和配备会计人员的单位，应当委托具有代理记账资格的代理记账机构进行会计核算和管理。代理记账机构是指依法取得代理记账资格，从事代理记账业务的机构。

1. 代理记账机构的设立条件

《代理记账管理办法》规定，申请代理记账资格的机构应同时具备以下几个条件。

（1）机构为依法设立的单位。

（2）专职从业人员不少于三名。

（3）主管代理记账业务的负责人具有会计师以上的专业职务资格或从事会计工作三年以上的经历，且为专职从业人员。

（4）机构具有健全的代理记账业务内部规范。

小贴士

专职从业人员是指仅在一个代理记账机构从事代理记账业务的人员。代理记账机构的从业人员应具有会计类专业基础知识和业务技能，能够独立处理基本会计业务，其资质由代理记账机构自主评价认定。

2. 代理记账机构的业务范围

（1）根据委托方提供的原始凭证和其他相关资料，按照国家统一的会计制度规定进行会计核算，包括审核原始凭证、填制记账凭证、登记会计账簿、编制财务会计报告等。

（2）对外提供财务会计报告。

（3）向税务机关提交税务资料。

（4）完成委托方委托的其他会计业务。

3. 代理记账机构及其从业人员的义务

（1）遵守相关法律、法规和规章制度的规定，按照委托合同办理代理记账业务。

委托合同应明确的内容

（2）对在执行业务过程中了解到的商业秘密予以保密。

（3）在委托方要求进行不当的会计处理，提供不实的会计资料，或从事其他违反法律、法规和规章制度的行为时，予以拒绝。

（4）对委托方提出的有关会计处理方面的问题予以解释。

小贴士

实行代理记账的单位应注意以下问题：① 对本单位发生的经济业务事项，填制或取得符合国家统一的会计制度规定的原始凭证；② 指定专人负责日常的货币收支和保管工作；③ 及时向代理记账机构提供真实、完整的原始凭证和其他相关资料；④ 对于代理记账机构退回的，需要按照国家统一的会计制度规定进行更正或补充的原始凭证，及时更正或补充。

二、会计人员的配备

（一）会计岗位的设置

会计岗位是指单位会计机构内部根据业务分工设置的从事会计工作、处理会计事项的具体岗位。

1. 会计岗位的设置内容

《会计基础工作规范》规定，会计岗位一般包括总会计师（或行使总会计师职权）岗位，会计机构负责人（会计主管人员）岗位，出纳岗位，稽核岗位，资本、基金核算岗位，财产物资的收发、增减核算岗位，工资、成本费用、财务成果核算岗位，收入、支出、债权债务核算岗位，总账岗位，对外财务会计报告编制岗位，会计电算化岗位，往来结算岗位，会计档案管理岗位等。

小贴士

会计档案移交前，会计机构中的会计档案管理岗位属于会计岗位；待会计档案正式移交至档案管理部门后，会计机构中的会计档案管理岗位则不再属于会计岗位。档案管理部门中的会计档案管理岗位不属于会计岗位。

此外，收费员或收银员、内部审计、社会审计、政府审计等工作相关的岗位也不属于会计岗位。

2．会计岗位的设置要求

（1）按需设岗。各单位应根据其经济活动的规模、特点和管理需求来设置会计岗位，以确保单位会计信息的生成、加工和传递真实、可靠、及时且有效。

（2）符合内部牵制制度的要求。会计机构内部牵制制度，也称“会计责任分离制度”，该制度要求款项或财物的收付、结算及登记工作必须由两人或两人以上分工完成，以便相互制约。会计岗位可以一人一岗、一人多岗或一岗多人。一般情况下，出纳不得兼管稽核、会计档案保管，以及收入、费用、债权债务账目的登记工作；出纳以外的人员不得经管现金、有价证券或票据。

（3）建立会计岗位责任制。会计岗位责任制通过明确各项会计工作的职责范围、具体内容和要求，将其落实到每位会计人员的工作中，有助于会计人员更好地履行岗位职责，提高工作效率。

（4）建立轮岗制度。《会计基础工作规范》规定，会计岗位应当有计划地进行轮换。定期或不定期地轮换会计岗位，有助于会计人员全面熟悉单位的会计业务，不断提高会计人员的业务能力和素质，也有助于会计人员增强团队合作意识，进一步完善单位内部的会计控制制度。

（二）会计人员的工作交接

会计人员的工作交接是指会计人员调动工作、离职或因病暂时不能工作时，与接替人员办理交接手续的一种工作程序。

1．交接范围

（1）会计人员临时离职或因病不能工作、需要接替或代理时，会计机构负责人（会计主管人员）或单位负责人必须指定专人接替或代理，并办理交接手续。

（2）临时离职或因病不能工作的会计人员恢复工作时，应与接替人员或代理人员办理交接手续。

（3）移交人员因病或其他特殊原因不能亲自办理交接手续时，经单位负责人批准后，可委托他人代办交接手续。但委托方应对所移交的会计凭证、会计账簿、财务会计报告、其他相关资料的真实性和完整性承担法律责任。

2. 交接程序

1）提出交接申请

会计人员向单位申请调动工作或离职时，应同时向会计机构提出交接申请，以便会计机构提前做好准备，安排其他会计人员接替工作。交接申请的内容一般包括申请人姓名、申请调动工作或离职的原因和时间、交接工作的具体安排、是否存在重大报告事项或建议等。

2）做好交接准备工作

办理交接手续前，会计人员必须按规定及时完成以下准备工作。

（1）对于已受理但尚未填制会计凭证的经济业务事项，应将其会计凭证填制完毕。

（2）尚未登记的账目应登记完毕，结出余额，并在最后一笔余额后加盖经办人印章。

（3）整理应移交的各项资料，对未了事项和遗留问题编写书面说明材料。

（4）编制移交清册，列明应移交的会计凭证、会计账簿、财务会计报告、印章、现金、有价证券、支票簿、发票、文件、其他会计资料和物品等内容。对于实行会计电算化的单位，移交人员还应在移交清册上列明会计软件和密码、会计软件数据磁盘、其他会计资料和物品等内容。

3）移交点收

办理交接手续时，会计机构负责人（会计主管人员）必须向接替人员详细介绍全部财务会计工作、重大财务收支和会计人员的情况等。同时，移交人员须按照移交清册逐项进行移交，接替人员则须逐项核对并点收。各项会计资料按下列要求进行移交点收。

（1）库存现金和有价证券须根据会计账簿的相关记录进行点交，其金额必须与会计账簿记录保持一致。如果不一致，移交人员有责任在限期内查明原因。

（2）会计凭证、会计账簿、财务会计报告和其他会计资料必须完整无缺。如果有短缺，移交人员必须查明原因，并在移交清册中注明。

（3）银行存款账户余额须与银行对账单一致。如果不一致，移交人员应编制银行存款余额调节表进行调节，使两者相符。同时，各种财产物资和债权债务的明细账户余额须与总账相关账户余额一致。必要时，接替人员需要抽查个别账户的余额，与实物核对相符或与往来单位和个人核对清楚。

（4）票据、印章和其他实物等必须交接清楚。对于实行会计电算化的单位，交接双方还需要在实际操作状态下对相关电子数据进行交接。

4）专人监交

为了明确责任，交接双方办理交接手续时，必须由监交人员负责监交。

（1）一般会计人员办理交接手续，由会计机构负责人（会计主管人员）负责监交。

（2）会计机构负责人（会计主管人员）办理交接手续，由单位负责人负责监交，必

要时可由上级主管部门派人会同监交。

5）办理交接后的有关事宜

（1）交接完成后，交接双方和监交人员应在移交清册上签名或盖章，并注明单位名称，交接日期，交接双方、监交人员的职务和姓名，移交清册的页数，以及需要说明的问题和意见等。

（2）接替人员应继续使用交接前的会计账簿，不得擅自设立新账，以确保会计记录前后衔接、内容完整。

（3）移交清册应填制一式三份。交接双方各自保留一份，其余的一份用于存档以备日后查询。

3．移交人员的责任

由于移交人员所移交的会计资料是在其经办会计工作期间产生的，移交人员应当对这些会计资料的合法性、真实性和完整性负责。如果接替人员在交接后发现所接收的会计资料在合法性、真实性和完整性方面存在问题，移交人员仍应承担责任，不能以会计资料已移交为由推卸责任。

互动空间

某企业的出纳张某因调动工作需要离开出纳岗位，在会计机构负责人的监督下，他与林某办理了交接手续，并按要求在移交清册上盖了章。然而，林某上任后发现该企业的银行存款账实不符，于是联系了张某。张某表示："我已经完成了交接手续，移交时并没有发现问题，现在的问题与我无关。"张某的说法是否正确？请说明理由。

（三）会计人员的专业技术资格与职称

1．会计专业技术资格

会计专业技术资格是指担任会计专业职务所需的资格，分为初级会计资格、中级会计资格、高级会计资格和正高级会计资格。要想获得这些专业技术资格，会计人员需要参加相应的考试或评审。

（1）初级会计资格的取得实行全国统一的考试制度，考试科目包括《初级会计实务》《经济法基础》。参加初级会计资格考试的人员在一个考试年度内通过全部科目，即可获得会计专业技术初级资格证书。

（2）中级会计资格的取得实行全国统一的考试制度，考试科目包括《中级会计实务》《财务管理》《经济法》。参加中级会计资格考试的人员在连续的两个考试年度内通过全部科目，即可获得会计专业技术中级资格证书。

（3）高级会计资格的取得实行考试与评审相结合的制度。高级会计资格的考试科目为《高级会计实务》，采用开卷笔答的方式进行，主要考核应试人员运用会计、财务、税收等相关理论知识和政策法规分析、判断和处理会计业务的能力，以及解决会计工作实际问题的综合能力。考试成绩合格的人员，在取得全国会计专业技术高级资格考试成绩合格单后（全国范围内三年有效），才能参加高级会计师资格评审。评审通过后，会计人员即可获得会计专业技术高级资格证书。

（4）正高级会计资格的取得采用评审委员会评审的方式。正高级会计师是我国会计专业职务系列中的最高职务级别。

2．会计职称

会计职称是会计人员通过国家或地方的考试，并经过认证后获得的专业职称，是衡量会计人员业务水平高低的标准。会计职称分为助理会计师、会计师、高级会计师和正高级会计师。不同级别的会计职称有其特定的评价标准。

1）助理会计师的评价标准

（1）基本掌握会计基础知识和业务技能。

（2）正确理解并执行会计法律、法规和规章制度。

（3）独立处理一个方面或某个重要岗位的会计工作。

（4）具备国家教育部门认可的高中毕业（含普通高中、中专、职高、技校）及以上学历。

2）会计师的评价标准

（1）系统掌握会计基础知识和业务技能。

（2）掌握并正确执行会计法律、法规和规章制度。

（3）具有扎实的专业判断和分析能力，独立负责某个领域的会计工作。

（4）具备博士学位；或具备硕士学位，从事会计工作满一年；或具备第二学士学位或研究生毕业，从事会计工作满两年；或具备大学本科学历或学士学位，从事会计工作满四年；或具备大学专科学历，从事会计工作满五年。

3）高级会计师的评价标准

（1）系统掌握和应用经济与管理理论、财务会计理论与实务。

（2）具有较高的理论水平和丰富的会计工作经验，独立负责某个领域或某个单位的财务会计管理工作。

（3）工作业绩较为突出，有效提高了单位会计管理水平或经济效益。

（4）有较强的科研能力，取得一定的会计相关理论研究成果，或主持完成会计相关研究课题、调研报告、管理方法或制度创新等。

（5）具备博士学位，取得会计师职称后，从事与会计师职责相关的工作满两年；或具备硕士学位、第二学士学位或研究生毕业、大学本科学历或学士学位，取得会计师职称后，从事与会计师职责相关的工作满五年；或具备大学专科学历，取得会计师职称后，从事与会计师职责相关的工作满十年。

4）正高级会计师的评价标准

（1）系统掌握和应用经济与管理理论、财务会计理论与实务，把握工作规律。

（2）政策水平高，工作经验丰富，积极参与一个单位的生产经营决策。

（3）工作业绩突出，主持完成会计相关领域重大项目，解决重大会计相关疑难问题或关键性业务问题，提高单位管理效率或经济效益。

（4）科研能力强，取得重大会计相关理论研究成果或其他创造性会计相关研究成果，推动会计行业发展。

（5）一般应具有大学本科及以上的学历或学士学位，取得高级会计师职称后，从事与高级会计师职责相关的工作满五年。

省级高端会计人才培养工程毕业的学员，视同符合上述第（1）项至第（4）项评价标准，只需要满足第（5）项，即可参加正高级会计师职称的评审。全国高端会计人才培养工程毕业的学员，按程序由正高级职称评审委员会认定后，即可取得正高级会计师职称。

小贴士

会计人员参加各层级的会计人员职称评价除了应满足上述评价标准，还应满足以下基本条件：① 遵守《会计法》和国家统一的会计制度等法律、法规和规章制度；② 具备良好的职业道德，无严重违反财经纪律的行为；③ 热爱会计工作，具备相应的会计专业知识和业务技能；④ 按照要求参加继续教育。

同步习题

【例 1-4　单项选择题】下列选项中，（　　）不属于会计职称。

A．会计师　　　　B．高级会计师

C．正高级会计师　　　　D．总会计师

答案：D

任务实施 »

（1）全班学生以 3～6 人为一组进行分组，各组选出组长并进行任务分工。

（2）各组整理交接材料、一般会计人员办理会计工作交接的注意事项，并按照交接程序模拟交接。

（3）各组实地调查其他公司会计机构的会计人员配备情况，并记录每个会计岗位的职责，然后评价被调查公司会计人员配置的合理性及分析被调查公司潜在的财务舞弊风险。

（4）各组根据收集的资料为奇星公司的会计机构配备职责相互牵制的会计人员。

（5）各组将实地调查的内容和结果制作成不少于八页的 PPT，以便全面、清晰地呈现分析结果。

（6）各组通过抽签决定汇报顺序，然后由代表依次上台陈述分析结果。在此期间，教师和其他同学可随时提出问题或发表意见。

（7）教师进行总结和点评。

任务五 明确会计法律责任

任务导入 »

近年来，会计违法行为屡见不鲜，这些行为不仅对涉事单位造成了严重损害，还对整个社会产生了恶劣影响。请同学们以真实事件为例，分析该事件中会计违法行为的具体情况及相关人员违反的法律条款，并进一步探讨这一事件带来的启示。

一、会计法律责任概述

会计法律责任是指会计人员在生成和提供会计信息过程中违反法律规定的行为所需承担的法律后果，包括行政责任和刑事责任（见表 1-12）。

表 1-12 行政责任和刑事责任

项目	行政责任	刑事责任
性质	是一种行政处罚措施，属于行政管理的范畴	是一种刑事制裁措施，属于刑法学的范畴
适用范围	针对违反行政管理秩序的行为人	针对犯罪行为人
惩罚力度	相对较轻，通常只涉及对违法行为的纠正和对相关人员的处分	相对严厉，涉及对犯罪行为的定罪量刑
承担方式	以罚款、警告、责令改正等为主要承担方式	以拘役、有期徒刑、无期徒刑等为主要承担方式

二、会计法律责任的具体规定

（一）不依法设置会计账簿等会计违法行为的法律责任

按照《会计法》的规定，单位和会计人员出现下列行为之一时，县级以上人民政府财政部门有权责令限期改正，并根据情况对单位处以 3 000 元以上 5 万元以下的罚款；对直接负责的主管人员和其他直接责任人员处以 2 000 元以上 2 万元以下的罚款；如果涉及

国家工作人员，还应由其所在单位或相关单位依法给予行政处分；构成犯罪的，依法追究刑事责任。

（1）不依法设置会计账簿。

（2）私设会计账簿。

（3）未按照规定填制、取得原始凭证，或填制、取得的原始凭证不符合规定。

（4）以未经审核的会计凭证为依据登记会计账簿，或登记会计账簿不符合规定。

（5）随意变更会计处理方法。

（6）向不同的财务会计报告使用者提供编制依据不一致的财务会计报告。

（7）未按照规定使用会计记录文字或记账本位币。

（8）未按照规定保管会计资料，导致会计资料毁损或灭失。

（9）未按照规定建立并实施内部监督制度，或拒绝接受依法实施的监督，或未如实提供有关会计资料及情况。

（10）任用的会计人员不符合《会计法》规定。

此外，会计人员如果存在情节严重的不依法设置会计账簿的行为，五年内不得从事会计工作。

（二）其他会计违法行为的法律责任

（1）单位和会计人员伪造、变造会计凭证、会计账簿，编制虚假的财务会计报告：如果构成犯罪，将被依法追究刑事责任。如果尚未构成犯罪，县级以上人民政府财政部门有权予以通报，并根据情况对单位处以 5 000 元以上 10 万元以下的罚款；对直接负责的主管人员和其他直接责任人员处以 3 000 元以上 5 万元以下的罚款；如果涉及国家工作人员，还应由其所在单位或相关单位依法给予撤职直至开除的行政处分；其中的会计人员，五年内不得从事会计工作。

（2）单位和会计人员隐匿或故意销毁应当依法保存的会计凭证、会计账簿、财务会计报告：如果构成犯罪，将被依法追究刑事责任。如果尚未构成犯罪，县级以上人民政府财政部门有权予以通报，并根据情况对单位处以 5 000 元以上 10 万元以下的罚款；对直接负责的主管人员和其他直接责任人员处以 3 000 元以上 5 万元以下的罚款；如果涉及国家工作人员，还应由其所在单位或相关单位依法给予撤职直至开除的行政处分；其中的会计人员，五年内不得从事会计工作。

小贴士

> 隐匿是指故意隐藏或转移应当保存的会计凭证、会计账簿、财务会计报告的行为；销毁是指故意将应当依法保存的会计凭证、会计账簿、财务会计报告予以毁灭的行为。

（3）单位负责人授意、指使、强令会计机构、会计人员及其他人员伪造、变造会计凭证、会计账簿，编造虚假的财务会计报告或者隐匿、故意销毁应当依法保存的会计凭证、会计账簿、财务会计报告：如果构成犯罪，将被依法追究刑事责任。如果尚未构成犯罪，县级以上人民政府财政部门对其处以5 000元以上5万元以下的罚款；如果涉及国家工作人员，还应由其所在单位或相关单位依法给予降级、撤职、开除的行政处分。

（4）单位负责人对依法履行职责、抵制违反《会计法》规定行为的会计人员以降级、撤职、调离工作岗位、解聘或开除等方式实行打击报复：如果构成犯罪，将被依法追究刑事责任，情节恶劣的，处三年以下有期徒刑或拘役。如果尚未构成犯罪，由其所在单位或相关单位依法给予行政处分。对于遭受打击报复的会计人员，应当恢复其名誉及原有职务和级别。

小贴士

按照《会计法》的规定，任何单位和个人有权检举违反《会计法》和国家统一的会计制度规定的行为。收到检举的部门有权处理的，应当依法按照职责分工及时处理；无权处理的，应当及时移交有权处理的部门处理。收到检举的部门、负责处理的部门应当为检举人保密，不得将检举人姓名和检举材料转给被检举单位和被检举人。

同步习题

【例1-5　单项选择题】对于伪造、变造会计凭证、会计账簿，编制虚假的财务会计报告的行为，尚未构成犯罪的，由县级以上人民政府财政部门予以通报，并可对直接负责的主管人员和其他直接责任人员处以罚款的最低数额为（　　）元。

A. 1 000　　B. 2 000　　C. 3 000　　D. 5 000

答案：C

任务实施 »

（1）全班学生以3～6人为一组进行分组，各组选出组长并进行任务分工。

（2）各组通过网络搜索、观看新闻、翻阅报纸等方式，选取一个关于会计违法行为的真实事件，并对事件中的违法行为及涉及的法律条款进行分析和总结。

（3）各组将分析结果制作成不少于八页的PPT，以便全面、清晰地呈现分析结果。

（4）各组通过抽签决定汇报顺序，然后由代表依次上台陈述分析结果。在此期间，教师和其他同学可随时提出问题或发表意见。

（5）教师进行总结和点评。

知识检测

一、单项选择题

1．（　　）是指由国务院制定并发布，或由国务院有关部门拟定并经国务院批准发布的，用于调整经济生活中特定方面会计关系的法律规范。

A．会计法律　　　　B．会计行政法规

C．会计部门规章　　　　D．地方性会计法规

2．会计机构和会计人员对不真实、不合法的原始凭证有权（　　）。

A．不予接受，并向会计机构负责人（会计主管人员）报告

B．不予接受，并向单位负责人报告

C．予以退回，并要求出具单位按照国家统一的会计制度规定进行更正或补充

D．予以接受，并要求出具单位按照国家统一的会计制度规定进行合理调整

3．按照《会计法》的规定，（　　）对本单位的会计工作和会计资料的真实性、完整性负责。

A．出纳　　　　B．单位负责人

C．总会计师　　　　D．会计机构负责人（会计主管人员）

4．会计机构内部牵制制度要求，款项或财物的收付、结算及登记工作必须由（　　）分工完成。

A．两人　　　　B．三人

C．三人或三人以上　　　　D．两人或两人以上

5．按照《会计法》的规定，有权制定国家统一的会计制度的机构是（　　）。

A．国务院　　　　B．国务院财政部门

C．国务院各业务主管部门　　　　D．省级人民政府财政部门

6．下列选项中，（　　）不属于会计岗位。

A．出纳岗位　　　　B．往来结算岗位

C．商场收银员　　　　D．会计电算化岗位

7．银行存款日记账的保管期限是（　　）。

A．十年　　　　B．十五年

C．三十年　　　　D．永久

8．会计法律责任包括（　　）。

A．行政责任和民事责任　　　　B．行政责任和刑事责任

C．民事责任和刑事责任　　　　D．行政责任、民事责任和刑事责任

9. 下列选项中，（　　）不属于会计档案。

A．银行存款余额调节表　　B．固定资产卡片

C．会计档案移交清册　　D．月度财务收支计划表

二、多项选择题

1．我国会计工作的行政管理内容包括（　　）。

A．制定国家统一的会计制度　　B．会计市场管理

C．会计专业人才评价　　D．会计监督检查

2．下列选项中，属于回避制度中所指的亲属关系的有（　　）。

A．夫妻关系　　B．直系血亲关系

C．三代以内旁系血亲关系　　D．配偶亲关系

3．一个单位是否单独设置会计机构，主要取决于（　　）。

A．单位规模　　B．经营管理需求

C．上级主管部门的相关规定　　D．经济业务与财务收支状况

4．会计岗位的设置要求包括（　　）。

A．按需设岗　　B．只能一人一岗

C．建立会计岗位责任制　　D．建立轮岗制度

5．下列选项中，属于变造会计账簿行为的有（　　）。

A．以虚假的经济业务事项为基础，编制出虚假的会计凭证

B．以虚假的经济业务事项为基础，编制出虚假的会计账簿

C．通过涂改手段改变会计凭证的真实内容

D．通过挖补手段改变会计账簿的真实内容

6．在会计工作交接完成后，交接双方和监交人员应在移交清册上签名或盖章，并注明（　　）。

A．单位名称

B．交接日期

C．交接双方、监交人员的职务和姓名

D．移交清册的页数

7．注册会计师可以依法承办的业务有（　　）。

A．审查单位财务报表，并出具审计报告

B．设计会计制度

C．代理纳税申报

D．代办申请注册登记，协助拟定合同、协议、章程及其他经济文件

8．按照《会计法》的规定，单位负责人对会计人员实行打击报复的，除对单位负责人依法给予行政处分外，对遭受打击报复的会计人员还应采取补救措施。下列选项中，属于补救措施的有（ ）。

A．赔礼道歉　　B．恢复原有职务

C．恢复原有级别　　D．恢复名誉

9．对于会计人员伪造、变造会计凭证、会计账簿，编制虚假的财务会计报告的行为，县级以上人民政府财政部门可给予的制裁措施有（ ）。

A．责令限期改正　　B．通报

C．罚款　　D．五年内不得从事会计工作

三、判断题

1．记账凭证可根据不同内容和类别的原始凭证汇总填制。（ ）

2．所有实际发生的经济业务事项都需要进行会计核算。（ ）

3．会计人员在登记会计账簿时，书写的文字和数字上方要留有适当空格。空格一般应占格距的三分之二。（ ）

4．对企业而言，内部控制是指由企业董事会、监事会和经理层共同实施的，旨在实现控制目标的过程。（ ）

5．政府对会计工作的监督属于内部监督。（ ）

6．除财政部门外，审计部门、税务部门、人民银行、证券监管部门等也可以按照相关法律、法规和规章制度规定的职责和权限，对相关单位的会计资料进行监督检查。（ ）

四、不定项选择题

2023 年 12 月，某市财政局派出的检查组对一市属国有制造厂的会计工作进行了检查。在检查过程中，了解到以下情况。

（1）2023 年 10 月 5 日，新厂长（单位负责人）马某上任后，将朋友的女儿王某调入会计科，由王某担任出纳并兼管会计档案保管工作。

（2）2023 年 11 月 21 日，会计刘某申请离职。尽管刘某尚未完成会计工作交接手续，人事部门仍为其办理了离职手续。

（3）2023 年 12 月 19 日，该厂的档案管理部门编制了会计档案销毁清册，并按照规定程序进行了监销。经查实，销毁的会计档案中包含一些保管期满但尚未结清债权债务的会计凭证。

（4）关于出售废料的收入，该厂未将其纳入统一的会计核算，而是另设会计账簿进行核算，用以解决行政管理部门的福利问题。

根据上述资料，回答下列问题。

1．下列关于会计人员回避制度的说法中，正确的有（　　）。

A．该厂任用会计人员应当实行回避制度

B．马某将朋友的女儿王某调入会计科担任出纳，违反了会计人员的回避制度

C．单位领导人的直系亲属不得担任本单位的会计机构负责人（会计主管人员）

D．单位领导人的直系亲属不得担任本单位的出纳工作

2．出纳可以担任（　）工作。

A．稽核　　B．会计档案保管

C．固定卡片的登记　　D．债权债务账目的登记

3．下列关于会计工作交接的说法中，正确的有（　　）。

A．在刘某尚未完成会计工作交接手续的情况下，人事部门不得为其办理离职手续

B．刘某办理会计工作交接手续时，由单位负责人负责监交

C．刘某办理会计工作交接手续时，由会计机构负责人（会计主管人员）负责监交

D．完成会计工作交接后，刘某不再对所移交的会计资料的合法性和真实性承担法律责任

4．下列关于会计档案销毁的说法中，正确的有（　　）。

A．会计档案应当永久保管，不得销毁

B．保管期满但尚未结清债权债务的会计凭证不得销毁

C．单位负责人应当在会计档案销毁清册上签署意见

D．保管期满且无保存价值的会计档案可以销毁

5．关于该厂出售废料收入的财务处理，下列说法正确的有（　　）。

A．这种行为违反了会计法律制度的规定

B．这种行为属于私设会计账簿的行为

C．对这种行为，省级以上人民政府财政部门应责令其限期改正

D．省级以上人民政府财政部门应对单位处以 2 000 元以上 2 万元以下的罚款

项目考核评价

学生配合指导教师共同完成如表 1-13 所示的项目考核评价表。

表 1-13　项目考核评价表

<table>
<tr><td>班级</td><td></td><td>组号</td><td></td><td>日期</td><td colspan="2"></td></tr>
<tr><td>姓名</td><td></td><td>学号</td><td></td><td>指导教师</td><td colspan="2"></td></tr>
<tr><td rowspan="2">评价维度</td><td colspan="2" rowspan="2">评价内容</td><td rowspan="2">分值</td><td colspan="2">评价分数</td></tr>
<tr><td>自评</td><td>师评</td></tr>
<tr><td rowspan="3">知识评价
30%</td><td rowspan="3">重难点
知识</td><td>了解会计法律制度、会计工作管理体制和会计法律责任的内容</td><td>10 分</td><td></td><td></td></tr>
<tr><td>掌握会计核算的要求和会计监督的内容</td><td>10 分</td><td></td><td></td></tr>
<tr><td>掌握会计机构的设置要求和会计人员的配备要求</td><td>10 分</td><td></td><td></td></tr>
<tr><td rowspan="5">能力评价
40%</td><td rowspan="3">自主学习
能力</td><td>能够概述本项目的主要知识点</td><td>8 分</td><td></td><td></td></tr>
<tr><td>课堂认真听讲，积极与老师互动</td><td>8 分</td><td></td><td></td></tr>
<tr><td>反思在预习和课堂学习中出现的问题，巩固所学知识，改进思路和方法</td><td>8 分</td><td></td><td></td></tr>
<tr><td rowspan="2">人际交往
能力</td><td>积极参与实践活动，与小组成员配合默契</td><td>8 分</td><td></td><td></td></tr>
<tr><td>与小组其他成员沟通顺畅</td><td>8 分</td><td></td><td></td></tr>
<tr><td rowspan="3">素养评价
30%</td><td rowspan="3">职业素养</td><td>按时出勤，积极参与课堂讨论</td><td>10 分</td><td></td><td></td></tr>
<tr><td>做事细致，勤于思考，善于总结</td><td>10 分</td><td></td><td></td></tr>
<tr><td>运用创新的方法或形式呈现实践成果</td><td>10 分</td><td></td><td></td></tr>
<tr><td colspan="3">合计</td><td>100 分</td><td></td><td></td></tr>
<tr><td>总评</td><td colspan="2">自评（30%）+师评（70%）=</td><td colspan="3">教师（签名）:</td></tr>
</table>

项目二

运用经济交易媒介——结算法律制度

知识目标

(1) 了解支付结算的基础知识和办理要求。

(2) 了解现金结算的渠道与范围、现金使用的限额及现金收支的基本要求。

(3) 掌握银行结算账户的基础知识及其开立、变更与撤销的规定，以及相关的法律制度。

(4) 掌握各种票据结算方式的基础知识和相关规定。

(5) 了解各种非票据结算方式的基础知识和相关规定。

技能目标

(1) 能够按照规定使用与管理现金。

(2) 能够按照规定使用各类银行结算账户，依法办理银行结算账户的开立、变更与撤销。

(3) 能够正确填写各种票据和结算凭证。

(4) 能够正确使用各种票据和非票据结算方式办理支付结算。

素养目标

(1) 坚持公私分明的原则，严格区分公款与私人财产。

(2) 以严谨、认真、负责的态度办理支付结算业务，确保不出差错。

考证链接 »

本章内容与初级会计资格考试的《经济法基础》考察内容相对应，具体内容如表 2-1 所示。

表 2-1　考证链接

本章内容	《经济法基础》考察内容
知识导航	要求掌握的内容：支付结算的办理要求 要求熟悉的内容：违反支付结算法律制度的法律责任 要求了解的内容：支付结算的概念和工具
理解现金结算	无
掌握银行结算账户	要求掌握的内容：银行结算账户开立、变更与撤销的规定，银行卡的交易规定 要求熟悉的内容：银行结算账户的管理原则 要求了解的内容：银行结算账户的概念和类型，银行卡的概念和类型
掌握票据结算方式	要求掌握的内容：票据当事人、票据行为、票据权利与责任、票据追索的规定，支票、商业汇票、银行汇票和银行本票的规定 要求熟悉的内容：票据的概念和类型
掌握非票据结算方式	要求掌握的内容：汇兑和委托收款的规定 要求了解的内容：网上银行

知识导航

一、支付结算的基础知识

（一）支付结算的概念及方式

支付结算是指单位、个人（含个体工商户）在社会经济活动中使用不同结算方式进行货币给付和资金清算的行为。根据中国人民银行颁布的《支付结算办法》及有关规范性文件，支付结算方式主要分为票据结算方式和非票据结算方式，具体如图 2-1 所示。

票据结算方式是指采用《中华人民共和国票据法》（以下简称《票据法》）所规定的票据进行支付结算的方式，包括支票、汇票和本票。其中，本票仅指银行本票。非票据结算方式是指不采用票据进行支付结算的方式，包括现金、银行结算账户、汇兑、委托收款、托收承付、国内信用证、网上银行、第三方支付等。

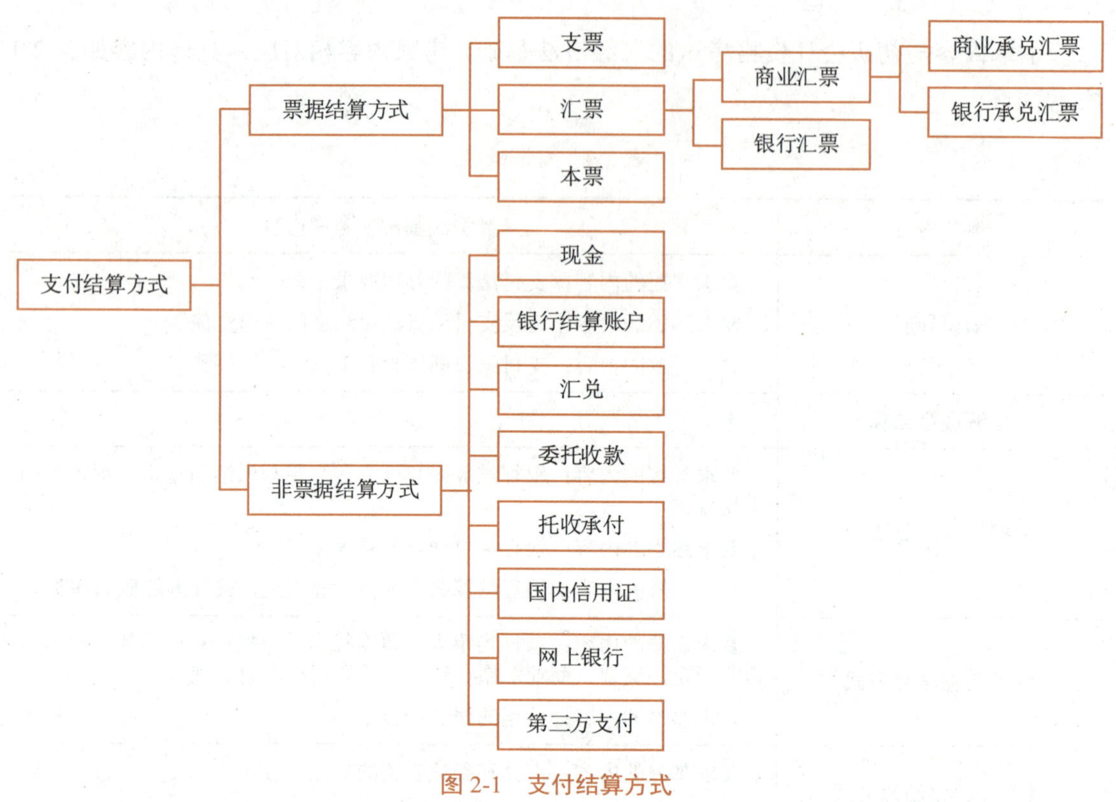

图 2-1　支付结算方式

（二）支付结算的特点

1. 支付结算必须通过中国人民银行批准的金融机构进行

支付结算必须通过中国人民银行批准的金融机构进行，以确保资金的安全与合法。《支付结算办法》第六条规定，银行是支付结算和资金清算的中介机构。未经中国人民银行批准的非银行金融机构和其他单位不得作为中介机构经营支付结算业务。但法律、法规和规章制度另有规定的除外。

2. 支付结算是一种要式行为

支付结算是一种要式行为，即支付结算必须按照规定的格式和要求进行，否则将无法完成。要式行为是指法律规定必须按照一定形式进行的行为，如果该行为不符合法定的形式要件，即为无效。

3. 支付结算的发生取决于委托方的意志

在支付结算过程中，委托方可以根据自己的意愿决定是否进行支付结算，并选择支付方式、支付时间、支付金额等；银行仅充当中介机构的角色。

小贴士

银行作为中介机构，需要对委托方承担一定的责任。但只要以善意且符合规定的正常操作程序对支付行为进行审查，没有发现异常而支付金额后，银行就不再承担委托付款和付款的责任。其中，“善意”在法律和金融领域通常用来描述主体执行某项行为时，在没有违反法律或合同规定的前提下，履行了应尽的注意义务。

4. 支付结算实行统一管理和分级管理相结合的管理体制

按照《支付结算办法》的规定，中国人民银行总行负责制定统一的支付结算制度，组织、协调、管理、监督全国的支付结算工作，调解、处理银行之间的支付结算纠纷；中国人民银行的各分行可以根据统一的支付结算制度制定实施细则并报中国人民银行总行备案，也可以根据需要制定单项支付结算办法，报经中国人民银行总行批准后执行；中国人民银行的分行和支行负责组织、协调、管理、监督本辖区的支付结算工作，调解、处理本辖区银行之间的支付结算纠纷。

5. 支付结算必须依法进行

《支付结算办法》规定，银行、单位和个人在办理支付结算时，必须遵守法律、法规和规章制度的各项规定，不得损害社会公众利益。

小贴士

除《票据法》《支付结算办法》外，支付结算的主要法律依据还包括《票据管理实施办法》《现金管理暂行条例》《银行卡业务管理办法》《人民币银行结算账户管理办法》《电子支付指引（第一号）》等。

（三）支付结算的基本原则

1. 恪守信用，履约付款

单位之间、单位与个人之间发生交易往来，产生支付结算行为时，结算当事人必须依法行使权利和履行义务，恪守信用，严格按照约定的时间和金额履行付款义务。

2. 谁的钱进谁的账，由谁支配

银行在办理支付结算时，必须严格按照存款人的委托，将款项支付给指定的收款人。存款人的资金必须由其自主支配，除法律、法规和规章制度另有规定外，银行无权在未经存款人授权或委托的情况下，擅自动用其账户里的资金。这一原则旨在维护存款人对其存款的所有权和自主支配权，并强化银行在结算过程中的责任意识。

3. 银行不垫款

银行在办理支付结算时，仅负责办理结算当事人之间的款项划拨，不承担任何垫付责任。这一原则旨在划清银行资金与存款人资金的界限，保障银行对其资金的所有权和

经营权，并促使开立账户的单位或个人直接对自己的债权和债务负责。

二、支付结算的办理要求

（一）支付结算的基本办理要求

1．支付结算必须使用中国人民银行统一规定印制的票据和结算凭证

票据和结算凭证是办理支付结算的工具。未使用中国人民银行统一规定印制的票据，票据无效；未使用中国人民银行统一规定格式的结算凭证，银行不予受理。

2．开立和使用账户应当符合《人民币银行结算账户管理办法》的规定

在银行开立账户的单位和个人办理支付结算时，必须保证账户内有足够的资金用于支付；没有开立账户的个人向银行交付款项后，也可以通过银行办理支付结算。除法律、法规和规章制度另有规定外，银行不得为任何单位或个人冻结、扣划他人的款项，也不得停止任何单位或个人存款的正常支付。

3．票据和结算凭证应当填写规范

票据和结算凭证的填写应当做到要素齐全、数字正确、字迹清晰且不潦草，并没有涂改。其中，金额、出票日期、签发日期、收款人名称不允许更改。如果这些信息被更改，则票据无效，结算凭证不能被银行受理。对于票据和结算凭证上的其他记载事项，原记载人可以进行更改，但必须在更改处签章，以证明更改的合法性。

小贴士

票据和结算凭证上的签章可以是签名、盖章或签名加盖章，其具体要求如表 2-2 所示。

表 2-2　票据和结算凭证的签章要求

项目	票据的签章要求	结算凭证的签章要求
银行	银行盖章加其法定代表人或其授权代理人的签名或盖章	—
单位	单位盖章加其法定代表人或其授权代理人的签名或盖章	
个人	本人的签名或盖章	

票据和结算凭证上的金额需要同时用中文大写和阿拉伯数字记载，且两者必须保持一致。如果两者不一致，则票据无效，结算凭证不能被银行受理。少数民族地区和外国驻华使领馆根据实际需要，可以使用少数民族文字或外国文字来记载大写金额。

4．票据和结算凭证上的签章和其他记载事项应当真实，不得伪造、变造

伪造是指无权限人假冒他人或虚构他人名义进行签章的行为，变造是指无权更改票据内容的人对票据上除签章外的其他记载事项进行更改的行为。变造通常是在合法票据的基础上，通过剪接、挖补、覆盖、涂改等手段非法更改票据的记载事项。伪造和变造

都属于欺诈行为，应依法追究刑事责任。需要注意的是，票据上伪造或变造的签章不会影响票据上其他当事人真实签章的有效性。

（二）支付结算凭证的填写要求

票据和结算凭证记录了经济业务事项的具体信息，并明确了相应的经济责任。因此，银行、单位和个人在填写票据和结算凭证时，需要遵循以下规定，以保障支付结算的准确性、及时性和安全性。

1．出票日期的填写要求

出票日期必须使用中文大写，其填写要求如表 2-3 所示。

表 2-3　出票日期的填写要求

出票日期	填写要求	举例
年份	年份以大写数字（不含数位）填写	贰零贰叁年、壹玖捌叁年
月份	对于 1 月、2 月，月份前加写“零”并以大写数字填写	零壹月、零贰月
	对于 3～9 月，月份以大写数字填写	叁月、玖月
	对于 10 月，月份前加写“零壹”并以大写数字填写	零壹拾月
	对于 11 月、12 月，月份前加写“壹”并以大写数字填写	壹拾壹月、壹拾贰月
日数	对于 1～9 日、20 日、30 日，日数前加写“零”并以大写数字填写	零壹日、零贰拾日
	对于 10 日，日数前加写“零壹”并以大写数字填写	零壹拾日
	对于 11～19 日，日数前加写“壹”并以大写数字填写	壹拾贰日、壹拾玖日
	对于 21～29 日、31 日，日数以大写数字填写	贰拾壹日、叁拾壹日

如果出票日期的大写不符合填写要求，银行仍可予以受理，但出票人需要自行承担由此造成的损失；如果出票日期使用小写填写，银行则不予受理。

2．阿拉伯小写金额数字的填写要求

（1）阿拉伯小写金额数字要认真填写，确保字迹清晰，避免连写导致无法辨认。

（2）阿拉伯小写金额数字前应加写人民币的货币符号“¥”，或阿拉伯小写金额数字的尾部应加写“元”字。需要注意的是，“¥”与“元”不能同时出现。

（3）所有以元为单位的阿拉伯数字，除表示面值等情况外，一律填写到分。没有角位与分位的，角位和分位可写“0”，或用符号“-”代替；有角无分的，分位应写“0”，但不得用符号“-”代替。

3．中文大写金额数字的填写要求

（1）中文大写金额数字应使用正楷或行书填写。金额的各个数位应使用壹、贰、叁、肆、伍、陆、柒、捌、玖、拾、佰、仟、万、亿、元、角、分、零、整（正）等字样来表示，不得使用一、二、三、四、五、六、七、八、九、十、毛、另（或〇）或自

造的简化字来表示。此外，如果中文大写金额数字使用繁体字，银行也应予以受理。

知识视窗

“零”的填写要求

当阿拉伯小写金额数字中有“0”时，其对应的中文大写金额数字“零”的填写应遵循汉语语言规律、金额数字构成规则和防止涂改的要求（见表 2-4）。

表 2-4　“零”的填写要求

阿拉伯小写金额数字的具体情况	中文大写金额数字的填写要求	举例
中间有一个“0”	中间要写“零”字	¥1 309.50 应写成“人民币壹仟叁佰零玖元伍角”
中间连续有几个“0”	中间可以只写一个“零”字	¥6 008.14 应写成“人民币陆仟零捌元壹角肆分”
万位或元位是“0”	中间可以只写一个“零”字，也可以不写“零”字	¥1 780.32 应写成“人民币壹仟柒佰捌拾元零叁角贰分”或者写成“人民币壹仟柒佰捌拾元叁角贰分”
中间连续有几个“0”，且万位、元位也是“0”，但千位、角位不是“0”		¥109 000.53 应写成“人民币壹拾万玖仟元零伍角叁分”或者写成“人民币壹拾万零玖仟元伍角叁分”
角位是“0”，但分位不是“0”	“元”字后面应写“零”字	¥16 509.02 应写成“人民币壹万陆仟伍佰零玖元零贰分”

（2）中文大写金额数字前应标明“人民币”字样，且两者间不得留有空白。例如，“人民币伍佰元整”不能写为“人民币　伍佰元整”。

（3）中文大写金额数字到“元”为止的，“元”字后面应加写“整”或“正”字；到“角”为止的，“角”字后面可以加写“整”或“正”字，也可以不写；到“分”为止的，“分”字后面不写“整”或“正”字。

同步习题

【例 1-6　单项选择题】下列选项中，不符合票据和结算凭证填写要求的是（　　）。

A．中文大写金额数字到“角”为止的，“角”字后面没有写“整”字

B．中文大写金额数字使用宋体填写

C. 阿拉伯小写金额数字前加写人民币的货币符号“¥”

D. 1月15日出具的票据，其出票日期填写为“零壹月壹拾伍日”

答案：B

互动空间

A公司为了购买商品，向B公司签发了一张金额为20万元的汇票。该汇票的签章是A公司的公章，出票日期填写的是2023年12月12日。B公司收到汇票后，在规定的期限内向银行提出了承兑申请，但银行却以该汇票不符合要求为由拒绝受理。请根据所学知识，分析并讨论银行拒绝受理是否合法。为什么？

任务一 理解现金结算

任务导入 »

请自编、自导、自演一场关于奇星公司进行现金结算的情景剧，并在表演中展示现金结算的范围、现金使用的限额和现金收支中存在的不规范行为。

一、现金结算的概念与特点

（一）现金结算的概念

现金是指具有现实购买力或法定偿付能力的货币。在我国，现金是指人民币，包括纸币和金属辅币。现金结算是指在商品交易和劳务供应等经济往来中，直接使用现金来完成支付和收款的行为。

（二）现金结算的特点

1. 直接便利

在现金结算方式下，买卖双方一手交钱一手交货，直接在交易时钱货两清，无须通过任何中介环节。因此，对买卖双方来说，现金结算是最直接且最便利的支付方式。

2. 不安全

由于现金使用极为广泛和便利，它成为不法分子觊觎的主要目标，很容易被偷盗、贪污或挪用。此外，现金还可能因火灾、虫蛀、鼠咬等原因而遭受损失。

3．不易宏观控制和管理

由于现金结算一般不通过银行进行，国家对其监管的难度增大。过多的现金结算会使流通中的现钞过多，从而容易造成通货膨胀，增大国家对物价控制的压力。

4．费用较高

使用现金进行结算时，各单位虽然可以节省一定的银行手续费，但同时要承担较高的现金清点、运送和保管费用。从国家层面来看，现金结算的广泛使用会增加印制、运送、保管现金及回收废旧现钞等成本，浪费人力、物力和财力。

二、现金结算的渠道与范围

（一）现金结算的渠道

现金结算主要有以下两种渠道。

（1）付款人直接将现金支付给收款人，无须通过银行等中介机构。

（2）付款人委托银行、非银行金融机构或非金融机构将现金支付给收款人。

（二）现金结算的范围

现金结算主要适用于单位与个人之间的款项收付，以及单位之间在转账结算起点金额以下的零星小额收付。按照《现金管理暂行条例》的规定，单位只可在以下范围内使用现金进行结算。

（1）职工工资、津贴。

（2）个人劳务报酬。

（3）根据国家规定颁发给个人的科学技术、文化艺术、体育等各种奖金。

（4）各种劳保、福利费用及国家规定的对个人的其他支出。

（5）向个人收购农副产品或其他物资的款项。

（6）出差人员必须随身携带的差旅费。

（7）结算起点金额以下的零星支出。

（8）中国人民银行确定需要支付现金的其他支出。

现金结算起点金额为1 000元，如需调整，由中国人民银行决定报国务院备案。除上述第（5）项和第（6）项所列情况外，单位支付给个人的款项，每人每次不得超过1 000元；超过此限额的部分，根据提款人的要求，可在其指定的银行转为储蓄存款或以支票、银行本票的方式支付；确需全额支付现金的，经开户银行审查、批准后予以支付。

同步习题

【例 2-1　多项选择题】下列选项中，单位可以使用现金结算的有（　　）。

A．发给员工韩某的 800 元奖金

B．支付给临时工王某的 2 000 元劳务报酬

C．向农民支付的 8 000 元农产品收购款

D．出差人员必须随身携带的 2 000 元差旅费

答案：ACD

三、现金使用的限额

现金使用的限额（以下简称“现金限额”）是指为了满足日常零星开支的需求，单位所能保留现金的最高额度。《现金管理暂行条例实施细则》对现金使用的限额作出了以下具体规定。

现金限额的核定公式

（1）各单位的现金都要核定限额。现金限额应由单位提出计划，报开户银行审批。现金限额一经核定，单位必须严格遵守。

小贴士

未在银行单独开立账户的附属单位也要实行现金管理，其必须保留的现金也要核定限额，且这一限额包括在单位的现金限额之内。商业和服务业的找零备用现金也要根据营业额来核定限额，但这一限额不包括在单位的现金限额之内。

（2）开户银行根据实际需要，原则上以单位三至五天的日常零星开支所需来核定限额。对于边远地区和交通不发达地区的单位，现金限额可以适当放宽，但最多不得超过十五天的日常零星开支所需。

（3）当因生产或业务变化需要调整现金限额时，单位应向开户银行提出申请。在开户银行审核批准后，单位方可根据批准的结果进行相应调整。

四、现金收支的基本要求

按照《现金管理暂行条例》及其实施细则的要求，单位应按照以下规定办理现金收支业务。

（1）当日将现金收入送存开户银行；当日送存确有困难的，报经开户银行确定送存时间。

（2）在支付现金时，可以直接从本单位的现金限额中支付，也可以从开户银行提取

现金后再支付，但不得直接从单位的现金收入中支付（即坐支现金）；如果因特殊情况需要坐支现金时，应事先向开户银行申请，由开户银行核定坐支范围和限额，并在事后定期向开户银行报送坐支金额和使用情况。

（3）从开户银行提取现金时，应当如实写明用途，并由本单位财务部门负责人签字和盖章。在审核批准后，开户银行予以支付现金。

（4）因采购地点不确定等原因必须使用现金支付时，应当向开户银行提出申请，并由本单位财务部门负责人签字和盖章。在审核批准后，开户银行予以支付现金。

（5）遵守现金管理的“八不准”原则：① 不准使用不符合财务制度的凭证来顶替库存现金（即白条抵库）；② 不准单位之间相互借用现金；③ 不准虚构用途套取现金；④ 不准利用银行结算账户代其他单位和个人存入或支取现金；⑤ 不准将单位收到的现金以个人名义存入储蓄（即公款私用）；⑥ 不准保留账外公款（即私设小金库）；⑦ 不准未经批准坐支现金，或者未按开户银行核定的坐支范围和限额坐支现金；⑧ 禁止发行变相货币，不准以任何票券代替人民币在市场上流通。

任务实施 »

（1）全班学生以3～6人为一组进行分组，各组选出组长并进行任务分工。

（2）小组成员共同参与角色设计、剧本创作、道具准备（如自制纸币）等工作，并利用课余时间进行排练。

（3）各组通过抽签决定表演顺序，然后依次上台表演，时间不超过五分钟。

（4）教师进行总结和点评。

任务二 掌握银行结算账户

任务导入 »

请从基本存款账户、一般存款账户、临时存款账户或专用存款账户中任选一种银行结算账户，模拟其开立、变更与撤销。

一、银行结算账户概述

（一）银行结算账户的概念与特点

银行结算账户是指存款人在经办银行开立的，用于办理资金收付结算的人民币活期存款账户。存款人是指开立银行结算账户的机关、社会团体、部队、企业、事业单位、

其他组织、个体工商户和自然人。经办银行是指经中国人民银行批准，经营支付结算业务的政策性银行、商业银行（含外商独资银行、中外合资银行等）、城市信用合作社、农村信用合作社等金融机构。银行结算账户具有以下特点。

（1）可办理人民币业务。这与外币存款账户不同，外币存款账户办理的是外币业务，其开立和使用应遵守国家外汇管理局的有关规定。

单位使用银行结算账户的规定

（2）可办理资金收付结算业务。这与储蓄账户不同，储蓄账户的基本功能是存取本金和收取利息，不具有办理资金收付结算的功能。

（3）是活期存款账户。这与单位定期存款账户不同，单位定期存款账户不具有办理资金收付结算的功能。

（二）银行结算账户的类型

根据不同的分类标准，银行结算账户可分为不同的类型（见表 2-5）。

表 2-5　银行结算账户的类型

<table>
<tr><th>分类标准</th><th colspan="2">类型</th><th>概念及特点</th></tr>
<tr><td rowspan="5">存款人</td><td rowspan="4">单位银行结算账户（按用途不同分类）</td><td>基本存款账户</td><td>是指单位为办理日常转账结算和现金收付业务而开立的银行结算账户。其特点如下：① 只能开立一个；② 可以用于转账结算、现金收付、现金支取</td></tr>
<tr><td>一般存款账户</td><td>是指单位为借款或办理其他结算业务，在基本存款账户的开户行以外的银行开立的银行结算账户。其特点如下：① 可以开立多个；② 可以用于转账结算、现金交存，但不得用于现金支取</td></tr>
<tr><td>专用存款账户</td><td>是指单位按照有关规定，对有特定用途的资金进行专项管理和使用而开立的银行结算账户。其特点如下：① 用于办理各项专用资金的收付业务；② 可以用于转账结算、现金收付</td></tr>
<tr><td>临时存款账户</td><td>是指单位为开展临时经营活动而开立的银行结算账户。其特点如下：① 有效期不超过两年；② 可以用于转账结算、现金收付</td></tr>
<tr><td colspan="2">个人银行结算账户</td><td>是指自然人因投资、消费、结算等需要，凭本人有效身份证件（以下简称“身份证”）以自然人名称开立的银行结算账户。存款人在邮政储蓄机构办理银行卡业务开立的账户也纳入个人银行结算账户管理
下列款项可以转入个人银行结算账户：① 工资、奖金收入；② 稿费、演出费等劳务收入；③ 债券、期货、信托等投资的本金和收益；④ 个人债权或产权转让收益；⑤ 个人贷款转存；⑥ 证券交易结算资金和期货交易保证金；⑦ 继承、赠予款项；⑧ 保险理赔、保费退还等款项；⑨ 纳税退还；⑩ 农、副、矿产品销售收入；⑪ 其他合法款项</td></tr>
</table>

（续表）

分类标准	类型	概念及特点
开户地	本地银行结算账户	是指存款人在注册地或住所地开立的银行结算账户。此处的“注册地”是指存款人的营业执照等开户证明文件上记载的住所地
	异地银行结算账户	是指符合法定条件的存款人，根据需要在异地开立的银行结算账户，用于在非注册地或非住所地办理异地结算

（三）银行结算账户的管理原则

1．一个基本账户原则

单位银行结算账户的存款人只能在银行开立一个基本存款账户，不能多头开立基本存款账户。

2．自主选择原则

存款人可以根据需要自主选择银行开立银行结算账户。除法律、法规和规章制度另有规定外，任何单位和个人不得强令存款人到指定银行开立银行结算账户。这一原则既保障了存款人作为经济主体应享有的自主选择权，也有效防范了银行之间的不正当竞争和行业腐败行为。

3．守法合规原则

银行结算账户的开立和使用应当遵守法律、法规和规章制度的规定。任何单位和个人不得利用银行结算账户偷逃税款、逃避债务、套取现金或从事其他违法犯罪活动。

4．存款信息保密原则

银行应依法为存款人的银行结算账户信息保密。按照《人民币银行结算账户管理办法》的规定，除法律、法规和规章制度另有规定外，银行不得为任何单位或个人查询他人的银行结算账户信息。

（四）银行结算账户的表现形式

银行结算账户的表现形式主要有存折和银行卡。存折是用于记录银行结算账户交易情况的纸质簿子，包括活期储蓄存折、定期储蓄存折、零存整取存折、教育储蓄存折等。银行卡是指经批准由商业银行（含邮政储蓄机构）向社会发行的具有消费信用、转账结算、存取现金等全部或部分功能的信用支付工具。本书重点介绍银行卡的相关知识。

1．银行卡的类型

银行卡的类型如表 2-6 所示。

表 2-6　银行卡的类型

分类标准	类型		概念
发行主体是否在境内	境内卡	个人卡	是指境内商业银行向个人发行的银行卡
		单位卡（也称“商务卡”）	是指境内商业银行向机关、社会团体、企业、事业单位等发行的，并由法人授权特定人使用的银行卡
	境外卡		是指由境外设立的外资金融机构或外资非金融机构发行的，可以在境内使用的银行卡
是否具有透支功能	信用卡（有透支功能）	贷记卡	是指发卡银行给予持卡人一定的信用额度，使得持卡人可在信用额度内先消费、后还款的信用卡
		准贷记卡	是指持卡人先按银行要求交存一定金额的备用金，当备用金账户余额不足支付时，可在发卡银行规定的信用额度内透支的信用卡
	借记卡（无透支功能）	转账卡（含储蓄卡）	是指实时扣款的借记卡，具有转账结算、存取现金和消费的功能
		专用卡	是指在特定区域内，用于特定用途（如百货、餐饮、娱乐行业以外的用途）的借记卡，具有转账结算和存取现金的功能
		储值卡	是指发卡银行根据持卡人要求将资金转至卡内储存，交易时直接从卡内扣款的借记卡
账户币种	人民币卡		是指存款和信用额度均为人民币，还款时应以人民币偿还的银行卡
	外币卡		是指存款和信用额度均为外币，还款时应以外币偿还的银行卡

注：境内卡既可以在境内使用，也可以在境外使用。

2．银行卡的申领

单位卡和个人卡的申领应符合相关规定，如表 2-7 所示。

表 2-7　单位卡和个人卡的申领

类别	申领	具体规定
单位卡	凡在境内金融机构开立基本存款账户的单位，可凭营业执照等相关证明文件申领单位卡	单位卡可申领若干张，其持卡人资格由申领单位的法定代表人或其委托的代理人书面指定和注销
个人卡	凡具有完全民事行为能力的公民，可凭本人身份证及发卡银行规定的相关证明文件申领个人卡	个人卡的主卡持卡人可以为其配偶及年满十八周岁的亲属申领附属卡（不超过两张），也有权要求注销其附属卡

注：银行卡及其账户只能由发卡银行批准的持卡人使用，不得出租和转借。

知识视窗

银行卡的注销和挂失

在注销银行卡之前，持卡人需要确保已经清空了所有与该卡相关的交易和余额，并且没有未完成的转账或汇款等操作。如果银行卡是信用卡，持卡人需要先还清欠款或取消相关业务后再进行注销。销户时，单位卡账户余额转入其基本存款账户，不得提取现金；个人卡账户余额可以转账结清，也可以提取现金。对已注销的银行卡，发卡银行应予以收回，如果无法收回，应将其止付。

当遗失银行卡时，持卡人应立即持本人身份证或其他有效证明，按照规定向发卡银行或代办银行申请挂失。

3．银行卡的资金来源

单位人民币卡账户的资金，必须从其基本存款账户通过转账方式存入，不允许以现金形式存入，也不允许将销货收入的款项直接存入；单位外币卡账户的资金，应从单位的外汇账户通过转账方式存入，不得在境内进行外币现钞的存取。

个人人民币卡账户的资金，可以由存款人将其持有的现金存入，也可以由存款人将其工资性款项、个人的合法劳务报酬、投资回报等收入通过转账方式存入；个人外币卡账户的资金，可以由存款人将其持有的外币现钞存入，也可以由存款人从其外汇账户（含外钞账户）通过转账方式存入。严禁将单位的款项存入个人卡账户。

4．银行卡的交易规定

（1）银行卡交易应当在双方自愿的情况下进行。任何单位和个人不得强迫或欺骗持卡人进行交易。

（2）银行卡交易的种类包括现金提取、现金转账和现金充值等。

（3）单位人民币卡可办理商品交易和劳务供应款项的结算，但不得透支，也不得支取现金。

（4）信用卡预借现金业务包括现金提取、现金转账和现金充值等。

（5）发卡银行不得将持卡人信用卡预借现金额度内资金划转到其他信用卡，以及非持卡人的银行结算账户或支付账户。

（6）收费。银行卡的收费因银行和卡种的不同而有所差异，其常见项目有办卡费、年费、小额账户管理费、跨行取款手续费等。此外，银行在办理银行卡收单业务时也会向商户收取一定的结算手续费。

小贴士

银行卡收单业务是指银行向签约商户提供的本外币资金结算服务，即持卡人在银行签约的商户处刷卡消费时，银行会进行资金结算工作。具体来说，银行从商户处获取交易单据和交易数据，扣除按费率计算出的手续费后，将款项划转给商户。

（7）计息：① 发卡银行对准贷记卡及借记卡（不含储值卡）账户内的存款，按照中国人民银行规定的同期同档次存款利率及计息办法计付利息；② 发卡银行对储值卡内的币值不计付利息；③ 贷记卡持卡人在非现金交易时，可享受免息还款期待遇和最低还款额待遇，其条件和标准等由发卡银行自主确定；④ 发卡银行向持卡人收取的违约金、年费、取现手续费、货币兑换费等服务费用，不得计收利息。

小贴士

免息还款期待遇是指持卡人在到期还款日前偿还所使用的全部银行款项，便可不用支付非现金交易的利息。免息还款期的最长期限为六十天。最低还款额是指在到期还款日前，持卡人如果遇到偿还所使用的全部银行款项有困难的情况，可以根据发卡银行规定的最低还款额度还款。

（8）对于信用卡持卡人的违约逾期未还款行为，发卡银行应与信用卡持卡人协议约定是否收取违约金及相应的收取方式和标准。发卡银行向信用卡持卡人提供的超过授信额度的用卡服务，不得收取超限费。

（9）当持卡人遭遇伪卡交易和账户盗用等非本人授权的交易时，发卡银行应及时引导持卡人留存证据，并按照相关规定进行差错争议处理，同时定期向持卡人反馈处理进度。伪卡交易是指他人伪造银行卡进行取现、消费、转账等操作，导致持卡人账户资金减少或透支数额增加的行为。

二、银行结算账户的开立

存款人应在注册地或住所地以实名制方式开立银行结算账户。存款人如果符合异地（跨省、市、县）开户条件，也可以在异地开立银行结算账户。

扫一扫

开立银行存款账户的注意事项

（一）基本存款账户

凡具有民事权利能力和民事行为能力，并依法独立享有民事权利和承担民事义务的法人和其他组织，均可以开立基本存款账户。按照《人民币银行结算账户管理办法》的规定，下列存款人出具相关证明文件，可以申请开立基本存款账户。

（1）企业法人，应出具企业法人营业执照正本。

（2）非法人企业，应出具企业营业执照正本。

（3）机关和实行预算管理的事业单位，应出具政府人事部门或编制委员会的批文或登记证书，以及财政部门同意其开户的证明；非预算管理的事业单位，应出具政府人事部门或编制委员会的批文或登记证书。

（4）团级（含）以上军队、武警部队及分散执勤的支（分）队，应出具军队军级以上单位财务部门、武警总队财务部门的开户证明。

（5）社会团体，应出具社会团体登记证书。

（6）民办非企业组织，应出具民办非企业登记证书。

（7）异地常设机构，应出具其驻在地政府主管部门的批文。

（8）外国驻华机构，应出具国家有关主管部门的批文或证明。

（9）个体工商户，应出具个体工商户营业执照正本。

（10）居民委员会、村民委员会、社区委员会，应出具其主管部门的批文或证明。

（11）单位设立的独立核算的附属机构，应出具其主管部门的批文。

（12）其他组织，应出具政府主管部门的批文或证明。

（二）一般存款账户

开立基本存款账户的存款人都可以开立一般存款账户。根据规定，具有借款或其他结算需要的存款人，都可以申请开立一般存款账户。存款人申请开立一般存款账户，应向银行出具其开立基本存款账户规定的证明文件和下列证明文件：① 存款人因向银行借款需要，应出具借款合同；② 存款人因其他结算需要，应出具有关证明。

（三）专用存款账户

按照《人民币银行结算账户管理办法》的规定，需要管理与使用下列资金时，存款人出具其开立基本存款账户规定的证明文件和其他规定的证明文件，可以申请开立专用存款账户。

（1）基本建设资金、更新改造资金、政策性房地产开发资金、住房基金、社会保障基金，应出具主管部门的批文。

（2）财政预算外资金，应出具财政部门的证明。

（3）粮、棉、油收购资金，应出具主管部门的批文。

（4）单位银行卡备用金，应按照中国人民银行批准的银行卡章程规定出具有关证明和资料。

（5）证券交易结算资金，应出具证券公司或证券管理部门的证明。

（6）期货交易保证金，应出具期货公司或期货管理部门的证明。

（7）金融机构存放同业资金，应出具其证明。

（8）收入汇缴资金和业务支出资金，应出具基本存款账户存款人有关的证明。

（9）党、团、工会设在单位的组织机构经费，应出具该单位或有关部门的批文或证明。

（10）其他需要专项管理和使用的资金，应出具有关法规、规章或政府部门的有关文件。

小贴士

收入汇缴资金和业务支出资金是指基本存款账户存款人附属的非独立核算单位或派出机构发生的收入和支出的资金。因收入汇缴资金和业务支出资金开立的专用存款账户，应使用隶属单位的名称。

（四）临时存款账户

发生下列情况时，存款人出具相关证明文件，可以申请开立临时存款账户。

（1）设立临时机构，应出具其驻在地主管部门同意设立临时机构的批文。

（2）异地建筑施工及安装，应出具其营业执照正本或其隶属单位的营业执照正本，以及施工及安装地建设主管部门核发的许可证或建筑施工和安装合同。

（3）从事异地临时经营活动，应出具其营业执照正本及临时经营地市场监督管理部门的批文。

（4）注册验资，应出具市场监督管理部门核发的企业名称预先核准通知书或有关部门的批文。

（五）个人银行结算账户

不同存款人申请开立个人银行结算账户，应向银行出具不同的证明文件。

（1）中国居民，应出具居民身份证或临时身份证。

（2）中国人民解放军军人，应出具军人身份证件。

（3）中国人民武装警察，应出具武警身份证件。

（4）香港、澳门居民，应出具港澳居民来往内地通行证；台湾居民，应出具台湾居民来往大陆通行证或其他有效旅行证件。

（5）外国公民，应出具护照。

（6）法律、法规和规章制度规定的其他有效证件。

（六）异地银行结算账户

发生下列情况时，存款人可以申请开立异地银行结算账户：① 营业执照注册地与经营地不在同一行政区域（跨省、市、县），需要开立基本存款账户；② 办理异地借款和其他结算需要开立一般存款账户；③ 存款人因附属的非独立核算单位或派出机构发生的收入汇缴或业务支出需要开立专用存款账户；④ 异地临时经营活动需要开立临时存款账户；⑤ 自然人根据需要在异地开立个人银行结算账户。

存款人申请在异地开立单位银行结算账户，除出具属地账户管理规定的有关证明文件外，还应出具下列证明文件。

（1）经营地与注册地不在同一行政区域的存款人，在异地开立基本存款账户时，应出具由注册地中国人民银行分行或支行开具的未开立基本存款账户的证明。

（2）异地借款的存款人，在异地开立一般存款账户时，应出具在异地取得贷款的借款合同。

（3）因经营需要在异地办理收入汇缴和业务支出的存款人，在异地开立专用存款账户时，应出具其隶属单位的证明。

知识视窗

银行结算账户的开立流程

（1）准备相关材料：申请人需要准备身份证、营业执照等相关证件和资料。

（2）选择开户银行：申请人根据自身需求和条件选择合适的开户银行，并了解该银行的开户要求、手续费等信息。

（3）填写开户申请书：申请人按要求填写开户申请书，提供真实、准确的信息。

（4）提交申请材料：申请人将填好的开户申请书和相关材料提交给开户银行，并按要求缴纳手续费。

（5）开户银行审核：开户银行对申请人的资质和信用进行审核。申请人开立的银行结算账户，如果需要核准，开户银行应及时将相关资料报送中国人民银行当地分行或支行进行核准；如果无须核准，开户银行应在开户后的法定期限内向中国人民银行当地分行或支行备案。

（6）办理开户手续：申请人携带签署好的文件和身份证等证件及汇款，前往开户银行柜台办理开户手续。银行应与申请人签订银行结算账户管理协议，以明确双方的权利与义务。

完成上述流程后，申请人在单位银行结算账户正式开立三个工作日后，方可使用该账户办理资金收付业务。但注册验资的临时存款账户转为基本存款账户和因借款转存开立的一般存款账户除外。

三、银行结算账户的变更与撤销

（一）银行结算账户的变更

当银行结算账户出现法定变更事项时，存款人应在五个工作日内向开户银行提出变更申请并出具有关证明；开户银行在接到变更申请后的两个工作日内，需要将存款人的变更银行结算账户申请书及有关证明文件报送中国人民银行当地分行或支行。对于符合变更条件的申请，中国人民银行当地分行或支行予以核准。

小贴士

法定变更事项包括存款人的账户名称变更，单位的法定代表人或主要负责人、地址、邮编、电话等其他开户资料变更。

（二）银行结算账户的撤销

银行结算账户的撤销是指存款人因不再满足开户资格或其他原因终止使用银行结算账户的行为。银行结算账户的撤销可以分为以下几种情形。

1. 可以撤销的情形

按照《人民币银行结算账户管理办法》的规定，出现下列情形之一时，存款人应向开户银行提出撤销银行结算账户的申请：① 被撤并、解散、宣告破产或关闭；② 注销、被吊销营业执照；③ 因迁址需要变更开户银行；④ 其他原因。

如果因上述第①项和第②项原因需要撤销银行结算账户，存款人应遵循以下具体规定。

（1）在五个工作日内向开户银行提出撤销银行结算账户的申请。

（2）先撤销一般存款账户、专用存款账户、临时存款账户，并将账户资金转入基本存款账户后，方可办理基本存款账户的撤销。

（3）如果超过规定期限未主动办理撤销手续，银行有权停止其银行结算账户的对外支付。

如果因上述第③项和第④项原因撤销基本存款账户后，需要重新开立基本存款账户时，存款人应在撤销其原基本存款账户后的十日内申请重新开立基本存款账户。

小贴士

在撤销银行结算账户时，存款人必须与开户银行核对银行结算账户的存款余额，并交回各种重要的空白票据及结算凭证。只有在银行核对无误后，存款人才能办理销户手续。如果未按规定交回各种重要的空白票据及结算凭证，存款人应出具有关证明，并自行承担由此造成的损失。

2．不得撤销的情形

存款人尚未清偿其开户银行的债务时，不得申请撤销该银行结算账户。

3．强制撤销的情形

如果银行结算账户一年内没有发生收付活动，且没有欠开户银行债务，开户银行应通知存款人在发出通知之日起三十日内办理销户手续。如果逾期未办理，开户银行将视为存款人自愿销户，并将未划转的款项列入久悬未取专户进行管理。

四、违反银行结算账户管理制度的法律责任

（一）存款人违反银行结算账户管理的处罚

1．存款人违规开立、撤销银行结算账户的处罚

存款人在开立、撤销银行结算账户时，不得有以下行为。

（1）违反规定开立银行结算账户。

（2）伪造、变造证明文件欺骗银行开立银行结算账户。

（3）违反规定不及时撤销银行结算账户。

有上述行为之一时，对于非经营性的存款人，给予警告并处以1 000元的罚款；对于经营性的存款人，给予警告并处以1万元以上 3万元以下的罚款；构成犯罪的，移交司法机关依法追究刑事责任。

小贴士

非经营性的存款人是以没有经营性收支为条件在银行开户的存款人，如个人储户，此类存款人的收支主要是个人的收支；经营性的存款人是以有经营性收支为条件在银行开户的存款人，如企业、个体工商户等。

2．存款人违规使用银行结算账户的处罚

存款人使用银行结算账户时，不得有以下行为。

（1）违反规定将单位款项转入个人银行结算账户。

（2）违反规定支取现金。

（3）利用银行结算账户逃避银行债务。

（4）出租、出借银行结算账户。

（5）从基本存款账户之外的其他银行结算账户转账存入、将销货收入或现金存入单位信用卡账户。

（6）法定代表人或主要负责人、存款人地址及其他开户资料的变更事项未在规定期限内通知银行。

有上述第（1）项至第（5）项行为时，对于非经营性的存款人，给予警告并处以

1 000 元的罚款；对于经营性的存款人，给予警告并处以 5 000 元以上 3 万元以下的罚款。存款人有上述第（6）项行为时，给予警告并处以 1 000 元的罚款。

同步习题

【例 2-2　单项选择题】下列对经营性的存款人违反银行结算账户管理的处罚中，罚款金额为 1 万元以上 3 万元以下的行为是（　　）。

A．出租、出借银行结算账户

B．违反规定支取现金

C．违反规定将单位款项转入个人银行结算账户

D．伪造、变造证明文件欺骗银行开立银行结算账户

答案：D

（二）银行违反银行结算账户管理的处罚

1．银行在银行结算账户开立过程中违规行为的处罚

银行在开立银行结算账户时，不得有以下行为。

（1）违反规定为存款人多头开立银行结算账户。

（2）明知或应知是单位资金，却允许存款人以自然人名称开立银行结算账户。

银行有上述行为之一时，给予警告并处以 5 万元以上 30 万元以下的罚款；对该银行直接负责的高级管理人员、其他直接负责的主管人员、直接责任人员按规定给予纪律处分；情节严重的，中国人民银行有权停止对其开立基本存款账户的核准，并责令其停业整顿或者吊销经营金融业务许可证；构成犯罪的，移交司法机关依法追究刑事责任。

2．银行在银行结算账户使用过程中违规行为的处罚

银行在使用银行结算账户时，不得有以下行为。

（1）提供虚假开户申请资料，欺骗中国人民银行批准开立基本存款账户、临时存款账户、预算单位专用存款账户。

（2）违反规定办理个人银行结算账户转账结算。

（3）为储蓄账户办理转账结算。

（4）违反规定为存款人支付现金或办理现金存入。

（5）超过期限或未向中国人民银行报送银行结算账户的开立、变更、撤销等资料。

银行有上述行为之一时，给予警告并处以 5 000 元以上 3 万元以下的罚款；对该银行直接负责的高级管理人员、其他直接负责的主管人员、直接责任人员按规定给予纪律处分；情节严重的，中国人民银行有权停止对其开立基本存款账户的核准；构成犯罪的，移交司法机关依法追究刑事责任。

任务实施 »

（1）全班学生以3～6人为一组进行分组，各组选出组长并进行任务分工。

（2）小组成员共同选择一种银行结算账户，了解其使用范围、开立资格和开户要求，然后准备相关材料（如开户申请书）等，模拟其开立、变更与撤销。

（3）各组通过抽签决定模拟顺序，然后依次上台模拟，时间不超过五分钟。

（4）教师进行总结和点评。

任务三 掌握票据结算方式

任务导入 »

请所有学生共同举办并参加一场知识竞赛，旨在深入理解支票、商业汇票、银行汇票和银行本票的相关知识，并提升应用票据的能力。

一、票据概述

票据是指由出票人依法签发的，约定自己或委托付款人在见票时或指定日期向收款人或持票人无条件支付确定金额的有价证券。有价证券是指设定并证明持券人有权取得一定财产权利的书面凭证。

（一）票据的特征

1. 票据是债权证券

持票人可以根据票据上所记载的金额向特定的票据债务人行使付款请求权。这种权利的性质属于债权，因此票据是一种债权凭证。

2. 票据是设权证券

没有票据，就没有票据上的权利。票据权利是通过出票行为创设的，即权利的发生是以票据的制作和存在为条件的，因此票据是一种设权凭证。

3. 票据是文义证券

票据的所有权利和义务必须严格按照票据上所记载的文字内容来决定，不能随意解释或者根据票据以外的任何其他文件来确定。即使票据上所记载的文义有误，也应以该文义为准。

4. 票据是无因证券

票据的无因性不是说票据的出票没有原因，而是不问原因。也就是说，持票人行使票据权利时，不必证明其取得票据的原因和票据权利产生的原因。这些原因的存在与否、有效与否，原则上不会对票据权利产生影响。持票人仅依据票据记载的文义就可以要求票据债务人给付票据金额。

5. 票据是要式证券

要式性是指票据的形式必须符合法律规定，即票据上的必须记载事项应齐全且符合规定，避免影响票据效力，甚至导致票据无效。票据上的必须记载的内容、具体记载的信息和记载的位置都是法定的，不允许当事人进行改变。

（二）票据的功能

1. 支付功能

票据可以作为一种支付工具，替代现金使用。对于当事人来说，使用票据支付可以避免携带现金，避免点钞的麻烦。

2. 汇兑功能

汇兑功能是指在异地或国际贸易中，票据可以用来兑换货币和转移资金。相比于现金支付，持票人使用票据进行异地支付更安全、便利。

3. 结算功能

结算功能是指票据作为货币给付工具，可以在同城或异地的经济往来中，抵销不同当事人之间的应收款、应付款。

4. 信用功能

票据可以作为信用工具，在商业和金融领域发挥融资等作用。特别是在商品交易中，票据可以作为预付货款或延期付款的工具，发挥商业信用功能。

5. 融资功能

融资功能是指在票据未到期前，权利人可以向银行办理贴现以融通资金。票据的融资功能是通过贴现、转贴现和再贴现来实现的。

小贴士

贴现是指持票人在商业汇票未到期前为获得资金而向银行贴付一定利息而发生的票据转让行为。只有商业汇票才能贴现。

（三）票据的记载事项

票据的记载事项是指在票据上依法记载的相关内容。根据法律效力不同，票据的记载事项可分为绝对记载事项、相对记载事项、任意记载事项和不产生票据效力的记载事项，其具体内容如表 2-8 所示。

表 2-8　票据记载事项的具体内容

票据记载事项	概念	性质
绝对记载事项	《票据法》明文规定必须记载的事项	如欠缺某一项记载事项，则票据无效
相对记载事项	除绝对记载事项外，《票据法》规定的其他应记载的事项	可以记载，也可以不记载。如果已记载，则当事人按照记载的具体事项来履行权利和义务；如果未记载，则当事人按照法律的统一规定来履行权利和义务
任意记载事项	《票据法》未规定必须记载，由当事人自行决定是否需要记载的事项	记载时产生票据效力，不记载时不产生票据效力
不产生票据效力的记载事项	除上述几个方面的记载事项外，还可以记载的其他事项	不具有票据效力

（四）票据当事人

票据当事人，也称“票据法律关系主体”，是指在票据法律关系中享有票据权利、承担票据义务的当事人。票据当事人可分为基本当事人和非基本当事人。

1．基本当事人

基本当事人是指在票据作成和交付时就已经存在的当事人，是构成票据法律关系的必要主体，包括出票人、收款人和付款人。

（1）出票人是指依法签发票据并将其交付给收款人的单位或个人。

（2）收款人，也称“票据权利人”，是指票据到期后有权收取票据所载金额的单位或个人。

（3）付款人是指由出票人委托付款或自行承担付款责任的单位或个人。

小贴士

对于不同的票据，其基本当事人也有所不同。例如，在支票和汇票中，基本当事人包括出票人、收款人和付款人；在本票中，基本当事人包括出票人和收款人。如果基本当事人不存在或不完全，则票据关系就无法成立，票据也就无效。

2．非基本当事人

非基本当事人是指在票据作成并交付后，通过特定的票据行为加入票据关系，从而拥有相应权利和承担相应义务的当事人，包括承兑人、背书人、被背书人、保证人和被保证人。

（1）承兑人，也称“汇票主债务人”，是指接受汇票出票人的付款委托，同意履行付款义务的人。

（2）背书人是指在票据背面或粘单上签字或盖章，通过背书将票据权利转让给他人的收款人或持票人。

（3）被背书人是指背书人指定的接受票据权利的人。背书后，被背书人成为新的持

票人，并享有票据的所有权利。

（4）保证人是指票据债务人以外的，为了确保票据债务的履行而参与票据关系并提供担保的第三方。

（5）被保证人。在第三方为票据债务提供担保时，该票据的债务人在保证关系中就被称为被保证人。

小贴士

并非所有的票据当事人都会在同一张票据上出现。除基本当事人外，非基本当事人的存在与否往往取决于相应的票据行为是否发生。需要注意的是，同一非基本当事人可能拥有双重身份，如汇票中的付款人在汇票承兑后会被称为承兑人。

（五）票据行为

票据行为是指票据当事人为产生票据债务而进行的一种法律行为。该行为以在票据上签名或盖章为权利与义务成立要件，具体形式包括出票、背书、承兑和保证。

1. 出票

出票是指出票人依照法定款式作成票据并交付给收款人的行为，包括作成和交付两种行为，缺一不可。作成是指出票人按照《票据法》的规定制作票据，并在票据上记载法定事项及签章的行为。交付是指按照出票人的意愿，将票据交给收款人的行为。

2. 背书

背书是指收款人或持票人为了将票据权利转让给他人或将一定的票据权利授予他人行使，在票据背面或粘单上记载有关事项并签章的行为。背书应遵守以下几项规定。

（1）背书应由背书人签章并记载背书日期。背书人在背书时必须在票据上签章。背书未记载日期的，视为在票据到期日前背书。

（2）背书必须记载被背书人的名称。如果背书人未在“被背书人”栏内记载被背书人的名称就将票据交付他人，则持票人在该栏内记载自己的名称与由背书人记载具有同等的法律效力。

（3）背书应当连续，即转让票据的背书人与受让票据的被背书人在票据上的签章是依次前后衔接的。也就是说，票据上记载的多次背书应当从第一次到最后一次在形式上都是连续的。通常情况下，连续背书的第一个背书人应当是票据上所记载的收款人，票据的最后持有人应当是最后一次背书的被背书人。

小贴士

如果背书在形式上不连续，或者付款人明知持票人并非真正的票据权利人，付款人可以拒绝向持票人付款，否则需要承担由此产生的票据责任。但是，如果背书在实质上不连续，如存在伪造签章等情况，付款人仍然需要对持票人进行付款。

（4）票据不能满足背书人记载事项的需要时，可以加附粘单。粘单上的第一记载人应在票据和粘单的粘接处签章。

知识视窗

不得进行的背书

（1）条件背书，即在背书时附加了条件。背书附有条件的，所附条件不具有票据上的效力。

（2）部分背书，即将票据金额的一部分转让给他人，或将票据金额分别转让给两人或两人以上。法律规定，部分背书属于无效背书。

（3）限制背书，即票据上添加了记载，以限定票据的转让条件。如果出票人在票据上记载了“不得转让”字样，则票据不得背书转让；如果背书人在票据上记载了“不得转让”字样，其后手再背书转让的，则原背书人对后手的被背书人不承担任何保证责任。其中，后手是指在票据签章人之后签章的其他票据债务人。与后手相对的是前手，即在票据签章人或持票人之前签章的其他票据债务人。

（4）期后背书，即当票据被拒绝承兑、被拒绝付款或者超过了提示付款期限时，票据不得背书转让。如果在这些情况下仍然进行背书转让，则背书人必须承担相应的票据责任。

3．承兑

承兑是指汇票付款人承诺在汇票到期日支付汇票金额并签章的行为。承兑仅适用于远期票据，即期票据（见票即付的商业汇票、支票、本票）不需要提示承兑。

4．保证

保证是指票据债务人以外的第三方，为了担保特定债务人履行票据债务，在票据上记载有关事项并签章的行为。保证的目的是加强持票人票据权利的实现，确保票据付款义务的履行，并促进票据的流通。保证仅适用于汇票和本票。

保证人应当按照《票据法》的规定，在票据或粘单上记载保证事项，如表 2-9 所示。

表 2-9　保证的记载事项

保证的记载事项	内容	备注
绝对记载事项	① 标明“保证”的字样；② 保证人签章	如果保证人未在票据或粘单上记载“保证”字样，而是另行签订了保证合同或保证条款，这种情况不属于票据保证
相对记载事项	① 保证人的名称和住所；② 被保证人名称；③ 保证日期	如果保证人在商业汇票或粘单上未记载被保证人的名称，则对于已承兑的商业汇票，承兑人为被保证人；对于未承兑的商业汇票，出票人为被保证人 如果保证人在票据或粘单上未记载“保证日期”，则出票日期为保证日期

注：保证不得附有条件，即使附有条件，也不影响对票据的保证责任。

保证一旦成立，保证人对合法取得票据的持票人所享有的票据权利承担保证责任。但是，被保证人的债务因票据记载事项欠缺而无效的除外。对于被保证的票据，保证人与被保证人共同对持票人承担责任。在共同保证的情况下，保证人之间承担连带责任。如果票据到期后未能获得付款，持票人有权向保证人请求付款，此时保证人应当足额付款。保证人向持票人清偿债务后，有权行使持票人对被保证人及其前手的追索权。

小贴士

如果出票人在票据上的签章不符合法律规定，则票据无效；如果承兑人或保证人在票据上的签章不符合法律规定，则其签章无效，但这一无效签章不影响其他符合规定签章的效力；如果背书人在票据上的签章不符合法律规定，则其签章无效，但这一无效签章不影响其前手符合规定签章的效力。

（六）票据权利与责任

1. 票据权利

1）票据权利的概念和内容

票据权利是指票据债权人（持票人）向票据债务人（付款人）请求支付票据金额的权利，包括付款请求权和追索权。

（1）付款请求权是指持票人向汇票的承兑人、本票的出票人、支票的付款人出示票据并要求付款的权利，是第一顺序权利。行使付款请求权的持票人可以是票据记载的收款人或最后的被背书人，履行相应付款义务的主要是主债务人。

（2）追索权是指持票人在行使付款请求权被拒绝或其他法定原因出现时，向其前手请求偿还票据金额及其他法定费用的权利，是第二顺序权利。行使追索权的持票人可以是票据记载的收款人或最后的被背书人，也可以是背书人或代为清偿票据债务的保证人。

2）票据权利的取得

票据权利的取得，必须给付对价，即应当给付票据双方当事人认可的相应代价。但是，依法通过税收、继承、赠予等方式无偿取得票据的，不受给付对价的限制，其所享有的票据权利不得优于前手。

（1）因取得票据而享有票据权利的情形包括：① 依法接受出票人签发的票据；② 依法接受背书转让的票据；③ 因税收、继承、赠予等方式无偿取得的票据。

（2）通过欺诈、偷盗、胁迫、恶意或重大过失手段取得票据的，不得享有票据权利。其中，“恶意”是指故意造成伤害、损害他人利益或违反法律及道德规范的手段。

3）票据权利的时效

如果票据权利人在法定的时效期间内未行使票据权利，票据债务人可以拒绝履行相应的票据义务。《票据法》规定了不同情况下票据权利的时效，具体如下。

（1）持票人对票据出票人和承兑人的权利，自到期日起两年内有效；但对于见票即付的汇票和本票，其权利自出票日起两年内有效。

（2）持票人对支票出票人的权利，自出票日起六个月内有效。

（3）持票人对前手的追索权，自票据被拒绝承兑或被拒绝付款之日起六个月内有效。

（4）持票人对前手的再追索权，自清偿日或被提起诉讼之日起三个月内有效。

持票人因超过票据权利的时效或因票据记载事项不全而丧失票据权利时，仍可享有相应的民事权利，并有权要求出票人或承兑人返还其与未支付的票据金额相当的利益。

4）票据权利的行使与保全

票据权利的行使是指票据债权人向票据债务人请求支付票据金额的行为，如行使付款请求权以获得票据金额，行使追索权以请求清偿法定的金额和相关费用。票据权利的保全是指票据债权人为了防止其票据权利的丧失而依法采取的行为，如在规定期限内提示承兑、要求承兑人或付款人提供拒绝承兑或拒绝付款的证明以保全追索权等。

由于票据具有流通性，《票据法》对票据权利行使和保全的地点与时间有所规定，即票据债权人在对票据债务人行使或保全票据权利时，应当在票据当事人的营业场所和营业时间内进行；票据当事人无营业场所的，应当在其住所进行。

知识视窗

票据权利行使和保全的方法

票据权利的行使和保全通常包括按期提示和依法证明两种方法。

（1）按期提示。按期提示是指票据债权人应在规定期限内向票据债务人提示承兑或提示付款，以及时保全或行使追索权。《票据法》规定，汇票的持票人未按照规定期限提示承兑的，丧失对其前手的追索权；本票的持票人未按照规定期限提示见票的，丧失对出票人以外的前手的追索权。

（2）依法证明。依法证明是指票据债权人为了证明自己曾经依法行使票据权利而遭到拒绝或者根本无法行使票据权利，而按照法律规定的时间和方式取得相关的证据。《票据法》规定，票据债权人不能出示拒绝证明、退票理由书或未按照规定期限提供其他合法证明的，丧失对其前手的追索权。

5）票据权利的丧失与补救

票据权利的丧失是指票据的灭失、遗失、被盗等导致票据权利人失去对票据的占有。一旦票据权利丧失，若不采取相应措施，票据债权人便无法阻止票据债务人向拾获者履行义务，从而导致利益受损。票据权利丧失后，票据债权人可以采取挂失止付、公

示催告和普通诉讼等方法进行补救。

(1) 挂失止付。挂失止付是指失票人通知付款人或代理付款人票据丧失的情况，然后由接到通知的付款人或代理付款人在审查后暂停支付的一种方法。挂失止付仅适用于可以确定付款人或代理付款人的票据，具体包括支票、已承兑的商业汇票、标明“现金”字样和代理付款人的银行汇票、标明“现金”字样的银行本票。

小贴士

挂失止付是一种临时的补救方法，只能在短期内防止票据金额被冒领，但不能恢复票据权利，也无法阻止票据权利的转让或善意取得。为了恢复票据权利，失票人应在通知挂失止付后的三日内，或在票据丧失后，向人民法院申请公示催告或直接提起诉讼。

(2) 公示催告。公示催告是指票据丧失后，失票人向人民法院提出申请，请求人民法院通过公告的方式通知所有可能的利害关系人限期申报权利。如果这些利害关系人在限期内未能申报，则票据权利失效，法院会宣告所丧失的票据无效。

(3) 普通诉讼。普通诉讼是指失票人作为原告，以承兑人或出票人作为被告，向人民法院提起诉讼，请求人民法院判决被告向原告支付票据金额的活动。如果票据涉及的具体利害关系人是明确的，那么无须进行公示催告程序，失票人可直接按照一般的票据纠纷处理程序向人民法院提起诉讼。

2. 票据责任

票据责任是指票据债务人向票据债权人支付票据金额的责任。这种责任源于票据债务人的特定票据行为，如出票、背书、承兑等，主要包括付款责任和偿还责任。票据债务人通常在以下情况中承担票据责任。

(1) 支票付款人在与出票人有资金关系时承担付款责任。

(2) 汇票承兑人因承兑而承担付款责任。

(3) 本票出票人因出票而承担付款责任。

(4) 支票、汇票、本票的背书人，以及支票、汇票的出票人和保证人，在票据未被承兑或未被付款时承担清偿责任。

二、支票

支票是指出票人签发的，委托办理支票存款业务的银行或其他金融机构在见票时无条件支付确定的金额给收款人或持票人的票据。单位和个人在全国范围内的各种款项结算，均可以使用支票。

支票的特点

（一）支票的类型

根据不同的付款方式，支票可分为现金支票、转账支票和普通支票。

（1）现金支票（见图 2-2）是指票面上印有“现金”字样的支票，只能用于支取现金。出票人可以将现金支票签发给本人，用于办理现金提取业务；也可以将现金支票签发给其他单位或个人，用于办理现金支付业务。

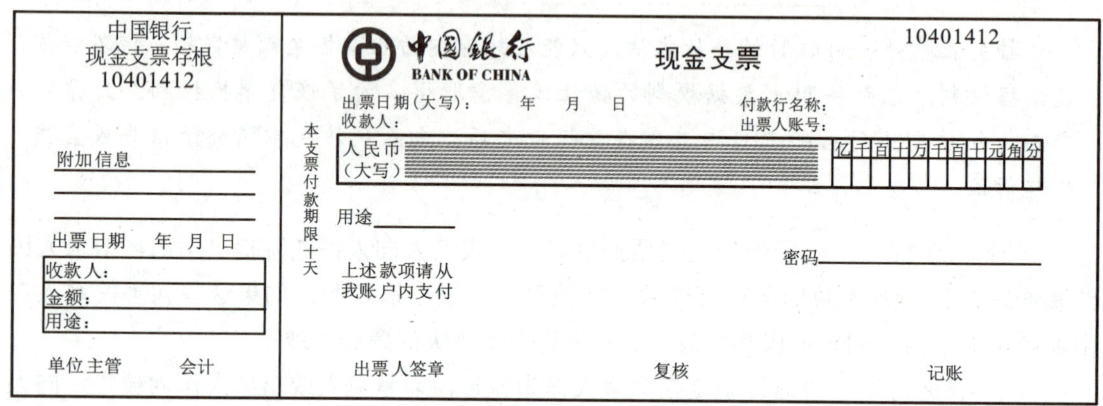

中国银行
现金支票存根
10401412

附加信息

出票日期　年　月　日

收款人：
金额：
用途：

单位主管　会计

本支票付款期限十天

中国银行 BANK OF CHINA　现金支票　10401412

出票日期（大写）：　年　月　日　付款行名称：
收款人：　出票人账号：

人民币（大写）	亿	千	百	十	万	千	百	十	元	角	分

用途

密码

上述款项请从
我账户内支付

出票人签章　复核　记账

图 2-2　现金支票

（2）转账支票（见图 2-3）是指票面上印有“转账”字样的支票，只能用于转账。转账支票可以用于办理商品交易、劳务供应、清偿债务和其他往来款项结算等划转款项业务。

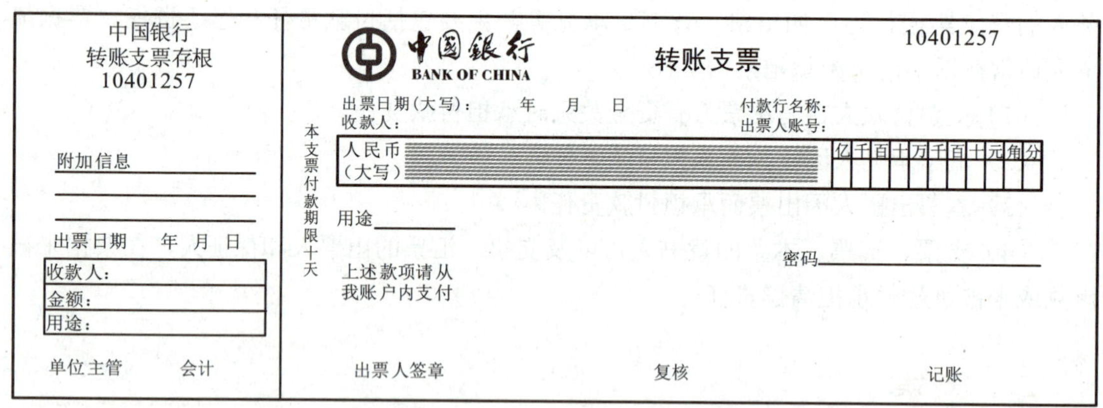

中国银行
转账支票存根
10401257

附加信息

出票日期　年　月　日

收款人：
金额：
用途：

单位主管　会计

本支票付款期限十天

中国银行 BANK OF CHINA　转账支票　10401257

出票日期（大写）：　年　月　日　付款行名称：
收款人：　出票人账号：

人民币（大写）	亿	千	百	十	万	千	百	十	元	角	分

用途

密码

上述款项请从
我账户内支付

出票人签章　复核　记账

图 2-3　转账支票

（3）普通支票（见图 2-4）是指票面上未印“现金”或“转账”字样的支票，可以用于支取现金或转账。需要注意的是，左上角划有两条平行线的普通支票为划线支票，只能用于转账，不能用于支取现金。

中国银行
支票存根
10401120

附加信息

出票日期 年 月 日

收款人：
金额：
用途：

单位主管 会计

中国银行 BANK OF CHINA 支票 10401120

本支票付款期限十天

出票日期(大写)： 年 月 日 付款行名称：
收款人： 出票人账号：

人民币（大写）	亿	千	百	十	万	千	百	十	元	角	分

用途

密码

上述款项请从
我账户内支付

出票人签章 复核 记账

图 2-4 普通支票

小贴士

支票可以背书转让，但用于支取现金的支票不允许背书转让。

（二）支票的出票

支票的出票是指出票人签发支票并将其交付给收款人的行为。支票的出票人必须是在经中国人民银行当地分行或支行批准办理支票业务的银行机构开立并使用支票存款账户的单位和个人。在开立支票存款账户和领用支票时，单位或个人应当有足够的资金，以确保支票能够得到支付。

1. 支票的记载事项

出票人在签发支票时，必须按照法定要求记载有关事项，如表 2-10 所示。

表 2-10 支票的记载事项

支票的记载事项	内容	备注
绝对记载事项	① 标明“支票”的字样；② 无条件支付的委托；③ 确定的金额；④ 付款人名称；⑤ 出票日期；⑥ 出票人签章	支票的金额和收款人名称可以由出票人授权补记，但在未补记之前，该支票不得进行背书转让或提示付款
相对记载事项	① 付款地；② 出票地	如果未记载付款地，则付款人的营业场所为付款地；如果未记载出票地，则出票人的营业场所、住所或经常居住地为出票地
不产生票据效力的记载事项	① 支票的用途；② 合同编号；③ 约定的违约金；④ 管辖法院等	—

2. 支票的签发要求

（1）支票应当使用碳素墨水或墨汁填写，中国人民银行另有规定的除外。

（2）签发现金支票和用于支取现金的普通支票，必须符合国家现金管理的规定。

（3）出票人签发的支票金额不得超过付款时在付款人处实际拥有的存款金额。禁止签发空头支票。

（4）出票人预留的银行签章是银行审核支付支票金额的依据。同时，银行也可以与出票人约定使用支付密码作为审核支付支票金额的依据。

（5）出票人不得签发与其预留的银行签章不符的支票。在约定使用支付密码的情况下，出票人不得签发支付密码错误的支票。

互动空间

A公司与B公司签订了一份商品购销合同，并按照合同规定向B公司如期交付了商品。商品验收入库后，B公司签发一张金额为20万元的转账支票，用于向A公司支付货款。然而，A公司持该支票向银行提示付款时，发现该支票是空头支票。A公司认为，银行有权对B公司进行罚款，同时自己也有权要求B公司给予经济赔偿。

A公司的观点是否正确？如果正确，请说明理由，并计算B公司可能面临的惩罚金额。

（三）支票的付款

支票的付款是指付款人根据持票人的请求向其支付支票金额的行为。支票限于见票即付，不得另行记载付款日期。对于另行记载付款日期的支票，该记载无效。

1. 付款的程序

1）提示付款

支票的提示付款期限是自出票日起的十日内。对于在异地使用的支票，其提示付款期限由中国人民银行另行规定。如果持票人超过提示付款期限而未提示付款，则付款人可以拒绝付款。但是，即使付款人拒绝付款，出票人依然对持票人承担票据责任。

2）支付票款

出票人必须按照签发的支票金额向持票人承担保证付款的责任。当出票人在付款人处的存款足以支付支票金额时，付款人应当在见票当日足额付款。

2. 付款责任的解除

付款人依法支付支票金额后，对出票人不再承担委托付款的责任，对持票人也不再承担付款的责任。但是，付款人以恶意或有重大过失付款的除外。

知识视窗

提示付款的注意事项

持票人可以委托其开户银行收款或直接向付款人提示付款。对用于支取现金的支票，持票人只能直接向付款人提示付款。

（1）持票人委托其开户银行收款时，应作委托收款背书，即在支票背面的“背书人签章”栏签章、记载“委托收款”字样和背书日期，并在“被背书人”栏记载开户银行名称，然后将支票和填制的进账单送交出票人的开户银行。

（2）持票人将用于转账的支票直接向付款人提示付款时，应在支票背面的“背书人签章”栏签章，并将支票和填制的进账单送交出票人的开户银行。持票人将用于支取现金的支票直接向付款人提示付款时，应在支票背面的“收款人签章”栏签章；持票人为个人的，还需要交验本人身份证，并在支票背面注明证件名称、号码和发证机关。

三、商业汇票

商业汇票是由出票人签发的，委托付款人在指定日期无条件支付确定的金额给收款人或持票人的票据。商业汇票的结算适用范围较窄。只有在银行开立存款账户的法人或其他组织，根据购销合同进行的合法商品交易，才能使用商业汇票进行结算。

（一）商业汇票的类型

根据不同的承兑人，商业汇票可分为银行承兑汇票和商业承兑汇票。银行承兑汇票（见图2-5）是由在承兑银行开立存款账户的出票人签发的，向银行申请并经银行审查同意承兑的，保证在指定日期无条件支付确定的金额给收款人或持票人的票据。商业承兑汇票（见图2-6）是由出票人签发的，经银行以外的付款人承兑的票据。

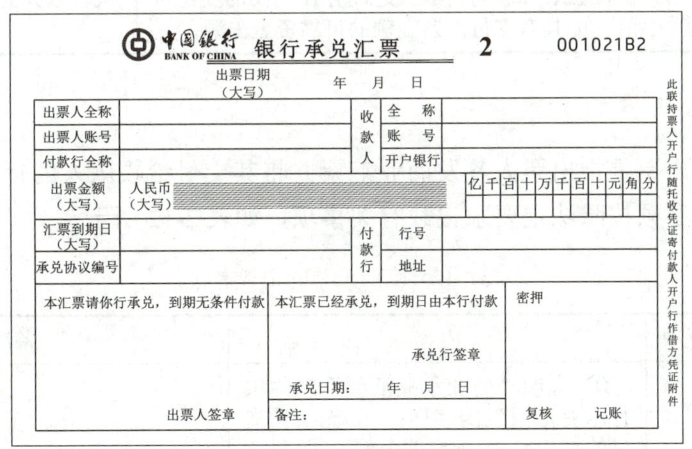

中国银行 BANK OF CHINA　银行承兑汇票　2　001021B2

出票日期（大写）　年　月　日

出票人全称		收款人	全　称	
出票人账号			账　号	
付款行全称			开户银行	
出票金额（大写）	人民币（大写）			亿 千 百 十 万 千 百 十 元 角 分
汇票到期日（大写）		付款行	行号	
承兑协议编号			地址	
本汇票请你行承兑，到期无条件付款 出票人签章	本汇票已经承兑，到期日由本行付款 承兑行签章 承兑日期：　年　月　日 备注：		密押 复核　记账	

此联持票人开户行随托收凭证寄付款人开户行作借方凭证附件

图2-5　银行承兑汇票

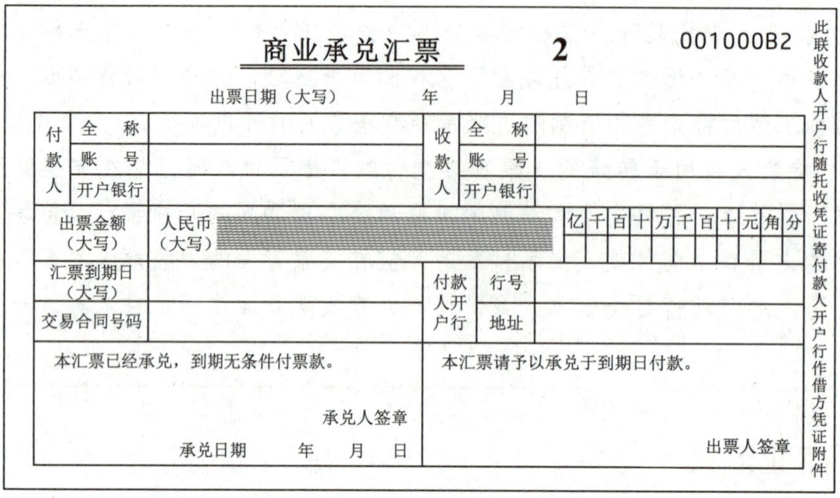

商业承兑汇票　　2　　001000B2

出票日期（大写）　　年　　月　　日

付款人　全称　账号　开户银行

收款人　全称　账号　开户银行

出票金额（大写）　人民币（大写）　亿 千 百 十 万 千 百 十 元 角 分

汇票到期日（大写）

付款人开户行　行号　地址

交易合同号码

本汇票已经承兑，到期无条件付票款。

承兑人签章

承兑日期　　年　　月　　日

本汇票请予以承兑于到期日付款。

出票人签章

此联收款人开户行随托收凭证寄付款人开户行作借方凭证附件

图 2-6　商业承兑汇票

需要注意的是，对于不同类型的商业汇票，其当事人有所不同，具体如表 2-11 所示。

表 2-11　商业汇票的当事人

类型	出票人	承兑人	付款人
银行承兑汇票	必须具备下列条件：① 在承兑银行开立存款账户的法人及其他组织；② 与承兑银行之间存在真实的委托付款关系；③ 资信状况良好，具有支付汇票金额的可靠资金来源	银行	承兑人
商业承兑汇票	必须具备下列条件：① 在银行开立存款账户的法人及其他组织；② 与付款人之间存在真实的委托付款关系；③ 具有支付汇票金额的可靠资金来源	银行以外的付款人	

（二）商业汇票的出票

商业汇票的出票是指出票人签发商业汇票并将其交付给收款人的行为。出票人在签发商业汇票时，必须按照法定要求记载有关事项，如表 2-12 所示。

表 2-12　商业汇票的记载事项

商业汇票的记载事项	内容	备注
绝对记载事项	① 标明“商业承兑汇票”或“银行承兑汇票”的字样；② 无条件支付的委托；③ 确定的金额；④ 付款人名称；⑤ 收款人名称；⑥ 出票日期；⑦ 出票人签章	—

（续表）

商业汇票的记载事项	内容	备注
相对记载事项	① 付款日期；② 付款地；③ 出票地	如果未记载付款日期，则该汇票将被视为见票即付；如果未记载付款地，则付款人的营业场所、住所或经常居住地为付款地；如果未记载出票地，则出票人的营业场所、住所或经常居住地为出票地
不产生票据效力的记载事项	① 签发票据的原因或用途；② 合同编号	—

知识视窗

商业汇票出票的效力

（1）对收款人的效力。收款人取得商业汇票后，便拥有了票据权利。一方面，就票据金额享有付款请求权；另一方面，在付款请求权得不到满足时，享有追索权。同时，该收款人还享有依法转让票据的权利。

（2）对付款人的效力。出票行为是单方行为，付款人并不因此具有付款义务，只是基于出票人的付款委托具有了承兑人的地位。在对商业汇票进行承兑后，付款人将会成为商业汇票的主债务人。

（3）对出票人的效力。出票人签发商业汇票后，即对商业汇票的承兑和付款承担保证责任。在商业汇票不能得到承兑或付款时，出票人应当按照法律规定向持票人清偿金额和相关费用。

（三）商业汇票的承兑

1．承兑的程序

1）提示承兑

提示承兑是指持票人向付款人出示商业汇票，并要求付款人承诺付款的行为。对于不同类型的商业汇票，其承兑规则有所不同，如表 2-13 所示。

表 2-13　不同类型商业汇票的承兑规则

商业汇票的类型	是否需要承兑	提示承兑期限	不按期承兑的后果
见票即付的商业汇票	不需要	无	无
定日付款或出票后定期付款的商业汇票	需要	持票人应当在商业汇票到期日前向付款人提示承兑	持票人丧失对其前手的追索权
见票后定期付款的商业汇票		持票人应当自出票日起一个月内向付款人提示承兑	

同步习题

【例 2-3 单项选择题】A 公司因购买一批电脑，于 2023 年 1 月 1 日向 B 公司签发一张金额为 10 万元的银行承兑汇票。该汇票为见票后三个月内付款。B 公司应于（　　）之前向 A 公司的开户银行提示承兑。

A．2023 年 2 月 1 日　　B．2023 年 3 月 1 日

C．2023 年 4 月 1 日　　D．2023 年 7 月 1 日

答案：A

2）接受承兑

持票人向付款人提示承兑后，付款人应当自收到提示承兑的商业汇票之日起三日内承兑或拒绝承兑。

付款人同意承兑的，应当向持票人签发收到商业汇票的回单，并在商业汇票正面记载“承兑”字样、承兑日期并签章。未记载承兑日期的商业汇票，应以三日承兑期的最后一日为承兑日期；见票后定期付款的商业汇票，在承兑时应当记载付款日期。付款人按照承兑格式填写应记载的事项后，并不意味着承兑生效。只有付款人将已承兑的汇票退回持票人后，汇票才产生承兑的效力。

小贴士

回单应当明确记载商业汇票的提示承兑日期并签章，才能作为付款人向持票人出具的已收到请求承兑商业汇票的证明。

付款人在三日内未明确表示承兑与否的，视为拒绝承兑。拒绝承兑时，付款人必须出具拒绝承兑证明。在这种情况下，持票人可以请求付款人作出拒绝承兑证明，并向付款人的前手行使追索权。

2. 承兑的效力

承兑生效后，即对付款人产生相应的效力，具体如下：① 承兑人在汇票到期日必须向持票人无条件支付汇票金额，否则其必须承担延迟付款的责任；② 承兑人必须对汇票上的一切权利人承担责任，这些权利人包括付款请求权人和追索权人；③ 承兑人不得以其与出票人之间的资金关系来对抗持票人并拒绝支付汇票金额；④ 承兑人的票据责任不会因为持票人未在法定期限内提示付款而解除。

小贴士

付款人在承兑商业汇票时不得附有条件。承兑附有条件的，视为拒绝承兑。如果付款人作出部分承兑或变更票据记载事项的承兑，其效力也相当于拒绝承兑。

（四）商业汇票的付款

商业汇票的付款是指付款人依据票据文义支付票据金额以消灭票据关系的行为。商业汇票的付款期限最长不得超过六个月，电子商业汇票的付款期限最长为一年。

1. 付款的程序

1）提示付款

见票即付的商业汇票，持票人自出票日起一个月内向付款人提示付款；定日付款、出票后定期付款或见票后定期付款的商业汇票，持票人自到期日起十日内向承兑人提示付款。

如果持票人未按照上述规定期限提示付款，在作出说明后，付款人或承兑人仍应对持票人承担付款责任。需要注意的是，通过委托收款银行或票据交换系统向付款人提示付款的，视为持票人提示付款。

小贴士

对于不同类型的商业汇票，其付款期限的规定有所不同。

（1）对于定日付款的商业汇票，其付款期限自出票日起计算，并需要在商业汇票上记载具体的到期日。

（2）对于出票后定期付款的商业汇票，其付款期限自出票日起按月计算，并需要在商业汇票上记载具体的到期日。

（3）对于见票后定期付款的商业汇票，其付款期限自承兑或拒绝承兑日起按月计算，并需要在商业汇票上记载具体的到期日。

2）支付票款

在持票人提示付款时，付款人或承兑人依法审查并确认无误后，当日必须按票据金额足额支付给持票人，否则应承担因延迟付款产生的票据责任。持票人获得付款后，应当在汇票上签收，并将汇票交给付款人。

在付款时，付款人或代理付款人应履行审查义务，即审查持票人提示的商业汇票背书是否连续，及提示付款人的身份证或其他有效证件。付款人或代理付款人如果以恶意或者有重大过失付款时，应当自行承担责任。但是，当持票人不是票据权利人时，真正的票据权利人仍然需要承担相应的票据责任，且无法因此免除。如果因此造成损失，付款人只能向非正当持票人请求赔偿。

2. 付款的效力

付款人依法足额付款后，全体汇票债务人的责任和义务将得到解除。但是，如果付款人的付款存在瑕疵，即未尽审查义务而对不符合法定形式的票据进行了付款，或付款人存在恶意付款或重大过失付款的，则该付款行为不发生上述法律效力，付款人和其他债务人的责任和义务也不能解除。

四、银行汇票

银行汇票的优点

银行汇票是指出票银行签发的，在见票时按照实际结算金额无条件支付给收款人或持票人的票据（见图 2-7）。

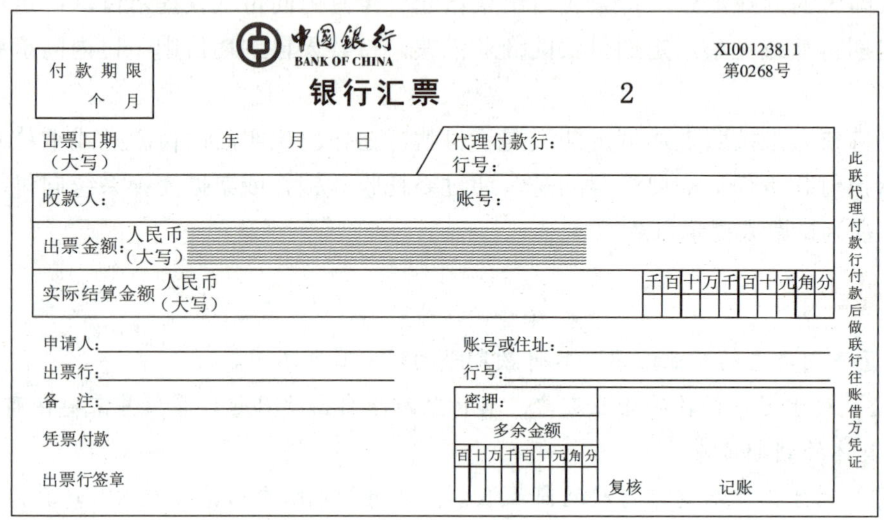

中国银行 BANK OF CHINA

银行汇票　2

付款期限
个　月

XI00123811
第0268号

出票日期（大写）　年　月　日

代理付款行：
行号：

收款人：
账号：

出票金额：人民币（大写）

实际结算金额 人民币（大写）

千	百	十	万	千	百	十	元	角	分

申请人：
账号或住址：

出票行：
行号：

备　注：

凭票付款

出票行签章

密押：

多余金额

百	十	万	千	百	十	元	角	分

复核　　记账

此联代理付款行付款后做联行往账借方凭证

图 2-7　银行汇票

银行汇票使用灵活、兑现性强，适用于先收款后发货或钱货两清的商品交易。单位和个人在异地、同城或同一票据交换区域的各种款项结算，均可使用银行汇票。

银行汇票可以用于转账，标明“现金”字样的银行汇票还可以用于提取现金。但是，现金银行汇票的申请人和收款人都必须为个人。

（一）银行汇票的出票

1．申请

使用银行汇票的申请人应在银行汇票申请书上明确填写收款人名称、汇票金额、申请人名称、申请日期等事项并签章（申请人在银行的预留签章），然后将其提交给出票银行。

如果申请人和收款人均为个人，并且需要使用银行汇票向代理付款人支取现金时，则申请人必须在银行汇票申请书上明确填写代理付款人名称，并在“出票金额”栏内先填写“现金”字样，后填写汇票金额；如果申请人和收款人均为单位，则申请人不得在银行汇票申请书上填写“现金”字样。

2. 签发并交付

出票银行受理申请人的银行汇票申请书，收妥款项后签发银行汇票，并用压数机压印出票金额，然后将银行汇票和解讫通知一并交给申请人。签发的银行汇票必须记载下列事项：① 标明“银行汇票”的字样；② 无条件支付的委托；③ 确定的金额；④ 付款人名称；⑤ 收款人名称；⑥ 出票日期；⑦ 出票人签章。欠缺记载上述事项之一的，银行汇票无效。其中，出票人签章为经中国人民银行批准使用的该银行汇票专用章加其法定代表人或其授权经办人的签名或盖章。

申请人收到银行汇票和解讫通知后，应将其一并交付给银行汇票上标明的收款人。

（二）银行汇票的审查和结算

1. 审查

收款人受理银行汇票时，应审查下列事项：① 银行汇票和解讫通知是否齐全，汇票号码和记载内容是否一致；② 收款人是否为本单位或本人；③ 银行汇票是否在提示付款期限（自出票日起一个月）内；④ 必须记载的事项是否齐全；⑤ 出票人的签章是否符合规定；⑥ 是否有压数机压印的出票金额，出票金额是否与大写出票金额一致；⑦ 出票金额、出票日期、收款人名称是否更改，更改的其他记载事项是否由原记载人签章证明。

2. 结算

收款人对银行汇票审查无误后，应在出票金额内根据实际结算金额办理结算，并将实际结算金额和多余金额准确、清晰地填入银行汇票和解讫通知的有关栏内。对于未标明实际结算金额和多余金额，或实际结算金额超过出票金额的银行汇票，银行不予受理。需要注意的是，银行汇票的实际结算金额一经填写不得更改，更改实际结算金额的银行汇票无效。

（三）银行汇票的背书

银行汇票可以背书转让，但标明“现金”字样的银行汇票不得背书转让。银行汇票的背书转让以不超过出票金额的实际结算金额为准，未填写实际结算金额或实际结算金额超过出票金额的银行汇票不得背书转让。

在受理银行汇票时，被背书人除了需要审查上述收款人应审查的事项，还应审查下列事项：① 银行汇票是否记载实际结算金额，有无更改，其金额是否超过出票金额；② 背书是否连续；③ 背书人签章是否符合规定；④ 使用粘单的背书是否按规定签章；⑤ 背书人为个人的，其身份证是否有效。

（四）银行汇票的提示付款

持票人向银行提示付款时，必须同时提交银行汇票和解讫通知，否则银行不予受理。在银行开立存款账户的持票人向开户银行提示付款时，应在银行汇票背面的“持票人向银行提示付款签章”栏签章（须与预留银行签章相同），并在收到款项后将进账单送交开户银行。未在银行开立存款账户的个人持票人，可以向任何一家银行机构提示付款，提示付款时，除在银行汇票背面签章外，还应标明本人身份证名称、号码和发证机关，并向银行提交本人身份证及其复印件。

如果持票人超过提示付款期限而未提示付款，则代理付款人不予受理。持票人如果超过提示付款期限向代理付款人提示付款而未能获得款项，则必须在票据权利时效内，向出票银行作出说明，并提供本人身份证或单位证明，然后持银行汇票和解讫通知向出票银行请求付款。

（五）银行汇票的退款

（1）如果银行汇票的实际结算金额低于出票金额，则多余金额由出票银行退给申请人。办理转账银行汇票的退款时，出票银行只能将退款转入原申请人账户；办理现金银行汇票的退款时，出票银行可以退付现金。

（2）申请人因银行汇票超过提示付款期限或其他原因要求退款时，应将银行汇票和解讫通知一并提交给出票银行。申请人为单位的，还应出具单位证明；申请人为个人的，还应出具本人身份证。

（3）申请人因不能提交解讫通知而要求退款时，出票银行应于银行汇票提示付款期满一个月后办理。

（六）银行汇票的丧失

如果银行汇票丧失，则失票人可以凭人民法院出具的其享有票据权利的证明，向出票银行请求付款或退款。如果标明“现金”字样和代理付款人的银行汇票丧失，则失票人可以通知付款人或代理付款人进行挂失止付。

五、银行本票

银行本票（见图 2-8）是指出票人签发的，承诺自己在见票时无条件支付确定的金额给收款人或持票人的票据。单位和个人在同一票据交换区域需要支付的各种款项，均可使用银行本票。银行本票可用于转账，标明“现金”字样的银行本票还可用于支取现金。但是，申请人或收款人为单位的，不得申请签发现金银行本票。

银行本票的“前世今生”

中国银行
BANK OF CHINA

付款期限 个 月

本　票　2　B12347900

出票日期（大写）　年　月　日

收款人：		申请人：	
凭票即付	人民币（大写）		亿 千 百 十 万 千 百 十 元 角 分
□ 转账	□ 现金		密押
备注：		出票人签章	行号
			出纳　复核　经办

此联开户行结清票款时作付出传票

图 2-8　银行本票

（一）银行本票的记载事项

银行本票的记载事项包括绝对记载事项和相对记载事项，其具体内容如表 2-14 所示。

表 2-14　银行本票的记载事项

银行本票的记载事项	内容	备注
绝对记载事项	① 标明“银行本票”的字样；② 无条件支付的承诺；③ 确定的金额；④ 收款人名称；⑤ 出票日期；⑥ 出票人签章	—
相对记载事项	① 付款地；② 出票地	如果未记载付款地，则出票人的营业场所为付款地；如果未记载出票地，则出票人的营业场所为出票地

（二）银行本票的提示付款期限

银行本票的提示付款期限是自出票日起的两个月内。如果持票人超过提示付款期限而未提示付款，则代理付款人不予受理；如果持票人超过提示见票期限而未提示见票，则持票人丧失对出票人以外的前手的追索权。

任务实施 »

（1）全班学生以 3～6 人为一组进行分组，各组选出组长并进行任务分工。

（2）各组合作设计竞赛形式与规则。竞赛可以采取问答、填空、判断等多种形式，竞赛规则具体包括答题时间限制、记分标准等。

（3）小组成员根据分工，自行查找资料，进一步学习支票、商业汇票、银行汇票和银行本票的相关知识。

（4）以小组为单位参加知识竞赛。

（5）教师和全班同学共同评选出优胜小组和个人。

（6）教师对整个活动进行总结，强调票据的重要性，并阐述它们在实际生活中的应用。

任务四 掌握非票据结算方式

任务导入

请从汇兑、委托收款、托收承付、国内信用证、网上银行或第三方支付中任选一种结算方式，设计一个具体的业务场景，模拟奇星公司在这个场景中采用所选结算方式的办理程序。

本任务重点介绍除现金和银行结算账户外的其他非票据结算方式。

一、汇兑

汇兑是指汇款人委托银行（即汇出银行）将款项支付给收款人的结算方式。

（一）汇兑的适用范围与类型

汇兑便于汇款人向异地收款人主动付款，且不受金额起点的限制，适用范围较广。单位和个人的各种款项结算，均可以使用汇兑。

根据不同的划转款项及传递方式，汇兑可分为信汇和电汇。信汇是以邮寄的方式将汇兑凭证寄给收款人指定的汇入银行，授权汇入银行向收款人解付一定金额的结算方式，手续费较低，但速度相对较慢。电汇是以电报或电传的方式将汇兑凭证传给收款人指定的汇入银行，授权汇入银行向收款人解付一定金额的结算方式，速度较快，但手续费相对较高。

汇兑的特点

小贴士

汇款人在办理具体业务时，可根据手续费、到账时间等任选一种汇兑方式。随着社会经济的发展和计算机技术在银行系统中的广泛使用，汇款人大多选择电汇的方式进行汇兑结算。

（二）汇兑的办理程序

1. 汇款人在汇出银行签发汇兑凭证

汇款人签发汇兑凭证，必须记载下列事项：① 标明“信汇”或“电汇”的字样；② 无条件支付的委托；③ 确定的金额；④ 收款人名称；⑤ 汇款人名称；⑥ 汇入地点、汇入银行名称；⑦ 汇出地点、汇出银行名称；⑧ 委托日期（即汇款人向汇出银行提交汇兑凭证的当日）；⑨ 汇款人签章。欠缺记载上述事项之一的汇兑凭证，银行不予受理。此外，收款人和汇款人在银行开立存款账户的，必须记载其账号。

小贴士

（1）如果收款人未在汇入银行开立存款账户，汇款人应在汇兑凭证上注明“留行待取”字样。如果收款人是单位的，汇款人还应在汇兑凭证上注明收款人的单位名称。

（2）如果汇款人和收款人均为个人，且收款人需要在汇入银行支取现金的，汇款人应在汇兑凭证的“汇款金额”大写栏，先填写“现金”字样，后填写汇款金额。

（3）信汇凭收款人签章支取的，汇款人应在信汇凭证上预留收款人签章。

2. 汇出银行受理汇兑凭证

汇出银行受理汇兑凭证时，应按照规定进行审查。确认无误后，汇出银行应及时向汇入银行办理汇款，并向汇款人签发汇款回单，然后将汇兑凭证交给汇入银行。需要注意的是，汇款回单只能作为汇出银行受理汇款的凭据，不能作为汇款已转入收款人账户的证明。

3. 汇入银行审查后付款

汇入银行在接收汇兑凭证后，应审查汇兑凭证上的联行专用章与联行报单印章是否一致。确认无误后，汇入银行应根据收款人的具体情况进行处理。

（1）对于在银行开立存款账户的收款人，汇入银行应将汇款直接转入其账户，并发出收账通知。该收账通知是汇入银行将汇款已转入收款人账户的凭据。

（2）对于未在银行开立存款账户的收款人，汇入银行应根据不同的取款方式进行处理。收款人在凭取款通知支取款项或提取留行待取的款项时，必须交验本人身份证，在汇兑凭证上注明身份证名称、号码和发证机关，并在“收款人盖章”栏签章。信汇凭收款人签章支取的，收款人签章必须与信汇凭证上的预留签章相符。汇入银行在审查无误后，会以收款人的名义设立应解汇款及临时存款账户。该账户只付不收，付完清户，不计付利息。

（3）收款人需要支取现金的，须携带本人身份证或汇入地有关单位出具的能够证明其身份的证明，到汇入银行一次性办理现金支付手续。汇兑凭证上未注明“现金”字样而需要支取现金的，汇入银行应按现金管理规定审查支付。需要部分支取现金的，收款人应填写取款凭证和存款凭证送交汇入银行，办理支取部分现金和转账手续。

（4）收款人需要分次支取汇款的，应向汇入银行说明分次支取的原因和情况。汇入银行同意后，会以收款人的名义设立临时存款账户。该账户也是只付不收，付完清户，不计付利息。

（5）收款人需要将汇款汇往其他地方时，应在汇入银行重新办理汇款手续，即转汇。转汇时，收款人和用途不得改变，且汇入银行必须在汇兑凭证上加盖“转汇”戳记。若汇兑凭证注明“不得转汇”字样，汇入银行不得办理转汇。

（三）汇兑的撤销和退汇

1. 汇兑的撤销

汇款人对汇出银行尚未汇出的款项可以申请撤销。申请撤销时，汇款人应向汇出银行出具正式函件或本人身份证，以及原信汇或电汇回单。只有汇出银行在确认款项尚未汇出，且收回原信汇或电汇回单后，汇款人才能办理撤销手续。

2. 汇兑的退汇

汇款人对汇出银行已经汇出的款项可以申请退汇。根据不同的情况，汇兑的退汇有不同的处理方式。

（1）对于在汇入银行开立存款账户的收款人，汇款人应与收款人自行协商退汇事项。只有双方达成一致，汇款人才能办理退汇手续。对于未在汇入银行开立存款账户的收款人，经汇入银行核实汇款确未支付，并将款项退回汇出银行后，汇款人才能办理退汇手续。

（2）对于收款人拒绝接受的汇款，汇入银行应立即办理退汇；对于向收款人发出取款通知，经过两个月仍无法交付的汇款，汇入银行应主动办理退汇。

小贴士

转汇银行不得受理汇款人或汇出银行对汇款的撤销或退汇。

同步习题

【例 2-4　多项选择题】下列关于汇兑的说法中，正确的有（　　）。

A. 单位和个人的各种款项结算，均可以使用汇兑

B. 如果收款人未在汇入银行开立存款账户，汇款人应在汇兑凭证上注明“留行待取”字样

C. 汇款人对汇出银行尚未汇出的款项可以申请退汇

D. 转汇银行不得受理汇款人或汇出银行对汇款的撤销或退汇

答案：ABD

二、委托收款

委托收款是指收款人委托银行向付款人收取款项的结算方式。

（一）委托收款的适用范围与类型

在银行或其他金融机构开立账户的单位和个人进行的商品交易，公用事业单位向用户收取水电费、邮电费、煤气费、公租房租金等款项，无论是同城还是异地，均可以使用委托收款。单位和个人凭已承兑的商业汇票、债券、存单等付款人债务证明，即可使用委托收款的结算方式办理款项结算。此外，委托收款不受金额起点的限制，也不受是否签订购销合同或是否发货的限制。

小贴士

在同城范围内，收款人收取公用事业费时，可以使用同城特约委托收款的方式。这种方式允许收款人按照合同约定，在特定期间内委托其开户银行向同城的付款人收取特定款项。付款人的开户银行在收到付款人的授权后，会直接从其账户中扣除相应的款项，完成结算。

根据不同的结算款项划回方式，委托收款可分为电报和邮寄。电报是指收款人开户银行以电报的方式向付款人开户银行转送委托收款凭证，提供收款收据。邮寄是指收款人开户银行以邮寄的方式向付款人开户银行转送委托收款凭证，提供收款收据。

（二）委托收款的办理程序

1. 收款人委托银行收款

收款人申请办理委托收款时，应向收款人开户银行或被委托银行提交委托收款凭证和有关的债务证明。其中，委托收款凭证必须记载下列事项：① 标明“委托收款”的字样；② 确定的金额；③ 付款人名称；④ 收款人名称；⑤ 委托收款凭证名称及附寄单证张数；⑥ 委托日期；⑦ 收款人签章。欠缺记载上述事项之一的委托收款凭证，银行不予受理。

此外，收款人指定银行以外的单位为付款人的，委托收款凭证必须记载付款人开户银行名称。以银行以外的单位或在银行开立存款账户的个人为收款人的，委托收款凭证必须记载收款人开户银行名称。以未在银行开立存款账户的个人为收款人的，委托收款凭证必须记载被委托银行的名称。

2. 付款人审查后付款

付款人接到被委托银行寄来的委托收款的相关文件后进行审查，确认无误后办理付款。以银行为付款人的，银行应在当日将款项主动支付给收款人。以单位为付款人的，付款人接到其开户银行的付款通知后，应于接到通知的当日书面通知开户银行付款。付款人未在接到付款通知的次日起三日内向其开户银行表示拒绝付款的，开户银行视为付款人同意付款，并在付款人接到付款通知的次日起第四日上午开始营业时将款项划给收款人。

付款人的账户余额不足以支付的，其开户银行应通过被委托银行向收款人发出未付款项通知书。

小贴士

付款人审查委托收款的相关文件后，对收款人委托收取的款项需要拒绝付款的，有权提出拒绝付款。付款人如果拒绝付款，应在接到付款通知的次日起三日内出具拒绝证明，连同委托收款的相关文件一并交给开户银行。之后，开户银行应将拒绝证明、委托收款的相关文件一并寄给被委托银行，由其转交收款人。

三、托收承付

托收承付是根据购销合同，由收款人发货后先委托银行向异地付款人收取款项，由付款人向银行承付的结算方式。托收承付只限异地使用。

（一）托收承付的基本规定

（1）采用托收承付结算方式的收款人和付款人，必须是国有企业、供销合作社，以及经营管理较好并经银行审查同意的城乡集体所有制工业企业。同时，收付款双方必须签有符合《中华人民共和国民法典》规定的购销合同，并在购销合同中明确使用托收承付的结算方式和结算款项的划回方式（邮寄或电报）等内容。

（2）办理托收承付结算的款项，必须是商品交易及因商品交易产生的劳务供应款项。代销、寄销、赊销商品的款项均不得办理托收承付结算。

（3）托收承付结算的每笔金额起点通常为 1 万元，但新华书店系统的每笔金额起点为 1 000 元。

（4）收付款双方办理托收承付结算，必须重合同、守信誉。如果收款人对同一付款人发货托收累计三次收不回货款的，收款人开户银行将暂停其向该付款人办理托收业务；如果付款人累计三次提出无理由拒绝付款的，付款人开户银行将暂停其向外办理托收业务。

（二）托收承付的办理程序

1. 收款人托收

托收是指销货单位（收款人）委托其开户银行收取款项的行为。按照购销合同发货

后，收款人应将托收承付凭证、作为附件的商品确已发运的证明文件和其他符合规定的证明文件一并送交其开户银行。其中，托收承付凭证必须记载下列事项：① 标明“托收承付”的字样；② 确定的金额；③ 付款人的名称和账号；④ 收款人的名称和账号；⑤ 付款人的开户银行名称；⑥ 收款人的开户银行名称；⑦ 托收附寄单证张数或册数；⑧ 合同的名称和编号；⑨ 委托日期；⑩ 收款人签章。欠缺记载上述事项之一的托收承付凭证，银行不予受理。

小贴士

收款人在办理托收时，必须具有商品确已发运的证明文件，如铁路、航运、公路等运输部门签发的运单、运单副本及邮局包裹回执等。没有发运证件的，收款人可以凭其他符合规定的证明文件来办理托收。

收款人开户银行收到托收承付的相关文件后，应按照托收的范围、条件和托收承付凭证上所记载的要求进行审查（审查时间最长不得超过次日），必要时还应查验收付款双方签订的购销合同。凡不符合要求或违反购销合同发货的，不能办理托收。

2. 付款人承付

承付是指购货单位（付款人）在承付期内，向其开户银行承付货款的行为。付款人开户银行收到托收承付的相关文件后，应及时通知付款人。付款人在承付期内对托收承付的相关文件进行审查，并安排资金承付货款。承付方式有验单承付和验货承付两种，由收付款双方协商选用，并在购销合同中作出明确规定。

验单承付是指付款人收到其开户银行转来的承付通知和相关凭证，并与购销合同核对相符后，就必须承付货款的结算方式。验单承付的承付期为三天，自付款人开户银行发出承付通知的次日（承付期内遇法定休假日顺延，下同）起计算。验货承付是指付款人除了验单，还要等商品全部运达并验收入库后才承付货款的结算方式。验货承付的承付期为十天，自运输部门向付款人发出提货通知的次日起计算。

付款人在承付期内未向其开户银行表示拒绝付款的，开户银行视为付款人承付，并在承付期满的次日上午开始营业时将款项划给收款人。付款人的账户余额不足以承付货款的，其开户银行仍应付款。不足以支付的部分将作延期付款处理。对于延期付款的部分，付款人需要按照一定的比例向收款人支付赔偿金。待付款人的账户余额足以承付剩余货款时，其开户银行应将延期的款项及赔偿金一并划转给收款人。

知识视窗

托收承付的拒绝付款

在下列情况中，付款人在承付期内可以向开户银行提出全部或部分拒绝付款：① 没有签订购销合同或购销合同未明确使用托收承付结算方式的；② 未经双方事先达成协议，收款人提前交货或因收款人逾期交货而付款人不再需要该批商品的；③ 未按购销合同规定的到货地址发货的；④ 代销、寄销、赊销商品的；⑤ 在验单承付时，发货清单所列的商品品种、规格、数量、价格与购销合同规定不符，或虽然两者相符，但经查验商品与购销合同规定或发货清单不符的；⑥ 在验货承付时，经查验商品与购销合同规定或发货清单不符的；⑦ 货款已支付或计算有错误的。

付款人提出拒绝付款时，必须填写拒绝付款理由书，注明拒绝付款理由并签章。如果因商品质量问题而拒绝付款的，付款人应提供商品检验部门出具的检验证明；如果因商品数量问题而拒绝付款的，付款人应提供商品数量问题的证明及相关数量的记录。此外，拒绝付款理由涉及购销合同的，付款人还应引证购销合同上的相关条款。

对于付款人提出的拒绝付款，经开户银行审查，确实属于无正当理由拒绝付款的，收款人可以重新办理托收；无法判明是非的，收付款双方可以自行协商处理，也可以向仲裁机关或人民法院申请调解或裁决。

此外，无论采用验单承付还是验货承付，付款人都可以在承付期内提前向其开户银行表示承付，并书面通知开户银行提前付款。开户银行收到通知后，应立即办理划款。

委托收款和托收承付的区别

小贴士

如果因商品的价格、数量或金额变动导致付款人需要多承付货款，则付款人必须在承付期内向其开户银行提出书面通知，开户银行收到通知后可将多承付的部分随同当次托收款项划给收款人。

四、国内信用证

国内信用证（以下简称“信用证”）是指开证银行根据申请人（购货单位）的申请，向受益人（销货单位）开出的一种在一定期限内按照规定的单据支付特定款项的书面承诺。根据不同的付款期限，信用证可分为即期付款信用证和延期付款信用证。即期付款信用证是指开证银行在收到单据后立即付款的信用证，延期付款信用证是指开证银行在货物交付后的一定期限内付款的信用证。

（一）信用证的基本规定

（1）信用证仅适用于国内企业之间因商品交易产生的货款，且只能用于转账，不能用于支取现金。

（2）信用证既不可撤销，也不可转让。不可撤销是指在信用证的有效期内，除非得到信用证的基本当事人（即开证银行、申请人和受益人）的同意外，开证银行不得修改

或撤销信用证。不可转让是指受益人不能将信用证的权利转让给他人。

小贴士

除基本当事人外，信用证涉及的当事人还有通知银行和议付银行。

（1）通知银行是指开证银行指定的、将信用证通知给受益人的银行。开证银行与受益人开户银行为同系统银行的，受益人开户银行为通知银行。开证银行与受益人开户银行为跨系统银行的，开证银行应在受益人开户银行的同城同系统银行机构中选择一家作为通知银行；开证银行在受益人开户银行所在地没有同系统银行机构的，应在受益人所在地选择一家银行机构建立信用证代理关系，该代理银行即为通知银行。

（2）议付银行是指信用证指定的、可以对信用证项下的汇票和单据进行议付的银行。议付银行必须是开证银行指定的受益人开户银行。

（二）信用证的办理程序

1. 开证

（1）申请人申请开证。当需要使用信用证时，申请人应委托开户银行办理开证业务。在申请办理开证业务时，申请人应填写开证申请书和信用证申请人承诺书，并提交有关购销合同。

（2）开证银行受理开证。开证银行根据申请人提交的相关开证文件决定是否受理开证业务。决定受理开证业务后，开证银行应向申请人收取不低于开证金额 20%的保证金，并根据申请人的资信情况要求其提供抵押、质押或由其他金融机构出具的保函。

2. 通知

通知银行在收到开证银行转来的信用证后，应认真审核。确认无误后，通知银行应填写信用证通知书，连同信用证一并交给受益人。

3. 议付

议付是指议付银行在单证相符的条件下，扣除议付利息后向受益人给付对价的行为，仅适用于延期付款信用证。通过议付，受益人可以提前获得款项，从而缓解资金压力，加快资金周转。信用证的议付流程包括以下几个步骤。

（1）受益人提交单据。受益人在交单期或信用证有效期内，向议付银行提交单据、信用证正本及信用证通知书，并填写信用证议付或委托收款申请书及议付凭证，请求议付。

（2）议付银行审核单据。议付银行审核受益人提交的相关文件后，同意议付的，办理议付。拒绝议付的，议付银行应及时向受益人发出书面拒绝议付通知，并在通知中注明拒绝议付的理由。此外，议付银行也可以根据受益人的要求不办理议付，而仅为其办理委托收款。

（3）议付银行议付货款。议付银行同意议付的，则将议付货款交给受益人。通常情况下，实际支付的议付金额按照议付货款扣除从议付日至信用证付款到期日前一日的利息计算，议付利率参照贴现利率执行。

（4）议付银行通知开证银行。议付银行议付后，应将议付情况通知开证银行，并要求开证银行偿付已支付的款项。开证银行有义务按照规定进行偿付。如果开证银行未能及时偿付，议付银行有权向开证银行追索已支付给受益人的款项，或者选择从受益人的账户中收取已支付的款项。

4. 付款

对于即期付款信用证，开证银行对受益人提交的单据进行审查，确认无误后，应立即从申请人的账户中收取款项并支付给受益人。对于延期付款信用证，开证银行对议付银行或受益人提交的单据进行审查，确认无误后，应向议付银行或受益人发出到期付款确认书，于到期日从申请人的账户中收取款项并支付给议付银行或受益人。

申请人在开证银行交存的保证金及账户余额不足以支付的，开证银行仍应在规定的期限内付款。不足以支付的部分将作逾期贷款处理。同时，申请人提供了抵押、质押、保函等担保的，开证银行应按照《中华人民共和国担保法》的有关规定进行索偿。

五、网上银行

网上银行，简称“网银”，是指银行在互联网上设立的虚拟银行柜台。网上银行利用互联网技术，不仅提供开户、查询、对账、转账、信贷、投资理财等传统银行业务，还打破了传统银行业务在时间、地点和方式上的限制，提供更加方便、快捷、高效的服务。

（一）网上银行的类型

1. 单纯网上银行和分支型网上银行

根据不同的经营模式，网上银行可分为单纯网上银行和分支型网上银行。单纯网上银行完全依赖于互联网，没有实际的柜台，采用高科技服务手段与用户建立密切的联系，并向用户提供全方位的金融服务。分支型网上银行是传统银行利用互联网开展业务，实际上是传统银行业业务在互联网上的延伸，这是当前网上银行的主要形式。

2. 企业网上银行和个人网上银行

根据不同的服务对象，网上银行可分为企业网上银行和个人网上银行。企业网上银行主要服务于企业和事业单位，个人网上银行主要服务于个人。一般来说，企业网上银行和个人网上银行都具有账户管理、转账汇款等基本功能，但企业网上银行更注重企业的财务管理需求，而个人网上银行更注重个人的日常金融需求。

（二）网上银行的业务办理

1. 开户

开户是指用户提交个人资料并按照银行的要求进行身份验证，开设网上银行账户的过程。在开户过程中，用户需要提供本人身份证，填写相关信息并设置密码等。

开户方式有两种，分别是柜台开通和自助开通。自助开通后，用户可以选择到银行柜台进行签约确认，也可以选择不进行签约确认。如果不进行签约确认，用户只能使用网上银行的基本功能，如查询账户信息、转账等。

2. 交易

交易是指用户通过电子渠道进行的各种银行业务操作，包括查询账户信息、转账汇款、支付结算、投资理财等。网上银行的交易流程通常包括以下几个步骤。

（1）用户通过浏览器、手机银行 App 等访问网上银行，并提交交易请求。

（2）网上银行接收并审核用户的交易请求，然后将交易请求转发给相应成员银行的业务主机。

（3）成员银行的业务主机完成交易处理，然后将处理结果发送给网上银行。

（4）网上银行对交易结果进行后续处理，然后将相应的信息反馈给用户。

知识视窗

网上银行验证用户身份的方式

在进行网上交易时，银行会根据不同的业务场景和安全需求选择合适的验证方式，以确保用户身份的合法性和安全性。

（1）用户名和密码验证。在登录网上银行时，银行需要用户输入用户名和密码进行身份验证。

（2）短信验证码验证。银行会向用户预留的手机号码发送短信验证码，只有用户在规定时间内输入正确的验证码后才能进行后续操作。

（3）指纹或面部识别验证。银行通过指纹或面部识别技术进行用户身份验证，提高账户的安全性。

（4）动态口令验证。银行要求用户使用动态口令牌或手机短信接收动态口令。只有在输入正确的口令后，用户才能进行后续操作。

（5）数字证书验证。数字证书是一种电子文件，包含用户的身份信息、公钥和签名等信息，用于证明用户的身份和保护通信过程中的数据安全。

六、第三方支付

第三方支付是指经中国人民银行批准从事第三方支付业务的非银行支付机构，借助通信、计算机和信息安全技术，采用与各大银行签约的方式，在用户与银行支付结算系统之间建立连接的电子支付手段。需要注意的是，非银行支付机构要想提供支付服务，必须获得中国人民银行的批准并取得支付业务许可证，成为合法的支付机构。

（一）第三方支付的方式

（1）根据支付信息不同的处理方式和支付流程，第三方支付可分为网关支付和平台支付。网关支付简单明了，用户可以直接在网关页面选择银行进行支付。平台支付方便快捷，用户无须跳转到银行页面，仅在平台端进行支付操作即可完成支付。

（2）根据不同的支付场景，第三方支付可分为线上支付和线下支付。线上支付是通过互联网进行的电子支付，适用于电商网站、App 等虚拟交易场景，方便快捷。线下支付是通过传统的现金或 POS 机等实体方式进行的支付，适用于实体店铺、超市等现实交易场景。

此外，移动支付也属于第三方支付的一种方式，即基于第三方支付机构平台（以下简称“支付平台”）实现的，通过移动设备完成的支付。

（二）第三方支付的业务办理

1. 开户

使用第三方支付时，用户必须在支付平台上开立账户，然后将其银行卡和支付账户进行绑定。

支付机构在为用户开立支付账户时，必须登记并验证其基本身份信息，不得开立匿名或假名的支付账户。同时，支付机构应与用户签订协议，约定支付账户与支付账户、支付账户与银行结算账户之间的日累计转账限额和笔数。

为个人开立支付账户时，同一家支付机构只能为同一个人开立一个Ⅲ类账户。为单位开立支付账户时，支付机构应当按照《人民币银行结算账户管理办法》的规定，要求单位提供相关证明文件，并自主或委托合作机构以面对面的方式核实其身份，或者以非面对面的方式通过至少三个合法且安全的外部渠道对其基本信息进行多重交叉验证。

知识视窗

不同类型的个人支付账户

对于不同类型的个人支付账户，其管理规定也有所不同（见表 2-15）。

表 2-15　不同类型的个人支付账户

类型	用户身份	账户余额的用途	限额规定
Ⅰ类支付账户	支付机构以非面对面的方式通过至少一个合法且安全的外部渠道进行身份基本信息验证，且为首次在支付机构开立支付账户的个人用户	仅用于消费和转账	余额付款交易额自账户开立起累计不超过 1 000 元（包括支付账户向用户本人同名银行结算账户转账）
Ⅱ类支付账户	支付机构自主或委托合作机构以面对面的方式核实身份的个人用户，或以非面对面的方式通过至少三个合法且安全的外部渠道进行身份基本信息多重交叉验证的个人用户	仅用于消费和转账	所有支付账户的余额付款交易额年累计不超过 10 万元（不包括支付账户向用户本人同名银行结算账户转账）
Ⅲ类支付账户	支付机构自主或委托合作机构以面对面的方式核实身份的个人用户，或以非面对面的方式通过至少五个合法且安全的外部渠道进行身份基本信息多重交叉验证的个人用户	可以用于消费、转账及购买投资理财等金融类产品	所有支付账户的余额付款交易额年累计不超过 20 万元（不包括支付账户向用户本人同名银行结算账户转账）

此外，支付机构还需要为用户建立唯一的识别编码，并在业务关系存续期间持续采取身份识别措施，以确保有效核实用户身份及其真实意愿。需要注意的是，支付账户不得透支、出借、出租、出售，也不得用以从事或协助他人从事非法活动。

2．付款

用户下单并准备付款时，其资金会通过支付平台转移到支付平台的临时账户中。此资金可以是支付平台所绑定的银行卡中的资金，也可以是从支付平台所绑定的银行卡转入支付账户中的资金，还可以是通过他人的支付账户转来的资金。

用户收到商品并确认收货后，支付平台会将资金划转到收款人的支付账户中，完成支付行为。此外，收款人需要资金时，可以将账户中的资金转回银行卡，兑换成实体的银行存款。

小贴士

在进行交易时，支付机构可组合运用以下要素来验证用户身份。

（1）仅用户本人知悉的要素，如静态密码等。

（2）仅用户本人持有并特有的，不可复制或不可重复利用的要素，如经过安全认证的数字证书、电子签名，以及通过安全途径生成和传输的一次性密码等。

（3）用户本人的生理特征要素，如指纹等。

此外，支付机构应确保所运用的各个要素相互独立，以防止因部分要素的损坏或泄露导致其他要素的损坏或泄露。

互动空间

你经常使用哪种第三方支付方式？请举例说明，并详述使用其进行交易的流程。

任务实施 »

（1）全班学生以3～6人为一组进行分组，各组选出组长并进行任务分工。

（2）小组成员共同选择一种非票据结算方式，了解其适用范围、结算规定和注意事项等，然后准备相关材料（如委托收款凭证），模拟其办理程序。

（3）各组通过抽签决定模拟顺序，然后依次上台模拟，时间不超过五分钟。

（4）教师进行总结和点评。

知识检测

一、单项选择题

1．“恪守信用，履约付款”原则是针对（　　）所提出的要求。

A．结算当事人

B．支付结算中的中介机构

C．收款人

D．银行

2．下列选项中，不会导致票据无效的是（　　）。

A．原记载人更改金额，并在更改处签章

B．原记载人更改出票日期，并在更改处签章

C．原记载人更改票据用途，并在更改处签章

D．原记载人更改收款人名称，并在更改处签章

3．下列关于现金限额的说法中，正确的是（　　）。

A．现金限额应由单位提出计划，报中国人民银行审批

B．开户银行根据实际需要，原则上以单位三至五天的日常零星开支所需来核定限额

C．对于边远地区和交通不发达地区的单位，现金限额可以适当放宽，但最多不得超过三十天的日常零星开支所需

D．需要调整现金限额的，单位应向中国人民银行提出申请

4．下列选项中，属于个人银行结算账户的是（　　）。

A．甲公司在中国工商银行开立的基本存款账户

B．甲公司因借款需要在中国农业银行开立的一般存款账户

C．个体工商户张某凭营业执照在中国工商银行开立的银行结算账户

D．个体工商户张某凭本人身份证在中国农业银行开立的银行结算账户

5．如果银行结算账户一年内没有发生收付活动，且没有欠开户银行债务，开户银行应通知存款人在发出通知之日起（　　）日内办理销户手续。

A．六十　　B．十　　C．三十　　D．二十

6．下列对银行违反银行结算账户管理的处罚中，罚款金额为 5 万元以上 30 万元以下的是（　　）。

A．违反规定办理个人银行结算账户转账结算

B．为储蓄账户办理转账结算

C．明知或应知是单位资金，却允许存款人以自然人名称开立银行结算账户

D．违反规定为存款人支付现金或办理现金存入

7．下列选项中，（　　）是票据的基本当事人。

A．付款人　　B．承兑人　　C．背书人　　D．保证人

8．（　　）是指收款人或持票人为了将票据权利转让给他人或将一定的票据权利授予他人行使，在票据背面或粘单上记载有关事项并签章的行为。

A．出票　　B．背书　　C．承兑　　D．保证

9．下列选项中，（　　）不属于支票必须记载的事项。

A．支票的用途　　B．标明“支票”的字样

C．确定的金额　　D．付款人名称

10．支票的持票人应当自出票日起的（　　）日内提示付款。

A．十　　B．二十　　C．三十　　D．六十

11．持票人向付款人提示承兑后，付款人应当自收到提示承兑的商业汇票之日起（　　）日内承兑或拒绝承兑。

A．三　　B．七　　C．十　　D．三十

12．商业汇票的付款期限最长不得超过（　　）个月。

A．三　　B．六　　C．九　　D．十二

13．下列关于银行汇票的说法中，不正确的是（　　）。

A．现金银行汇票的申请人和收款人都必须为个人

B．如果持票人超过提示付款期限而未提示付款，则代理付款人仍应受理

C．收款人对银行汇票审查无误后，应在出票金额内根据实际结算金额办理结算

D．银行汇票的实际结算金额一经填写不得更改，更改实际结算金额的银行汇票无效

14．下列关于信用证的说法中，正确的是（　　）。

A．信用证可以用于转账和支取现金

B．开证银行应向申请人收取不低于开证金额30%的保证金

C．开证银行与受益人开户银行为同系统银行的，受益人开户银行为通知银行

D．申请人在开证银行交存的保证金及账户余额不足以支付的，开证银行不予付款

二、多项选择题

1．银行结算账户的管理原则包括（　　）。

A．一个基本账户原则　　B．自主选择原则

C．守法合规原则　　D．存款信息保密原则

2．需要管理与使用（　　），存款人可以申请开立专用存款账户。

A．借款或其他结算需要的资金　　B．基本建设资金

C．财政预算外资金　　D．社会保障资金

3．银行结算账户的法定变更事项包括（　　）。

A．单位的法定代表人　　B．单位的主要负责人

C．单位的住址　　D．存款人的账户名称

4．《票据法》所规定的票据包括（　　）。

A．支票　　B．发票

C．汇票　　D．本票

5．下列关于票据权利时效的说法中，正确的有（　　）。

A．对于见票即付的汇票和本票，其权利自出票日起一年内有效

B．持票人对支票出票人的权利，自出票日起两年内有效

C．持票人对前手的追索权，自票据被拒绝承兑或被拒绝付款之日起六个月内有效

D．持票人对前手的再追索权，自清偿日或被提起诉讼之日起三个月内有效

6．票据债务人需要承担票据责任的情况有（　　）。

A．汇票承兑人因承兑而承担付款责任

B．本票出票人因出票而承担付款责任

C．支票付款人在与出票人有资金关系时承担付款责任

D．支票、汇票、本票的出票人，在票据未被承兑或未被付款时承担清偿责任

7．下列选项中，属于不得背书转让的情况有（　　）。

A．被拒绝承兑　　B．被拒绝付款

C．超过了提示付款期限　　D．将票据金额分别转让给两人

8. 下列关于票据保证的说法中，正确的有（　　）。

A. 保证适用于支票、汇票和本票

B. 保证人由票据债务人以外的第三方担当

C. 保证不得附有条件，即使附有条件，也不影响对票据的保证责任

D. 保证人向持票人清偿债务后，有权行使持票人对被保证人及其前手的追索权

9. 支票的（　　）可以由出票人授权补记。

A. 金额　　B. 收款人名称

C. 付款人名称　　D. 出票日期

10. 需要承兑的商业汇票有（　　）。

A. 见票即付的商业汇票

B. 定日付款的商业汇票

C. 出票后定期付款的商业汇票

D. 见票后定期付款的商业汇票

11. 下列关于银行本票的说法中，正确的有（　　）。

A. 银行本票由出票人签发

B. 银行本票上必须记载无条件支付的承诺

C. 标明“现金”字样的银行本票不得用于支取现金

D. 银行本票的提示付款期限是自出票日起的两个月内

12. 采用托收承付结算方式的收款人和付款人，必须（　　）。

A. 是国有企业

B. 签有符合《中华人民共和国民法典》规定的购销合同

C. 在购销合同中明确使用托收承付的结算方式

D. 约定采用验货承付的方式

13. 在使用第三方支付进行交易时，支付机构可组合运用（　　）来验证用户身份。

A. 仅用户本人知悉的要素

B. 仅用户本人持有并特有的，不可复制或不可重复利用的要素

C. 用户本人的喜好要素

D. 用户本人的生理特征要素

三、判断题

1. 伪造是指无权更改票据内容的人对票据上除签章外的其他记载事项进行更改的行为。（　　）

2. 单位在支付现金时，可以直接从本单位的现金限额中支付，也可以从开户银行提取现金后再支付，还可以直接从单位的现金收入中支付。（　　）

3．一般存款账户可以用于转账结算、现金交存，但不得用于现金支取。（　　）

4．销户时，单位卡账户余额可以转入其任意银行结算账户，但不得提取现金。（　　）

5．在票据的记载事项中，任意记载事项不具有票据效力。（　　）

6．在支票中，只有现金支票和普通支票可以用于支取现金。（　　）

7．委托收款不受金额起点的限制，但必须签订购销合同。（　　）

8．根据不同的经营模式，网上银行可分为单纯网上银行和分支型网上银行。（　　）

四、不定项选择题

2023 年，甲公司发生了如下情况。

（1）3 月，从基本存款账户中支取现金 10 万元。

（2）5 月，撤销了其开立的用于借款的异地银行结算账户。

（3）10 月，为履行与乙公司签订的购销合同，签发了一张由本公司承兑的商业汇票交给乙公司。该商业汇票的出票日期是 2023 年 10 月 20 日，收款人是乙公司，付款日期未记载。

（4）11 月，会计人员在清点财物时发现，除了现金被盗，还有六张票据丢失，其中包括两张现金支票、一张转账支票、两张未标明“现金”字样的银行本票、一张标明“现金”字样的银行本票。

根据上述资料，回答下列问题。

1．根据资料（1），下列说法正确的有（　　）。

A．甲公司的做法符合规定

B．甲公司的做法不符合规定

C．甲公司只能开立一个基本存款账户

D．甲公司可以开立多个基本存款账户

2．下列选项中，属于银行结算账户撤销事由的有（　　）。

A．被撤并、解散、宣告破产或关闭

B．注销、被吊销营业执照

C．因迁址需要变更开户银行

D．更换法定代表人

3．商业汇票的出票日期是 2023 年 10 月 20 日，应当记载为（　　）。

A．贰零贰叁年零壹拾月零贰拾日

B．贰零贰叁年壹拾月零贰拾日

C．贰零贰叁年零壹拾月贰拾日

D．贰零贰叁年拾月贰拾日

4．该商业汇票未记载付款日期，则（　　）。

A．该汇票无效

B．该汇票将被视为见票即付

C．该汇票有效

D．该汇票在出票后一个月内到期

5．根据资料（4），下列说法正确的有（　　）。

A．可以挂失止付的票据包括两张现金支票、一张转账支票、一张标明“现金”字样的银行本票

B．无法确定付款人或代理付款人的票据丧失后，不能采取挂失止付的方法进行补救

C．票据挂失止付后，可以采取的补救方法包括公示催告和普通诉讼

D．即使票据权利丧失后未采取补救措施，持票人也能够行使票据权利

项目考核评价

学生配合指导教师共同完成如表 2-16 所示的项目考核评价表。

表 2-16　项目考核评价表

<table>
<tr><td>班级</td><td></td><td>组号</td><td colspan="2"></td><td>日期</td><td colspan="2"></td></tr>
<tr><td>姓名</td><td></td><td>学号</td><td colspan="2"></td><td>指导教师</td><td colspan="2"></td></tr>
<tr><td rowspan="2">评价维度</td><td colspan="3" rowspan="2">评价内容</td><td rowspan="2">分值</td><td colspan="2">评价分数</td></tr>
<tr><td>自评</td><td>师评</td></tr>
<tr><td rowspan="4">知识评价
30%</td><td rowspan="4">重难点
知识</td><td colspan="2">了解支付结算的基础知识和现金结算的内容</td><td>6 分</td><td></td><td></td></tr>
<tr><td colspan="2">掌握银行结算账户的开立、变更和撤销，以及相关的法律制度</td><td>9 分</td><td></td><td></td></tr>
<tr><td colspan="2">掌握票据结算的基础知识和各种票据的内容</td><td>9 分</td><td></td><td></td></tr>
<tr><td colspan="2">了解各种非票据结算方式的内容</td><td>6 分</td><td></td><td></td></tr>
<tr><td rowspan="5">能力评价
40%</td><td rowspan="3">自主学习
能力</td><td colspan="2">能够概述本项目的主要知识点</td><td>8 分</td><td></td><td></td></tr>
<tr><td colspan="2">课堂认真听讲，积极与老师互动</td><td>8 分</td><td></td><td></td></tr>
<tr><td colspan="2">反思在预习和课堂学习中出现的问题，巩固所学知识，改进思路和方法</td><td>8 分</td><td></td><td></td></tr>
<tr><td rowspan="2">人际交往
能力</td><td colspan="2">积极参与实践活动，与小组成员配合默契</td><td>8 分</td><td></td><td></td></tr>
<tr><td colspan="2">与小组其他成员沟通顺畅</td><td>8 分</td><td></td><td></td></tr>
<tr><td rowspan="3">素养评价
30%</td><td rowspan="3">职业素养</td><td colspan="2">按时出勤，积极参与课堂讨论</td><td>10 分</td><td></td><td></td></tr>
<tr><td colspan="2">做事细致，勤于思考，善于总结</td><td>10 分</td><td></td><td></td></tr>
<tr><td colspan="2">运用创新的方法或形式呈现实践成果</td><td>10 分</td><td></td><td></td></tr>
<tr><td colspan="4">合计</td><td>100 分</td><td></td><td></td></tr>
<tr><td>总评</td><td colspan="3">自评（30%）+师评（70%）=</td><td colspan="3">教师（签名）：</td></tr>
</table>

项目三

履行社会责任义务——税收法律制度

知识目标

（1）了解税收与税法的基础知识。

（2）熟悉增值税、企业所得税和个人所得税的基础知识和相关税务规定。

（3）熟悉税务登记、发票管理、纳税申报、税款征收、税务检查、税收法律制度、税务行政复议等税收征收管理规定。

技能目标

（1）能够准确判定增值税、企业所得税和个人所得税的征收范围或征税对象、纳税人。

（2）能够正确计算增值税、企业所得税和个人所得税税额。

（3）能够办理设立登记、变更登记、停业登记、复业登记等税务登记。

（4）能够正确开具和使用发票。

（5）能够按照规定进行纳税申报。

素养目标

（1）认真学习税务知识，依法维护企业和自身的正当权益。

（2）增强遵纪守法、诚信纳税的意识。

考证链接 »

本章内容与初级会计资格考试的《经济法基础》考察内容相对应，具体内容如表 3-1 所示。

表 3-1　考证链接

<table>
<tr><th colspan="2">本章内容</th><th>《经济法基础》考察内容</th></tr>
<tr><td colspan="2">知识导航</td><td>要求熟悉的内容：税法的构成要素
要求了解的内容：税法和税收的关系</td></tr>
<tr><td rowspan="3">熟知我国现行主要税种</td><td>增值税</td><td>要求掌握的内容：增值税的征收范围和应纳税额的计算
要求熟悉的内容：增值税的纳税人与扣缴义务人，增值税的征收管理
要求了解的内容：增值税的税率与征收率</td></tr>
<tr><td>企业所得税</td><td>要求掌握的内容：企业所得税的征税对象，企业所得税应纳税所得额、应纳税额的计算
要求熟悉的内容：企业所得税的纳税人和征收管理
要求了解的内容：企业所得税的税率</td></tr>
<tr><td>个人所得税</td><td>要求掌握的内容：个人所得税纳税人的纳税义务，个人所得税所得来源地的确定，个人所得税的征税对象，个人所得税应纳税所得额、应纳税额的计算
要求熟悉的内容：个人所得税的纳税人和征收管理
要求了解的内容：个人所得税的税率</td></tr>
<tr><td colspan="2">领会税收征收管理</td><td>要求掌握的内容：税务登记、发票管理、纳税申报的规定，税款征收的保障措施，税务机关在税务检查中的职权和职责，税务行政复议的范围，税务行政复议的管辖
要求熟悉的内容：税款征收方式，税款的退还和追征，税务行政复议的决定，税收法律责任
要求了解的内容：税务行政复议的概念</td></tr>
</table>

知识导航

一、税收概述

税收的意义

税收是指国家为了满足社会公共需要，凭借政治权力，按照法律、法规和规章制度的规定，强制、无偿地取得财政收入的一种形

式。税收是国家经济工作的重要组成部分，在国家治理中发挥着基础性、支柱性、保障性作用，是保障国计民生的重要财力支撑。

（一）税收的特点

税收具有无偿性、强制性和固定性的特点。这三个特点相互联系，缺一不可。无偿性是税收本质的体现，强制性是国家实现无偿征税的强有力保证，固定性是无偿性和强制性的必然要求。

1. 无偿性

税收的无偿性是指国家征税后，既不需要归还给纳税人，也不需要向纳税人支付任何报酬。税收的无偿性是对个体纳税人而言的，但对全体纳税人而言，税收是有偿的，具体表现为国家为社会全体成员提供的公共产品或公共服务。

2. 强制性

税收的强制性是指国家以社会管理者的身份，通过颁布法律或政令强制征税。任何纳税人都必须依法纳税，任何征税机关都必须依法征税，否则征纳双方就要承担相应的法律责任。

3. 固定性

税收的固定性是指国家在征税前，规定了统一的征税标准，包括纳税人、征税对象、税率、纳税期限和纳税地点等。这些标准一经确定，在一定时期内是相对稳定的，不会随意变动。

（二）税收的类型

根据不同的分类标准，税收可分为不同的类型（见表 3-2）。

表 3-2 税收的类型

分类标准	类型	概念	举例
征税对象	流转税	以商品的生产流转额和非生产流转额为征税对象的税收	增值税、消费税
	所得税	以纳税人在一定期间的各种所得额为征税对象的税收	企业所得税、个人所得税
	财产税	以纳税人所拥有或支配的特定财产为征税对象的税收	房产税、车船税
	资源税	以自然资源和某些社会资源为征税对象的税收	资源税、土地增值税
	行为税	以纳税人的某些特定行为为征税对象的税收	城市维护建设税、印花税

（续表）

分类标准	类型	概念	举例
征收管理的分工体系	工商税类	由税务机关对从事工业、商业和服务业的纳税人征收的税收	增值税、消费税
	关税类	由海关对出入境的货物和物品征收的税收	进出口关税、由海关代征的进口环节增值税
税收征收权限和收入支配权限	中央税	由中央立法和管理的税收	消费税、关税
	地方税	由中央统一立法或授权立法，并由地方政府负责管理的税收	城镇土地使用税、土地增值税、房产税
	中央地方共享税	由中央和地方政府按比例分享税收收入的税收	增值税、企业所得税
计税标准	从价税	以征税对象的价格为计税依据的税收	增值税、企业所得税
	从量税	以征税对象的数量、重量或体积等为计税依据的税收	车船税、城镇土地使用税
	复合税	对征税对象同时征收从量税和从价税的税收	对白酒、卷烟征收的消费税

二、税法概述

税法即税收法律制度，是指用于调整国家与纳税人之间在征税、纳税方面的权利及义务关系的法律规范的总称。它构建了国家依法征税和纳税人依法纳税的行为准则体系，在保证国家财政收入的同时，也保障了纳税人的合法利益。需要注意的是，税法调整的是税收分配中形成的权利义务关系，而不是税收分配本身。

小贴士

税法和税收之间存在着密切的联系。国家和社会对税收收入和税收活动的客观需要，决定了税法的存在。税法是一种法律制度，属于上层建筑范畴，为税收提供了法律依据和保障；税收是一种经济活动，属于经济基础范畴，必须严格按照税法的规定进行。

（一）税法的类型

根据不同的功能和作用，税法可分为税收实体法和税收程序法，具体如表 3-3 所示。

表 3-3　税法的类型

类型	概念	举例
税收实体法	是指规定税收法律关系主体的实体权利和义务的法律规范总称。税收实体法具体规定各税种的征税对象、征收范围、税率、纳税地点等	《中华人民共和国增值税暂行条例》 《中华人民共和国企业所得税法》 （以下简称《企业所得税法》） 《中华人民共和国个人所得税法》 （以下简称《个人所得税法》）
税收程序法	是指税务管理方面的法律，主要包括税收管理法、纳税程序法、发票管理法、税务机关组织法和税务争议处理法等	《中华人民共和国税收征收管理法》 （以下简称《税收征收管理法》） 《中华人民共和国海关法》 《中华人民共和国进出口关税条例》

（二）税法的构成要素

税法的构成要素是指各种单行税法共同具有的基本要素的总称，一般包括征税人、纳税人、征税对象、税目、税率、计税依据、纳税环节、纳税时间、纳税地点、减免税和罚则等项目。其中，纳税人、征税对象和税率是税法的最基本的要素。

1. 征税人

征税人，也称“征税主体”，是指税法赋予的有权向纳税人征收税款的国家机构。税种不同，征税人也可能不同。例如，增值税的征税人是税务机关，关税的征税人是海关。

2. 纳税人

纳税人即纳税义务人，也称“纳税主体”，是指税法规定的负有纳税义务的单位和个人。它有自然人和法人两种最基本的形式。

知识视窗

扣缴义务人

与纳税人联系紧密的另一个概念是扣缴义务人。扣缴义务人包括代扣代缴义务人与代收代缴义务人。

（1）代扣代缴义务人是指虽不承担纳税义务，但依照有关规定，在向纳税人支付款项时，有义务代扣代缴其应纳税款的单位和个人。例如，出版社代扣代缴作者稿酬所得的个人所得税。

（2）代收代缴义务人是指虽不承担纳税义务，但依照有关规定，在向纳税人收取款项时，有义务代收代缴其应纳税款的单位和个人。例如，对于委托加工的应税消费品，受托方在向委托方交货时代收代缴委托方应缴纳的消费税。

3. 征税对象

征税对象，也称“纳税客体”，是指税法中征纳双方的权利和义务所指向的对象，即对什么征税。征税对象决定了各税种的基本征税范围，是区分不同税种的主要标志。例如，个人所得税的征税对象是个人取得的应税所得，房产税的征税对象是房产。

4. 税目

税目是指税法规定的各税种的具体征税项目，是征税对象的具体化，体现了征税的广度。税法规定税目的目的有两个：一是明确界定征税的具体范围；二是区分不同的征税项目，以便制定不同的税率。

小贴士

有些税种的征税对象范围较窄，不需要设置税目，如企业所得税等；有些税种的征税对象范围较广，需要设置税目，如消费税、资源税、印花税等。

5. 税率

税率是指税法对征税对象规定的征收比例或征收额度，是计算税额的尺度，体现了征税的深度。税率的高低直接影响国家财政收入的金额和纳税人的税收负担。

我国现行的税率有三种，分别是比例税率、定额税率和累进税率，具体如表 3-4 所示。

表 3-4　不同税率类别的概念及适用税种

税率类别		概念	适用税种
比例税率		对同一征税对象或同一税目，不论金额大小，都按照同一比例征税	增值税、企业所得税等
定额税率（也称“固定税额”）		按照征税对象确定的计量单位，以固定的单位税额征税	城镇土地使用税、车船税等
累进税率	超额累进税率	按照金额大小把征税对象分为若干等级，每一等级规定一个税率，征税对象每超过一个等级，对超过的部分就按高一级的税率征税，各等级应纳税额之和为纳税人的应纳税总额	个人所得税等
	超率累进税率	按照征税对象金额的相对率划分若干等级，分别规定相应的差别税率，相对率每超过一个等级，对超过的部分就按高一级的税率征税，各等级应纳税额之和为纳税人的应纳税总额	土地增值税等

注：累进税率是指按照征税对象金额的大小，规定不同等级的税率（税率依次提高）。

6. 计税依据

计税依据，也称“税基”，是指征税对象应纳税款的计算基数。例如，高档化妆品的销售收入是计算消费税应纳税款的计税依据。

7．纳税环节

纳税环节是指税法规定的征税对象在从生产到消费的流转过程中应当缴纳税款的环节。例如，资源税在资源生产环节纳税，所得税在分配环节纳税。

8．纳税时间

纳税时间是指税法中关于税款缴纳时间的规定，具体包括以下几个方面。

（1）纳税义务发生时间，即应税行为发生时间。由于纳税人的某些应税行为与取得应税收入的发生时间上不尽一致，为明确税务机关与纳税人之间的征纳责任和义务，税法通常会明确规定纳税义务的发生时间。

（2）纳税期限，即纳税人向国家缴纳税款的最后时间限制。纳税期限是根据征税对象和国民经济各部门生产经营的不同特点来确定的。

（3）缴库期限，即纳税期满后，纳税人将应纳税款缴入国库的期限。

小贴士

受法定休假日的影响，纳税期限会依法向后顺延。纳税人和扣缴义务人若要明确当年具体的纳税期限，则可以查看国家税务总局办公厅发布的具体通知。

9．纳税地点

纳税地点是指税法规定的纳税人申报纳税的地点。纳税地点一般为纳税人的住所地、营业地、财产所在地或特定行为的发生地。

10．减免税

减免税是指国家对某些纳税人和征税对象给予鼓励和照顾的一种特殊规定，体现了税收在统一执行中的必要灵活性。减税是指对应纳税款减少征收一部分税款，免税是指对应纳税款全部免征。

11．罚则

罚则是指对违反税法规定的纳税人采取的处罚措施，如加收滞纳金、罚款等。

任务一　熟知我国现行主要税种

任务导入 »

请所有学生共同举办并参加一场知识竞赛，旨在深入理解我国现行的增值税、企业所得税和个人所得税，并提升计算应纳税额的能力。

一、增值税

增值税是指在中华人民共和国境内（以下简称“中国境内”）销售货物或加工、修理修配劳务（以下简称“劳务”），销售服务、无形资产、不动产（以下简称“应税销售行为”）及进口货物的单位和个人，就其应税销售行为的增值额和货物的进口金额为计税依据而课征的一种流转税。征收增值税有利于财政收入的稳定增长，能够促进企业生产结构的合理化，调节经济增长。

增值税的特点

（一）增值税的纳税人与扣缴义务人

1. 增值税的纳税人

在中国境内销售货物、劳务、服务、无形资产、不动产及进口货物的单位和个人，为增值税的纳税人。单位是指企业、行政单位、事业单位、军事单位、社会团体及其他单位，个人是指个体工商户和其他个人。其中，其他个人是指自然人。

根据不同的经营规模和会计核算健全程度，增值税的纳税人可分为增值税一般纳税人（以下简称“一般纳税人”）和增值税小规模纳税人（以下简称“小规模纳税人”），具体如表 3-5 所示。

表 3-5　一般纳税人和小规模纳税人

纳税人	认定标准	特殊规定	计税方法	发票使用
一般纳税人	年应税销售额＞500 万元（即规定标准）	年应税销售额未超过规定标准的纳税人，会计核算健全，能够提供准确税务资料的，可以向主管税务机关申请登记为一般纳税人	一般计税方法，特殊情况可采用简易计税方法	可以使用增值税专用发票
小规模纳税人	年应税销售额≤500 万元	年应税销售额超过规定标准的其他个人，应当按照小规模纳税人纳税	简易计税方法，不得抵扣进项税额	（1）使用增值税普通发票 （2）小规模纳税人（其他个人除外）发生应税行为需要开具增值税专用发票的，可以自愿使用增值税发票管理系统自行开具
		非企业性单位、年应税销售额超过规定标准且不经常发生应税行为的单位和个体工商户，可以选择按照小规模纳税人纳税		

注：（1）年应税销售额是指纳税人在连续不超过十二个月或四个季度的经营期内累计应征增值税销售额，包括纳税申报销售额、稽查查补销售额及纳税评估调整销售额。

（2）会计核算健全是指能够按照国家统一的会计制度规定设置会计账簿，并能够根据合法、有效的凭证进行核算。

2. 增值税的扣缴义务人

中华人民共和国境外（以下简称“中国境外”）的单位或个人在中国境内提供应税劳务，且在中国境内未设有经营机构的，以中国境内代理人为增值税的扣缴义务人；在中国境内没有代理人的，以购买方为增值税的扣缴义务人。

中国境外单位或个人在中国境内销售服务、无形资产或不动产，且在中国境内未设有经营机构的，以购买方为增值税的扣缴义务人。国务院财政部门和国家税务总局另有规定的除外。

（二）增值税的征收范围

1. 一般规定

1）销售货物与进口货物

销售货物是指有偿转让货物所有权的业务。有偿是指从购买方取得货币、货物或其他经济利益。货物是指有形动产，包括电力、热力、气体。

进口货物是指将货物从中国境外移送至中国境内的行为。凡通过海关进入中国境内的货物，除享受免税政策的外，均在进口环节缴纳增值税。

2）销售劳务

销售劳务是指有偿提供加工或修理修配劳务的业务。加工是指受托加工货物，即委托方提供原料及主要材料，受托方按照委托方的要求，制造货物并收取加工费的业务。修理修配是指受托方对损伤和丧失功能的货物进行修复，使其恢复原状和功能的业务。

3）销售服务

销售服务是指有偿提供交通运输服务、邮政服务、电信服务、建筑服务、金融服务、现代服务、生活服务等的业务。

4）销售无形资产

销售无形资产是指有偿转让无形资产所有权或使用权的业务。无形资产是指不具实物形态，但能带来经济利益的资产，包括技术、商标、著作权、商誉、自然资源使用权和其他权益性无形资产（如经营权、经销权、代理权、肖像权等）。

5）销售不动产

销售不动产是指有偿转让不动产所有权的业务。不动产是指不能移动或移动后会引起性质、形状改变的财产，包括建筑物、构筑物等。建筑物是指住宅、商业营业用房、办公楼等可供居住、工作或进行其他活动的建造物。构筑物是指道路、桥梁、隧道、水坝等建造物。

转让建筑物有限产权或永久使用权的，转让在建的建筑物或构筑物所有权的，以及在转让建筑物或构筑物时一并转让其所占土地的使用权的，按照销售不动产缴纳增值税。

2. 特殊规定

除上述一般规定外，还有一些特殊行为属于增值税征税范围，具体包括视同销售行为、混合销售行为和兼营行为。

1）视同销售行为

视同销售行为是指在会计处理上不将其视为销售行为，但在税务上将其作为销售来确认收入，并据此缴纳税款的一种商品或劳务的转移方式。视同销售行为包括两种情形，一是视同销售货物行为，二是视同销售服务、无形资产或不动产等行为。

（1）单位或个体工商户的下列行为，视同销售货物行为：① 将货物交付其他单位或个人代销（即委托代销）；② 销售代销货物（即受托代销）；③ 设有两个以上机构并实行统一核算的，将货物从一个机构移送其他机构用于销售，但相关机构设在同一县（市）的除外；④ 将自产、委托加工的货物用于非增值税应税项目；⑤ 将自产、委托加工的货物用于集体福利或个人消费；⑥ 将自产、委托加工或购进的货物作为投资，提供给其他单位或个体工商户；⑦ 将自产、委托加工或购进的货物分配给股东或投资者；⑧ 将自产、委托加工或购进的货物赠送给其他单位或个人。

（2）下列情形，视同销售服务、无形资产或不动产等行为：① 单位或个体工商户向其他单位或个人无偿提供服务，但用于公益事业或以社会公众为对象的除外；② 单位或个人向其他单位或个人无偿转让无形资产或不动产，但用于公益事业或以社会公众为对象的除外；③ 国务院财政部门和国家税务总局规定的其他情形。

小贴士

单位或个体工商户为聘用的员工提供的服务，以及员工为本单位或雇主提供取得工资的服务均属于非经营活动，不征收增值税。

2）混合销售行为

一项销售行为如果既涉及服务又涉及货物，为混合销售行为。从事货物生产、批发或零售的单位和个体工商户的混合销售行为，按照销售货物缴纳增值税；其他单位和个体工商户的混合销售行为，按照销售服务缴纳增值税。

小贴士

从事货物生产、批发或零售的单位和个体工商户包括以从事货物生产、批发或零售为主，并兼营销售服务的单位和个体工商户。

3）兼营行为

兼营行为是指纳税人在经营期内，发生销售货物、劳务、服务、无形资产或不动产等多种应税销售行为。与混合销售行为不同，兼营行为是指销售货物、劳务、服务、无形资产或不动产不同时发生在同一购买方身上，也不发生在同一项销售行为中。

知识视窗

不征收增值税的项目（部分）

（1）根据国家指令无偿提供的铁路运输服务、航空运输服务。

（2）存款利息。

（3）被保险人获得的保险赔付。

（4）房地产主管部门或者其指定机构、公积金管理中心、开发企业及物业管理单位代收的住宅专项维修资金。

（5）纳税人在资产重组过程中，通过合并、分立、出售、置换等方式，将全部或部分实物资产及与其相关联的债权、负债和劳动力转让给其他单位和个人时涉及的货物、不动产、土地使用权转让行为。

（三）增值税的税率与征收率

1．增值税的税率

增值税的税率适用于采用一般计税方法计税的一般纳税人，分为基本税率、低税率、零税率，具体规定如表 3-6 所示。

表 3-6 增值税税率的具体规定

税率		适用情形
基本税率	13%	一般纳税人销售货物、劳务、有形动产租赁服务或进口货物，但适用 9%税率的货物除外
低税率	9%	（1）一般纳税人销售或进口下列货物：① 粮食等农产品、食用植物油、食用盐；② 自来水、暖气、冷气、热水、煤气、石油液化气、天然气、二甲醚、沼气、居民用煤炭制品；③ 图书、报纸、杂志、音像制品、电子出版物；④ 饲料、化肥、农药、农机、农膜；⑤ 国务院规定的其他货物 （2）一般纳税人销售交通运输服务、邮政服务、基础电信服务、建筑服务、不动产租赁服务，销售不动产，转让土地使用权
	6%	一般纳税人销售增值电信服务、金融服务、现代服务（有形动产租赁服务和不动产租赁服务除外）、生活服务，销售无形资产（转让土地使用权除外）
零税率	0%	（1）一般纳税人出口货物，但国务院另有规定的除外 （2）中国境内单位和个人发生跨境销售服务、无形资产或不动产。具体范围由国务院财政部门和国家税务总局另行规定

2．增值税的征收率

增值税的征收率适用于小规模纳税人或按照规定采用简易计税方法计税的一般纳税人。增值税征收率为 3%，国务院财政部门和国家税务总局另有规定的除外。

小贴士

纳税人同时兼有销售货物、劳务、服务、无形资产或不动产，适用不同税率或征收率的，应当分别核算适用不同税率或征收率的销售额；未分别核算销售额的，从高适用税率。

（四）一般纳税人应纳税额的计算

一般纳税人发生应税销售行为采取一般计税方法计算应纳税额的，应纳税额采取扣税法计算，其计算公式如下。

应纳税额=当期销项税额-当期准予抵扣的进项税额

当期是指税务机关依照税法对纳税人确定的纳税期间。只有在纳税期间内实际发生的销项税额、进项税额，才是法定的当期销项税额、进项税额。此外，如果当期销项税额小于当期准予抵扣的进项税额，其不足抵扣的部分可以结转到下期抵扣。

1．销项税额的计算

销项税额是指纳税人发生应税销售行为时，按照销售额和适用税率计算并向购买方收取的增值税税额，其计算公式如下。

销项税额=销售额×适用税率

从销项税额的计算公式中可知，计算销项税额的关键在于确定销售额。

1）一般销售方式下销售额的确定

销售额是指纳税人因发生应税销售行为而向购买方收取的全部价款和价外费用，但不包括收取的销项税额。

价外费用包括价外向购买方收取的手续费、补贴、基金、集资费、返还利润、奖励费、违约金、滞纳金、延期付款利息、赔偿金、代收款项、代垫款项、包装费、包装物租金、储备费、优质费、运输装卸费及其他各种性质的价外收费。无论会计制度规定如何核算，上述价外费用均应并入销售额计算销项税额。需要注意的是，价外费用一般为含税金额，在计算增值税时应按下列计算公式换算成不含税金额。

不含税金额=含税金额÷（1+增值税税率）

小贴士

下列项目不包括在销售额内。

（1）受托加工应征消费税的消费品所代收代缴的消费税。

（2）同时符合以下条件的代垫运输费用：承运部门的运输费用发票开具给购买方的，纳税人将该项发票转交给购买方。

（3）同时符合以下条件的代为收取的政府性基金或行政事业性收费：由国务院财政部门或国务院其他部门批准设立的政府性基金，由国务院或省级人民政府及其财政、

价格主管部门批准设立的行政事业性收费，收取时开具省级以上财政部门印制的财政票据，所收款项全额上缴财政。

（4）销售货物的同时代办保险等向购买方收取的保险费，以及向购买方收取的代购买方缴纳的车辆购置税、车辆牌照费。

（5）以委托方名义开具发票代为收取的款项。

2）视同销售方式下销售额的确定

纳税人发生视同销售行为而无销售额的，主管税务机关有权按照下列顺序核定其销售额。

（1）按照纳税人最近时期销售同类货物、劳务、服务、无形资产或不动产的平均销售价格确定销售额。

（2）按照其他纳税人最近时期销售同类货物、劳务、服务、无形资产或不动产的平均销售价格确定销售额。

（3）按照组成计税价格确定销售额。组成计税价格的计算公式如下。

组成计税价格=成本×（1+成本利润率）

小贴士

上述公式中，成本的确定应遵循以下规则：① 纳税人销售自产货物的，成本为实际生产成本；② 纳税人销售外购货物的，成本为实际采购成本。

按照国家税务总局的规定，上述公式中的成本利润率为10%。但是，对于应按从价定率征收消费税的货物，成本利润率由国家税务总局颁布的《消费税若干具体问题的规定》确定。

2．进项税额的计算

进项税额是指纳税人购进货物、劳务、服务、无形资产或不动产所支付或负担的增值税税额。进项税额与销项税额是相对应的。在开具增值税专用发票的情况下，销售方收取的销项税额就是购买方支付的进项税额。

从应纳税额的计算公式可知，纳税人当期收取的销项税额减去同期支付的进项税额后的余额为应纳税额。但是，并不是纳税人支付的所有进项税额都可以从销项税额中抵扣。

1）准予从销项税额中抵扣的进项税额

按照税法的规定，准予从销项税额中抵扣的进项税额，限于下列增值税扣税凭证上注明的增值税税额和按规定扣除率计算的进项税额。

（1）纳税人从销售方处取得的增值税专用发票（含机动车销售统一发票，下同）上注明的增值税税额。

（2）纳税人从海关处取得的海关进口增值税专用缴款书上注明的增值税税额。

（3）纳税人购进农产品时，准予从销项税额中抵扣进项税额，具体规定如表 3-7 所示。

表 3-7　购进农产品准予抵扣进项税额的具体规定

情形	准予抵扣的进项税额
取得一般纳税人开具的增值税专用发票或海关进口增值税专用缴款书	增值税专用发票或海关进口增值税专用缴款书上注明的增值税税额
取得按照简易计税方法、3%征收率计算缴纳增值税的小规模纳税人开具的增值税专用发票	增值税专用发票上注明的金额×9%
取得（开具）农产品收购发票或销售发票	发票上注明的农产品买价×9%
购进用于生产销售或委托加工 13%税率货物的农产品，取得（开具）农产品收购发票或销售发票	发票上注明的农产品买价×10%

（4）纳税人自中国境外单位或个人购进劳务、服务、无形资产或中国境内的不动产，从税务机关或扣缴义务人处取得的代扣代缴完税凭证上注明的增值税税额。

小贴士

纳税人取得的增值税扣税凭证不符合法律、法规和规章制度的，其进项税额不得从销项税额中抵扣。增值税扣税凭证包括增值税专用发票、海关进口增值税专用缴款书、农产品收购发票、农产品销售发票和完税凭证。

纳税人凭完税凭证抵扣进项税额的，应当具有书面合同、付款证明及中国境外单位的对账单或发票。资料不全的，其进项税额不得从销项税额中抵扣。

2）不得从销项税额中抵扣的进项税额

下列项目的进项税额不得从销项税额中抵扣。

（1）按照简易计税方法计税项目、免征增值税项目、集体福利或个人消费的购进货物、劳务、服务、无形资产和不动产。其中涉及的固定资产、无形资产、不动产，仅指专用于上述项目的固定资产、无形资产（不包括其他权益性无形资产）、不动产。

（2）非正常损失的购进货物，以及相关的劳务和交通运输服务。

（3）非正常损失的在产品、产成品所耗用的购进货物（不包括固定资产）、劳务和交通运输服务。

（4）非正常损失的不动产，以及该不动产所耗用的购进货物、设计服务和建筑服务。

（5）非正常损失的不动产在建工程所耗用的购进货物、设计服务和建筑服务。纳税人新建、改建、扩建、修缮、装饰不动产，均属于不动产在建工程。

小贴士

上述第（2）项至第（5）项中的非正常损失，是指管理不善造成的货物被盗、丢失、霉烂变质，以及违反法律、法规和规章制度造成的货物或不动产被依法没收、销毁、拆除的情形。

（6）购进的贷款服务、餐饮服务、居民日常服务和娱乐服务。

（7）因接受贷款服务向贷款方支付的与该笔贷款直接相关的投融资顾问费、手续费、咨询费等费用。

（8）提供保险服务的纳税人以现金赔付方式承担机动车辆保险责任的，将应付给被保险人的赔偿金直接支付给车辆修理劳务提供方，不属于保险公司购进车辆修理劳务。

（9）国务院财政部门和国家税务总局规定的其他情形。

同步习题

【例 3-1　计算题】甲公司为一般纳税人，适用的增值税税率为 13%。2023 年 7 月，甲公司发生了如下经济业务。

（1）3 日，销售 A 产品，开具的增值税专用发票上注明含税销售额 113 万元。同时，发生运输费 7.63 万元，开具增值税普通发票。

（2）8 日，销售 B 产品，开具的增值税普通发票上注明不含税销售额 30 万元。

（3）15 日，将一批试制的应税商品无偿捐赠给某希望工程。该批产品的实际成本为 30 万元，成本利润率为 10%，且无同类产品市场销售价格。

（4）20 日，购进货物，取得的增值税专用发票上注明金额 80 万元、税额 10.4 万元。同时，发生运输费 8.72 万元，取得增值税普通发票。

（5）26 日，购进一批免税农产品用于生产增值税税率为 13%的货物，取得的销售发票上注明金额 50 万元。同时，发生运输费 6.54 万元，取得增值税普通发票。

以上相关票据均符合税法的规定。请计算甲公司 2023 年 7 月应缴纳的增值税税额。

答案：

（1）销售 A 产品的销项税额=113÷（1+13%）×13%+7.63÷（1+9%）×9%=13.63 万元

（2）销售 B 产品的销项税额=30×13%=3.9 万元

（3）捐赠自制产品的销项税额=30×（1+10%）×13%=4.29 万元

（4）外购货物应抵扣的进项税额=10.4+8.72÷（1+9%）×9%=11.12 万元

（5）外购免税农产品应抵扣的进项税额=50×10%+6.54÷（1+9%）×9%=5.54 万元

甲公司 2023 年 7 月份应缴纳的增值税税额=13.63+3.9+4.29−11.12−5.54=5.16 万元

（五）小规模纳税人应纳税额的计算

小规模纳税人发生应税销售行为按照简易计税方法计税，即按销售额和规定的征收率计算应纳税额，不得抵扣进项税额。应纳税额的计算公式如下。

应纳税额=销售额×征收率

按照简易计税方法计税的销售额不包括应纳税额。纳税人采用销售额和应纳税额合并定价方法的，按照下列公式计算销售额。

销售额=含税销售额÷（1+征收率）

小贴士

一般纳税人发生国务院财政部门和国家税务总局规定的特定应税行为时，可以选择按照简易计税方法计税。但一经选择，三十六个月内不得变更。

同步习题

【例 3-2　计算题】2023 年 7 月，某餐馆（小规模纳税人，适用的征收率为 3%）取得含税收入 51 500 元。请计算该餐馆当月应缴纳的增值税税额。

答案：

销售额=51 500÷（1+3%）=50 000 元

应缴纳的增值税税额=50 000×3%=1 500 元

（六）增值税的征收管理

1. 纳税义务发生时间

（1）纳税人发生应税销售行为，其纳税义务发生时间为收讫销售款或取得索取销售款凭据的当天；先开具发票的，为开具发票的当天。同时，不同销售方式下的纳税义务发生时间不同。例如，采取直接收款方式销售货物的，纳税义务发生时间为收到销售款或取得索取销售款凭据的当天；采取托收承付或委托收款方式销售货物的，纳税义务发生时间为发出货物并办妥托收手续的当天。

（2）纳税人进口货物，其纳税义务发生时间为报关进口的当天。

（3）增值税扣缴义务发生时间为纳税人增值税纳税义务发生的当天。

2. 纳税期限

增值税的纳税期限分别为一日、三日、五日、十日、十五日、一个月或一个季度。纳税人的具体纳税期限，由主管税务机关根据纳税人应纳税额的大小分别核定；不能按照固定期限纳税的，可以按次纳税。

纳税人以一个月或一个季度为一个纳税期的，自期满之日起十五日内申报纳税；以一日、三日、五日、十日或十五日为一个纳税期的，自期满之日起五日内预缴税款，于

次月一日起十五日内申报纳税并结清上月应纳税款。

扣缴义务人解缴税款的期限，依照上述规定执行。

纳税人进口货物，应当自海关填发进口增值税专用缴款书之日起十五日内缴纳税款。

小贴士

按固定期限纳税的小规模纳税人可以选择以一个月或一个季度为纳税期限。但一经选择，一个会计年度内不得变更。

3. 纳税地点

（1）固定业户应当向其机构所在地（纳税人的注册登记地）的主管税务机关申报纳税。总机构和分支机构不在同一县（市）的，应当分别向各自所在地的主管税务机关申报纳税；经国务院财政、税务主管部门或其授权的财政、税务机关批准，可以由总机构汇总向总机构所在地的主管税务机关申报纳税。

（2）固定业户到外县（市）销售货物或劳务，应当向其机构所在地的主管税务机关报告外出经营事项，并向其机构所在地的主管税务机关申报纳税；未报告的，应当向销售地或劳务发生地的主管税务机关申报纳税；未向销售地或劳务发生地的主管税务机关申报纳税的，由其机构所在地的主管税务机关补征税款。

（3）非固定业户销售货物或劳务，应当向销售地或劳务发生地的主管税务机关申报纳税；未向销售地或劳务发生地的主管税务机关申报纳税的，由其机构所在地或居住地的主管税务机关补征税款。

（4）纳税人进口货物，应当向报关地海关申报纳税。

（5）扣缴义务人应当向其机构所在地或居住地的主管税务机关申报缴纳其扣缴的税款。

二、企业所得税

企业所得税是对在中国境内的企业（不包括个人独资企业、合伙企业）和其他取得收入的组织，以其生产经营所得和其他所得为征税对象而征收的一种税。征收企业所得税不仅有利于企业改善经营管理活动，提升自身的盈利能力，还有利于国家调整产业结构，促进经济发展。

（一）企业所得税的纳税人与征税对象

1. 企业所得税的纳税人

在中国境内的企业和其他取得收入的组织（以下简称“企业”）为企业所得税的纳税人。《企业所得税法》采取地域管辖权和居民管辖权相结合的双重管辖权，把企业分为居民企业和非居民企业。

（1）居民企业是指依法在中国境内成立的，或依照外国（地区）法律成立但实际管理机构在中国境内的企业。其中，实际管理机构是指对企业的生产经营、人员、账务、财产等实施实质性全面管理和控制的机构。

（2）非居民企业是指依照外国（地区）法律成立且实际管理机构不在中国境内，但在中国境内设立机构、场所的，或者在中国境内未设立机构、场所，但有来源于中国境内所得的企业。

2．企业所得税的征税对象

企业所得税的征税对象是指企业的生产经营所得、其他所得和清算所得。

（1）居民企业应当就其来源于中国境内和中国境外的所得缴纳企业所得税。所得包括销售货物所得，提供劳务所得，转让财产所得，股息、红利等权益性投资所得，利息所得，租金所得，特许权使用费所得，接受捐赠所得和其他所得。

（2）非居民企业在中国境内设立机构、场所的，应当就其所设机构、场所取得的来源于中国境内的所得，以及发生在中国境外但与其所设机构、场所有实际联系的所得，缴纳企业所得税。非居民企业在中国境内未设立机构、场所的，或者虽设立机构、场所但取得的所得与其所设机构、场所没有实际联系的，应当就其来源于中国境内的所得缴纳企业所得税。

小贴士

实际联系是指非居民企业在中国境内设立的机构、场所拥有的据以取得所得的股权、债权，以及拥有、管理、控制据以取得所得的财产。

（二）企业所得税的税率

企业所得税实行比例税率，具体如表 3-8 所示。

表 3-8　企业所得税的税率

<table>
<tr><th colspan="2">税率</th><th>适用对象</th></tr>
<tr><td rowspan="2">基本税率</td><td rowspan="2">25%</td><td>居民企业</td></tr>
<tr><td>在中国境内设立机构、场所且所得与其所设机构、场所有关联的非居民企业</td></tr>
<tr><td rowspan="2">优惠税率</td><td>20%</td><td>符合条件的小型微利企业（应纳税所得额还有额外减计规定）</td></tr>
<tr><td>15%</td><td>（1）国家重点扶持的高新技术企业
（2）经认定的技术先进型服务企业
（3）其他行业或地域性税率优惠政策（如海南自由贸易港、西部大开发等）</td></tr>
<tr><td>低税率</td><td>20%（实际减按 10%）</td><td>在中国境内未设立机构、场所的，或者虽设立机构、场所但所得与其所设机构、场所没有实际联系的非居民企业</td></tr>
</table>

（三）企业所得税应纳税额的计算

企业所得税应纳税额的基本计算公式如下。

应纳税额=应纳税所得额×适用税率−减免税额−抵免税额

其中，应纳税所得额是指企业每一纳税年度的收入总额，减去不征税收入、免税收入、各项扣除及允许弥补的以前年度亏损后的余额。减免税额和抵免税额是指按照《企业所得税法》和国务院的税收优惠规定予以减征、免征和抵免的应纳税额。

企业所得税的税收优惠方式

由应纳税额的计算公式可知，计算应纳税额的关键在于确定应纳税所得额。应纳税所得额的计算方法主要包括直接计算法和间接计算法。

1．直接计算法

在直接计算法下，应纳税所得额的计算公式如下。

应纳税所得额=收入总额−不征税收入−免税收入−各项扣除−允许弥补的以前年度亏损

（1）收入总额。收入总额是指企业以货币形式和非货币形式从各种来源取得的收入，包括销售货物收入，提供劳务收入，转让财产收入，股息、红利等权益性投资收益，利息收入，租金收入，特许权使用费收入，接受捐赠收入，其他收入。

小贴士

企业取得收入的货币形式包括现金、存款、应收账款、应收票据、准备持有至到期的债券投资等，非货币形式包括固定资产、生物资产、无形资产、股权投资、存货、不准备持有至到期的债券投资等。

（2）不征税收入。不征税收入是指从性质和根源上不属于企业营利性活动带来的经济利益，不作为应纳税所得额组成部分的收入。不征税收入包括：① 财政拨款；② 依法收取并纳入财政管理的行政事业性收费、政府性基金；③ 国务院规定的其他不征税收入。

（3）免税收入。免税收入是指属于企业的应税所得但按照规定免于征收企业所得税的收入。免税收入包括：① 国债利息收入；② 符合条件的居民企业之间的股息、红利等权益性投资收益；③ 在中国境内设立机构、场所的非居民企业从居民企业取得与该机构、场所有实际联系的股息、红利等权益性投资收益；④ 符合条件的非营利组织的收入。

（4）各项扣除。企业实际发生的与取得收入有关的、合理的支出，包括成本、费用、税金、损失和其他支出，准予在计算应纳税所得额时扣除。

知识视窗

不得扣除的项目

在计算企业所得税应纳税所得额时，下列项目不得扣除。

（1）向投资者支付的股息、红利等权益性投资收益款项。

（2）企业所得税税款。

（3）税收滞纳金。

（4）罚金、罚款和被没收财物的损失。需要注意的是，以下两项不属于行政性罚款，允许在税前扣除：① 因纳税人逾期归还银行贷款，银行按规定加收的罚息；② 企业间的违约罚款。

（5）超过规定标准的捐赠支出。

（6）赞助支出，即企业发生的与生产经营活动无关的各种非广告性质的支出。

（7）未经核定的准备金支出。

（8）企业之间支付的管理费、企业内营业机构之间支付的租金和特许权使用费，以及非银行企业内营业机构之间支付的利息。

（9）与取得收入无关的其他支出。

（5）允许弥补的以前年度亏损。企业纳税年度发生的亏损，准予向以后年度结转，用以后年度的所得弥补，但结转年限最长不得超过五年。自 2018 年 1 月 1 日起，当年具备高新技术企业或科技型中小企业资格（以下简称“资格”）的企业，其具备资格年度之前五个年度发生的尚未弥补完的亏损，准予结转以后年度弥补，最长结转年限由五年延长至十年。

同步习题

【例 3-3　计算题】2023 年，乙公司取得销售货物收入 3 800 万元，出租固定资产租金收入 100 万元，其他收入 50 万元。同时，乙公司发生各项成本和费用 1 200 万元，缴纳房产税等税金 120 万元，支付其他支出 15 万元，赞助某球队 250 万元。乙公司适用的企业所得税税率为 25%。请计算乙公司 2023 年度应缴纳的企业所得税税额。

答案：

收入总额=3 800+100+50=3 950 万元

各项扣除=1 200+120+15=1 335 万元

应纳税所得额=3 950−1 335=2 615 万元

乙公司 2023 年度应缴纳的企业所得税税额=2 615×25%=653.75 万元

2. 间接计算法

在间接计算法下，应纳税所得额的计算公式如下。

应纳税所得额=会计利润总额±纳税调整项目金额

其中，纳税调整项目金额是指税法规定范围及扣除标准与会计准则规定不一致时应予以调整的金额。

同步习题

【例 3-4　单项选择题】宏达公司为居民企业，适用的企业所得税税率为 25%。2023 年，宏达公司实现了会计利润总额 450 万元，且无其他纳税调整事项。经税务机关核实，宏达公司在 2022 年亏损了 400 万元。那么，2023 年宏达公司应缴纳的企业所得税税额为（　　）万元。

A. 7.5　　B. 16.5　　C. 12.5　　D. 10

答案：C

（四）企业所得税的征收管理

1. 纳税义务发生时间

企业所得税的纳税义务发生时间为纳税人取得应纳税所得额的计征期终了日。当实行分月预缴时，每一月份的最后一日为纳税义务发生时间；当实行分季预缴时，每一季度的最后一日为纳税义务发生时间；在进行年度汇算清缴时，纳税年度的最后一日为纳税义务发生时间。

2. 纳税期限

企业所得税按年计征，分月或分季预缴，年终汇算清缴，多退少补。

企业所得税的纳税年度自公历 1 月 1 日起至 12 月 31 日止。企业在一个纳税年度的中间开业或终止经营活动，使该纳税年度的实际经营期不足十二个月的，应当以其实际经营期为一个纳税年度。企业依法清算时，应当以清算期间为一个纳税年度。

企业应当自月份或季度终了之日起十五日内，向税务机关报送企业所得税预缴纳税申报表，预缴税款。企业应当自年度终了之日起五个月内，向税务机关报送年度企业所得税纳税申报表，并汇算清缴，结清应缴应退税款。

企业在年度中间终止经营活动的，应当自实际经营终止之日起六十日内，向税务机关办理当期企业所得税汇算清缴。企业应当在办理注销登记前，就其清算所得向税务机关申报并依法缴纳企业所得税。

互动空间

2023 年，“便民办税春风行动”的主题为“办好惠民事・服务现代化”。关于“便民办税春风行动”，你了解多少？国家为什么要举办这个行动？

3. 纳税地点

企业所得税的纳税地点如表3-9所示。

表3-9　企业所得税的纳税地点

纳税人		纳税地点
居民企业	登记注册地在中国境内的	登记注册地
	登记注册地在中国境外的	实际管理机构所在地
非居民企业	在中国境内设立机构、场所的	机构、场所所在地
	在中国境内设立两个或两个以上机构、场所的	经税务机关审核批准，可以选择由其主要机构、场所汇总缴纳企业所得税
	在中国境内未设立机构、场所的，或虽设立机构、场所但取得的所得与其所设机构、场所没有实际联系的	扣缴义务人所在地

小贴士

居民企业在中国境内设立不具有法人资格的营业机构，应当汇总计算并缴纳企业所得税。企业汇总计算并缴纳企业所得税时，应当统一核算应纳税所得额，具体办法由国务院财政、税务主管部门另行规定。

三、个人所得税

个人所得税是以个人（自然人）取得的各项应税所得为征税对象所征收的一种税。征收个人所得税在增加政府财政收入，提高公民纳税意识，调节个人收入分配差距等方面具有重要作用。

（一）个人所得税的纳税人

个人所得税的纳税人，包括中国公民、个体工商户、个人独资企业、合伙企业、在中国有所得的外籍人员等。根据相关判定标准，个人所得税的纳税人可分为居民个人和非居民个人，具体如表3-10所示。

表3-10　居民个人和非居民个人

纳税人	判定标准	纳税义务
居民个人	需要符合以下两条标准中的其中一条 （1）在中国境内有住所的个人，即因户籍、家庭、经济利益关系而在中国境内习惯性居住 （2）在中国境内虽无住所，但一个纳税年度（自公历1月1日起至12月31日止）内在中国境内居住累计满一百八十三天的个人	无限纳税义务，即从中国境内和中国境外取得的所得都要缴纳个人所得税

（续表）

纳税人	判定标准	纳税义务
非居民个人	需要符合以下两条标准中的其中一条 （1）在中国境内无住所且不居住的个人 （2）在中国境内无住所，且一个纳税年度内在中国境内居住累计不满一百八十三天的个人	有限纳税义务，即从中国境内取得的所得要缴纳个人所得税

注：习惯性居住是指个人在学习、工作、探亲等原因消除之后，没有理由在其他地方继续居留时，所要回到的地方，而不是指实际居住地或在某一个特定时期内的居住地。

（二）个人所得税的征税对象

个人所得税的征税对象是指纳税人取得的各项应税所得。《个人所得税法》中列举的应税所得包括以下几项。

1. 工资、薪金所得

工资、薪金所得是指个人因任职或受雇而取得的工资、薪金、奖金、年终加薪、劳动分红、津贴、补贴及与任职或受雇有关的其他所得。

2. 劳务报酬所得

劳务报酬所得是指个人从事劳务取得的所得，包括从事设计、装潢、安装、制图、化验、测试、医疗、法律、会计、咨询、讲学、翻译、审稿、书画、雕刻、影视、录音、录像、演出、表演、广告、展览、技术服务、介绍服务、经纪服务、代办服务及其他劳务取得的所得。

3. 稿酬所得

稿酬所得是指个人因其作品以图书、报刊等形式出版、发表而取得的所得。作品包括文学作品、书画作品、摄影作品及其他作品。

4. 特许权使用费所得

特许权使用费所得是指个人提供专利权、商标权、著作权、非专利技术及其他特许权的使用权取得的所得。其中，提供著作权的使用权取得的所得不包括稿酬所得。

5. 经营所得

经营所得是指下列所得。

（1）个体工商户从事生产经营活动取得的所得，个人独资企业投资人、合伙企业的个人合伙人取得来源于中国境内注册的个人独资企业、合伙企业生产经营的所得。

（2）个人依法从事办学、医疗、咨询及其他有偿服务活动取得的所得。

（3）个人对企业、事业单位承包经营、承租经营及转包、转租取得的所得。

（4）个人从事其他生产经营活动取得的所得。

6. 利息、股息、红利所得

利息、股息、红利所得是指个人拥有债权、股权而取得的利息、股息、红利所得。

7. 财产租赁所得

财产租赁所得是指个人出租不动产、机器设备、车船及其他财产取得的所得。个人取得的财产转租收入，按财产租赁所得缴纳个人所得税。

8. 财产转让所得

财产转让所得是指个人转让有价证券、股权、合伙企业中的财产份额、不动产、机器设备、车船及其他财产取得的所得。

9. 偶然所得

偶然所得是指个人得奖、中奖、中彩及其他具有偶然性质的所得。

涉税窗口

所得来源地的确定

除国务院财政部门和国家税务总局另有规定外，下列所得，不论支付地点是否在中国境内，均为来源于中国境内的所得。

（1）因任职、受雇、履约等在中国境内提供劳务取得的所得。

（2）将财产出租给承租人在中国境内使用而取得的所得。

（3）许可各种特许权在中国境内使用而取得的所得。

（4）转让中国境内的不动产等财产或者在中国境内转让其他财产取得的所得。

（5）从中国境内的企业、事业单位、其他组织及居民个人处取得的利息、股息、红利所得。

（三）个人所得税的税率

1. 综合所得的税率

居民个人每一纳税年度内取得的综合所得包括工资、薪金所得，劳务报酬所得，稿酬所得和特许权使用费所得。综合所得适用七级超额累进税率，税率为3%～45%，具体如表3-11所示。

表3-11　综合所得个人所得税税率表

级数	全年应纳税所得额	税率	速算扣除数
1	不超过36 000元的	3%	0
2	超过36 000元至144 000元的部分	10%	2 520
3	超过144 000元至300 000元的部分	20%	16 920
4	超过300 000元至420 000元的部分	25%	31 920
5	超过420 000元至660 000元的部分	30%	52 920

（续表）

级数	全年应纳税所得额	税率	速算扣除数
6	超过 660 000 元至 960 000 元的部分	35%	85 920
7	超过 960 000 元的部分	45%	181 920

注：（1）本表所称“全年应纳税所得额”是指按照税法的规定，居民个人取得综合所得以每一纳税年度的收入总额减去费用 60 000 元及专项扣除、专项附加扣除和依法确定的其他扣除后的余额。

（2）非居民个人取得工资、薪金所得，劳务报酬所得，稿酬所得和特许权使用费所得，依照本表按月换算后计算应纳税额。

2．经营所得的税率

纳税人每一纳税年度内取得的经营所得适用五级超额累进税率，税率为 5%～35%，具体如表 3-12 所示。

表 3-12　经营所得个人所得税税率表

级数	全年应纳税所得额	税率	速算扣除数
1	不超过 30 000 元的	5%	0
2	超过 30 000 元至 90 000 元的部分	10%	1 500
3	超过 90 000 元至 300 000 元的部分	20%	10 500
4	超过 300 000 元至 500 000 元的部分	30%	40 500
5	超过 500 000 元的部分	35%	65 500

注：本表所称“全年应纳税所得额”是指按照税法的规定，以每一纳税年度的收入总额减去成本、费用及损失后的余额。

3．分类所得的税率

分类所得包括利息、股息、红利所得，财产租赁所得，财产转让所得和偶然所得。纳税人取得的分类所得适用比例税率，税率为 20%。

（四）个人所得税应纳税额的计算

个人所得税应纳税额的基本计算公式如下。

应纳税额=应纳税所得额×适用税率−速算扣除数

或

应纳税额=应纳税所得额×适用税率

个人所得税的征收模式

1．居民个人综合所得应纳税额的计算

居民个人综合所得，以每一纳税年度的收入总额减去费用 60 000 元及专项扣除、专项附加扣除和依法确定的其他扣除后的余额为应纳税所得额，其计算公式如下。

应纳税所得额=每一纳税年度的收入总额−60 000 元−专项扣除−专项附加扣除−依法确定的其他扣除

专项扣除包括居民个人按照国家规定的范围和标准缴纳的基本养老保险、基本医疗保险、失业保险等社会保险费和住房公积金等。专项附加扣除包括子女教育、继续教育、大病医疗、住房贷款利息或住房租金、赡养老人和三岁以下婴幼儿照护等支出。依法确定的其他扣除包括个人缴付符合国家规定的企业年金、职业年金，个人购买符合国家规定的商业健康保险、税收递延型商业养老保险的支出，以及国务院规定可以扣除的其他项目。

需要注意的是，专项扣除、专项附加扣除和依法确定的其他扣除，以居民个人一个纳税年度的应纳税所得额为限额；一个纳税年度扣除不完的，不得结转以后年度扣除。

互动空间

2019 年 1 月 1 日起，我国新增子女教育、继续教育、大病医疗、住房贷款利息或住房租金、赡养老人等个人所得税专项附加扣除。2022 年 1 月 1 日起，我国将三岁以下婴幼儿照护纳入个人所得税专项附加扣除。

专项附加扣除优惠政策的调整具有哪些意义？请和同学讨论，说一说自己的看法。

在实际工作中，向居民个人支付综合所得的单位和个人，负有代扣代缴个人所得税的义务。

1）扣缴义务人向居民个人支付工资、薪金所得预扣预缴个人所得税的计算

扣缴义务人向居民个人支付工资、薪金所得时，应按照累计预扣法计算预扣税额，并按月办理扣缴申报。

累计预扣法是指扣缴义务人在一个纳税年度内预扣预缴税额时，以纳税人在本单位截至当前月份工资、薪金所得累计收入减去累计免税收入、累计减除费用、累计专项扣除、累计专项附加扣除和累计依法确定的其他扣除后的余额为累计预扣预缴应纳税所得额，然后根据居民个人工资、薪金所得预扣率表（见表 3-13）计算累计应预扣预缴税额，再减去累计减免税额和累计已预扣预缴税额，计算本期应预扣预缴税额的方法。相关计算公式如下。

$$\text{本期应预扣预缴税额}=\left(\text{累计预扣预缴应纳税所得额}\times\text{预扣率}-\text{速算扣除数}\right)-\text{累计减免税额}-\text{累计已预扣预缴税额}$$

$$\text{累计预扣预缴应纳税所得额}=\text{累计收入}-\text{累计免税收入}-\text{累计减除费用}-\text{累计专项扣除}-\text{累计专项附加扣除}-\text{累计依法确定的其他扣除}$$

其中，累计减除费用按照 5 000 元/月乘以纳税人当年截至本月在本单位的任职受雇月份数计算。

表 3-13　居民个人工资、薪金所得预扣率表

级数	累计预扣预缴应纳税所得额	预扣率	速算扣除数
1	不超过 36 000 元的	3%	0
2	超过 36 000 元至 144 000 元的部分	10%	2 520
3	超过 144 000 元至 300 000 元的部分	20%	16 920
4	超过 300 000 元至 420 000 元的部分	25%	31 920
5	超过 420 000 元至 660 000 元的部分	30%	52 920
6	超过 660 000 元至 960 000 元的部分	35%	85 920
7	超过 960 000 元的部分	45%	181 920

2）扣缴义务人向居民个人支付劳务报酬所得、稿酬所得、特许权使用费所得预扣预缴个人所得税的计算

扣缴义务人向居民个人支付劳务报酬所得、稿酬所得、特许权使用费所得时，按次或按月预扣预缴个人所得税。

劳务报酬所得、稿酬所得、特许权使用费所得以收入减去减除费用后的余额为预扣预缴应纳税所得额。劳务报酬所得、稿酬所得、特许权使用费所得每次收入不超过 4 000 元的，减除费用按 800 元计算；每次收入在 4 000 元以上的，减除费用按收入的 20%计算。其中，稿酬所得的预扣预缴应纳税所得额在减去减除费用的基础上，再减按 70%计算。

劳务报酬所得适用 20%～40%的超额累进预扣率表（见表 3-14），稿酬所得、特许权使用费所得适用 20%的比例预扣率。相关计算公式如下。

劳务报酬所得应预扣预缴税额=预扣预缴应纳税所得额×预扣率−速算扣除数

稿酬所得、特许权使用费所得应预扣预缴税额=预扣预缴应纳税所得额×20%

表 3-14　居民个人劳务报酬所得预扣率表

级数	预扣预缴应纳税所得额	预扣率	速算扣除数
1	不超过 20 000 元的	20%	0
2	超过 20 000 元至 50 000 元的部分	30%	2 000
3	超过 50 000 元的部分	40%	7 000

3）居民个人综合所得汇算清缴个人所得税的计算

综合所得汇算清缴是指年度终了后，纳税人汇总工资薪金、劳务报酬、稿酬、特许权使用费的全年收入额，计算全年应缴纳的个人所得税税额，再扣除本年度内已预缴的税额，向税务机关办理年度纳税申报并结清应退或应补税额的过程。应补（退）税额的计算公式如下。

应补税额=应纳税额−已预缴税额

应退税额=已预缴税额-应纳税额

其中，

应纳税额=（每一纳税年度的收入总额-60 000 元-专项扣除-专项附加扣除-依法确定的其他扣除）×适用税率-速算扣除数

每一纳税年度的收入总额=工资、薪金收入+劳务报酬收入×（1-20%）+稿酬收入×（1-20%）×70%+特许权使用费收入×（1-20%）

应纳税额的计算公式中，适用税率及速算扣除数见表 3-11。

小贴士

年度汇算不涉及财产租赁等分类所得，以及纳税人按规定选择不并入综合所得计算纳税的所得。

4）居民个人取得全年一次性奖金应纳税额的计算

居民个人取得全年一次性奖金，在 2027 年 12 月 31 日前，可以选择以下两种方法计税。

（1）不并入当年综合所得，单独计算缴纳个人所得税。具体方法是先将全年一次性奖金收入按十二个月分摊，然后按照表 3-15（将表 3-11 按月换算）确定适用的税率和速算扣除数，单独计算纳税。应纳税额的计算公式如下。

应纳税额=全年一次性奖金收入×适用税率-速算扣除数

表 3-15　全年一次性奖金个人所得税税率表

级数	应纳税所得额	税率	速算扣除数
1	不超过 3 000 元的	3%	0
2	超过 3 000 元至 12 000 元的部分	10%	210
3	超过 12 000 元至 25 000 元的部分	20%	1 410
4	超过 25 000 元至 35 000 元的部分	25%	2 660
5	超过 35 000 元至 55 000 元的部分	30%	4 410
6	超过 55 000 元至 80 000 元的部分	35%	7 160
7	超过 80 000 元的部分	45%	15 160

（2）并入当年综合所得计算缴纳个人所得税。自 2028 年 1 月 1 日起，居民个人取得全年一次性奖金，应并入当年综合所得计算缴纳个人所得税。

同步习题

【例 3-5　计算题】中国公民刘某（身份证号码为 410×××19850513××××）任职于乙公司（统一社会信用代码为 912436586266235×××）。2023 年，刘某取得了以下收入。

（1）每月取得工资、薪金所得 23 000 元，每月缴纳基本养老保险费 1 840 元、基本医疗保险费 460 元、失业保险费 115 元、住房公积金 2 300 元，每月的子女教育和赡养老人等专项附加扣除额为 3 500 元。1～11 月的工资、薪金所得已累计预扣预缴个人所得税 9 893.5 元。

（2）3 月，为甲公司提供一次咨询服务，取得劳务报酬所得 5 800 元，已由甲公司代扣代缴个人所得税 928 元。

（3）5 月，撰写一篇论文并将该论文刊登在丙出版社的杂志上，取得稿酬所得 1 000 元，已由丙出版社代扣代缴个人所得税 28 元。

（4）6 月，将自有职务之外的非专利技术提供给丁公司使用，取得一次性特许权使用费所得 26 000 元，已由丁公司代扣代缴个人所得税 4 160 元。

（5）12 月，取得全年一次性奖金 33 600 元，刘某选择将其单独计算纳税。

请计算乙公司 2023 年 12 月应预扣预缴刘某的个人所得税税额，并对刘某 2023 年取得的综合所得进行汇算清缴。

答案：

（1）计算乙公司 2023 年 12 月应预扣预缴刘某的个人所得税税额。

全年工资、薪金所得应纳税所得额=23 000×12−60 000−（1 840+460+115+2 300）×12−3 500×12=117 420 元

12 月工资、薪金所得应预扣预缴的个人所得税税额=117 420×10%−2 520−9 893.5=−671.5 元

全年一次性奖金按 12 个月分摊后，每月奖金 2 800 元（33 600÷12），对应的税率为 3%、速算扣除数为 0。

全年一次性奖金所得应代扣代缴的个人所得税税额=33 600×3%=1 008 元

乙公司 2023 年 12 月应预扣预缴刘某的个人所得税税额=−671.5+1 008=336.5 元

（2）对刘某 2023 年取得的综合所得进行汇算清缴。

综合所得年应纳税所得额=23 000×12+5 800×（1−20%）+1 000×（1−20%）×70%+26 000×（1−20%）−60 000−（1 840+460+115+2 300）×12−3 500×12=143 420 元

综合所得应纳税额=143 420×10%−2 520=11 822 元

全年综合所得已预缴个人所得税税额=9 893.5+928+28+4 160−671.5=14 338 元

综合所得汇算清缴后应退个人所得税税额=14 338−11 822=2 516 元

因此，综合所得汇算清缴后税务机关应退给刘某 2 516 元。

2. 非居民个人工资、薪金所得，劳务报酬所得，稿酬所得，特许权使用费所得应纳税额的计算

扣缴义务人向非居民个人支付工资、薪金所得，劳务报酬所得，稿酬所得和特许权使用费所得时，应当按照以下方法按月或按次代扣代缴个人所得税。

非居民个人的工资、薪金所得，以每月收入减去 5 000 元费用后的余额为应纳税所得额。非居民个人的劳务报酬所得、特许权使用费所得，以每次收入减去 20%的费用后的余额为应纳税所得额。非居民个人的稿酬所得，其应纳税所得额在每次收入减去 20%的费用后，再减按 70%计算。相关计算公式如下。

工资、薪金所得应纳税额=（每月工资、薪金收入-5 000）×适用税率-速算扣除数

劳务报酬所得、特许权使用费所得应纳税额=每次收入×（1-20%）×适用税率-速算扣除数

稿酬所得应纳税额=每次收入×（1-20%）×70%×适用税率-速算扣除数

上述公式中的适用税率及速算扣除数见表 3-15。

3．经营所得应纳税额的计算

经营所得，以每一纳税年度的收入总额减去成本、费用及损失后的余额为应纳税所得额。应纳税额的计算公式如下。

应纳税额=全年应纳税所得额×适用税率-速算扣除数

=（全年收入总额-成本-费用-损失）×适用税率-速算扣除数

4．财产租赁所得应纳税额的计算

财产租赁所得，一般以个人每次取得的收入扣除规定费用后的余额为应纳税所得额。

每次收入不超过 4 000 元的，扣除费用按 800 元计算。应纳税额的计算公式如下。

应纳税额=［每次收入额-合理的税费-修缮费用（800 元为限）-800］×适用税率

每次收入在 4 000 元以上的，扣除费用按收入额的 20%计算。应纳税额的计算公式如下。

应纳税额=［每次收入额-合理的税费-修缮费用（800 元为限）］×（1-20%）×适用税率

小贴士

对个人按市场价格出租的居民住房取得的所得，自 2001 年 1 月 1 日起减按 10%的税率征收个人所得税。

5．财产转让所得应纳税额的计算

财产转让所得，以转让财产的收入额减去财产原值和合理费用后的余额为应纳税所得额。应纳税额的计算公式如下。

应纳税额=应纳税所得额×适用税率

=（收入额-财产原值-合理费用）×20%

6．利息、股息、红利所得和偶然所得应纳税额的计算

利息、股息、红利所得和偶然所得按次征收，以每次收入额为应纳税所得额。应纳税额的计算公式如下。

应纳税额=应纳税所得额×适用税率

=每次收入额×20%

（五）个人所得税的征收管理

个人所得税以所得人为纳税人，以支付所得的单位或个人为扣缴义务人。个人所得税的纳税申报方法有自行申报纳税和由扣缴义务人扣缴申报纳税两种。

1. 自行申报

自行申报是指纳税人在税法规定的纳税期限内，自行向税务机关申报取得的应税所得项目和金额，如实填写个人所得税纳税申报表，并按照税法规定计算应纳税额，缴纳个人所得税的一种方法。

1）应当依法办理纳税申报的情形

《个人所得税法》规定，纳税人有下列情形之一的，应当依法办理纳税申报。

（1）取得综合所得需要办理汇算清缴。

（2）取得应税所得没有扣缴义务人。

（3）取得应税所得，扣缴义务人未扣缴税款。

（4）取得中国境外所得。

（5）因移居中国境外注销中国户籍。

（6）非居民个人在中国境内从两处以上取得工资、薪金所得。

（7）国务院规定的其他情形。

2）个人所得税自行申报的期限

纳税人取得综合所得需要办理汇算清缴的，应当在取得所得的次年 3 月 1 日至 6 月 30 日内办理汇算清缴。

纳税人取得经营所得，应当在月度或季度终了后十五日内向税务机关报送纳税申报表和预缴税款，并在取得所得的次年 3 月 31 日前办理汇算清缴。

纳税人取得应税所得没有扣缴义务人的，应当在取得所得的次月十五日内向税务机关报送纳税申报表，并缴纳税款；扣缴义务人未扣缴税款的，应当在取得所得的次年 6 月 30 日前缴纳税款。税务机关通知限期缴纳的，纳税人应当在规定的期限内缴纳税款。

2. 扣缴申报

扣缴申报是指负有代扣代缴个人所得税义务的单位或个人，在向个人支付应税所得时，按照税法规定代（预）扣代（预）缴税款，按时向税务机关报送《个人所得税扣缴申报表》的一种方法。

扣缴义务人向个人支付工资、薪金所得，劳务报酬所得，稿酬所得，特许权使用费所得，利息、股息、红利所得，财产租赁所得，财产转让所得，偶然所得时，应当按月或按次代（预）扣代（预）缴个人所得税，并在次月十五日内报送《个人所得税扣缴申报表》及其他相关资料，向主管税务机关申报纳税。

任务实施

（1）全班学生以3～6人为一组进行分组，各组选出组长并进行任务分工。

（2）各组合作设计竞赛形式与规则。竞赛可以采取问答、填空、判断、计算等多种形式，竞赛规则具体包括答题时间限制、记分标准等。

（3）小组成员根据分工，自行查找资料，进一步学习增值税、企业所得税和个人所得税的相关知识。

（4）以小组为单位参加知识竞赛。

（5）教师和全班同学共同评选出获胜小组和个人。

（6）教师对整个活动进行总结，并强调依法纳税的重要性。

任务二 领会税收征收管理

任务导入

请自编、自导、自演一场关于奇星公司纳税申报的情景剧，并在表演中展示奇星公司纳税申报的全过程及应当承担的法律责任、税务机关进行税款征收和税务检查的过程。

一、税务登记

税务登记是税务机关对纳税人实施税收管理的首要环节和基础工作，是征纳双方法律关系成立的依据和证明，也是纳税人必须依法履行的义务。

企业，企业在外地设立的分支机构和从事生产、经营的场所，个体工商户和从事生产、经营的事业单位，均应当按照《税收征收管理法》《中华人民共和国税收征收管理法实施细则》《税务登记管理办法》等的规定办理税务登记。

（一）设立税务登记

我国已全面实施“多证合一、一照一码”的登记制度。因此，新设立的企业（包括个体工商户、农民专业合作社）通过审核后，由登记部门直接核发加载统一社会信用代码的营业执照（见图3-1），无须单独办理税务登记。首次办理涉税事项时，纳税人只需向税务机关确认市场监督管理等部门的共享信息。

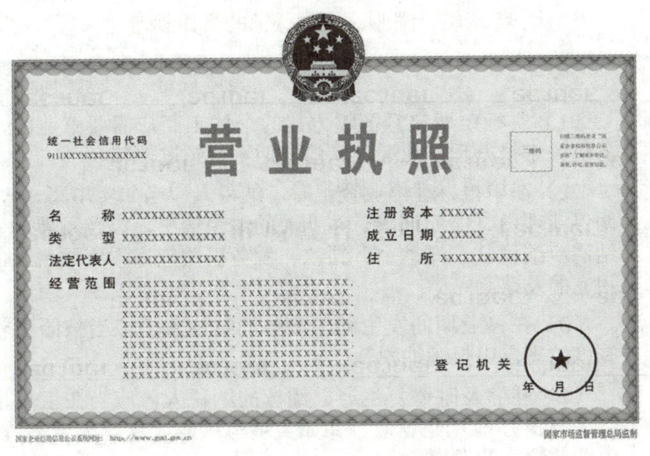

图 3-1　营业执照

（图片来源：国家市场监督管理总局）

小贴士

统一社会信用代码是纳税人识别号，用于办理涉税事项。统一社会信用代码由十八位阿拉伯数字或英文字母组成，采用如下编码规则：一位登记管理部门代码+一位机构类别代码+六位登记管理机构行政区划码+九位主体识别码（组织机构代码）+一位校验码。

（二）变更税务登记

当税务登记内容发生变化时，纳税人应当向原税务机关申报办理变更税务登记，具体规定如下。

（1）当市场监督管理等部门的登记信息发生变化时，纳税人应当向市场监督管理等部门申报办理变更登记。税务机关接收市场监督管理等部门的变更信息，经纳税人确认后更新系统内的对应信息。自 2023 年 4 月 1 日起，纳税人在市场监督管理部门依法办理变更登记后，无须向税务机关报告登记变更信息，税务机关会根据市场监督管理部门共享的登记变更信息自动同步更新相关信息。

（2）当生产经营地、财务负责人等非市场监督管理等部门的登记信息发生变化时，纳税人应当向税务机关申报办理变更登记，并提交经办人身份证原件、变更信息的有关材料复印件等。

（三）停业、复业登记

停业、复业登记的具体规定如表 3-16 所示。

表 3-16 停业、复业登记的具体规定

项目	具体规定
停业登记	（1）实行定期定额征收方式的个体工商户需要停业的，应当在停业前向税务机关申报办理停业登记。停业期不得超过一年 （2）在申报办理停业登记时，纳税人应当如实填写《停业复业报告书》，说明停业理由、停业期限、停业前的纳税情况，以及发票的领、用、存情况，并结清应纳税款、滞纳金、罚款。税务机关应当收存纳税人的发票领购簿、未使用完的发票等 （3）在停业期间发生纳税义务的纳税人，应当按照税收法律、法规和规章制度的规定申报缴纳税款
复业登记	（1）能够及时恢复生产、经营的纳税人，应当在恢复生产经营之前向税务机关申报办理复业登记，并如实填写《停业复业报告书》，领回发票领购簿及停业前领购的发票 （2）不能及时恢复生产、经营的纳税人，应当在停业期满前向税务机关申报办理延长停业登记，并如实填写《停业复业报告书》

（四）注销税务登记

注销税务登记的具体规定如表 3-17 所示。

表 3-17 注销税务登记的具体规定

类型	适用对象	注销办法	纳税人需要满足的条件
简易注销	未发生债权债务或已将债权债务清偿完结的市场主体（上市股份有限公司除外）	免予到税务机关办理清税证明，可以直接向市场监督管理部门申请办理注销登记	符合市场监督管理部门简易注销条件，未办理过涉税事项；或办理过涉税事项但未领用发票（含代开发票）、无欠税（滞纳金）、无罚款，并且没有其他未办结事项
普通注销	各类企业	税务机关可以根据纳税人提供的营业执照，即时出具清税文书	未办理过涉税事项，并且主动到税务机关办理清税
		税务机关采取承诺制容缺办理，即时出具清税文书	办理过涉税事项但未领用发票（含代开发票）、无欠税（滞纳金）、无罚款，主动到税务机关办理清税且愿意作出承诺
		税务机关向纳税人出具《税务事项通知书》（告知未结事项），纳税人办理完各项未结事项后，申请办理税务注销登记	不符合承诺制容缺办理条件，或符合承诺制容缺办理条件但不愿意作出承诺

注：承诺制容缺办理是指在办理注销税务登记事项时，若纳税人未准备好所有资料，则税务机关可在其作出承诺后，为其出具清税文书。

（五）跨区域涉税事项报验管理

（1）自 2018 年 7 月 5 日起，跨省（自治区、直辖市和计划单列市）临时从事生产

经营活动的纳税人，应当向机构所在地的税务机关填报《跨区域涉税事项报告表》。

（2）跨区域经营合同延期的纳税人，应当向经营地或机构所在地的税务机关办理报验管理有效期限延期手续。

（3）当在经营地首次办理涉税事项时，纳税人应当向经营地的税务机关报验跨区域涉税事项。

（4）在跨区域经营活动结束后，纳税人应当结清经营地税务机关的应纳税款及其他涉税事项，向经营地的税务机关填报《经营地涉税事项反馈表》。经营地的税务机关核对《经营地涉税事项反馈表》后，及时将相关信息反馈给机构所在地的税务机关。纳税人无须向机构所在地的税务机关反馈信息。

小贴士

跨区域涉税事项报验管理的相关信息，会通过信息系统在机构所在地和经营地的税务机关之间传递，并实时共享。

二、发票管理

发票是指在购销商品、提供或接受服务及从事其他经营活动中，开具、收取的收付款凭证。发票是确定经济业务事项发生的法定凭证，是会计核算的原始依据，也是税务稽查的重要依据。税务机关是发票的主管机关，负责发票印制、领用、开具、取得、保管、撤销的管理和监督。

（一）发票的基本内容和基本联次

发票的基本内容包括发票的名称、代码和号码、联次及用途、客户名称、开户银行及账号、商品名称或经营项目、计量单位、数量、单价、大小写金额、开票人、开票日期、开票单位（个人）名称（章）等。

发票的基本联次包括存根联、发票联和记账联。存根联由收款人或开票人留存备查，发票联由付款人或受票人作为付款的原始凭证，记账联由收款人或开票人作为记账的原始凭证。省级以上税务机关可根据发票管理情况及纳税人经济业务事项需要，增减除发票联以外的其他联次，并确定其用途。

（二）发票的类型

发票主要包括增值税专用发票（含机动车销售统一发票）、增值税普通发票和其他发票。

增值税电子专用发票

1. 增值税专用发票

增值税专用发票是一般纳税人发生应税销售行为时开具的发

票，也是购买方支付增值税税额并按照规定据以抵扣增值税进项税额的凭证。增值税专用发票分为增值税纸质专用发票和增值税电子专用发票（见图 3-2）。

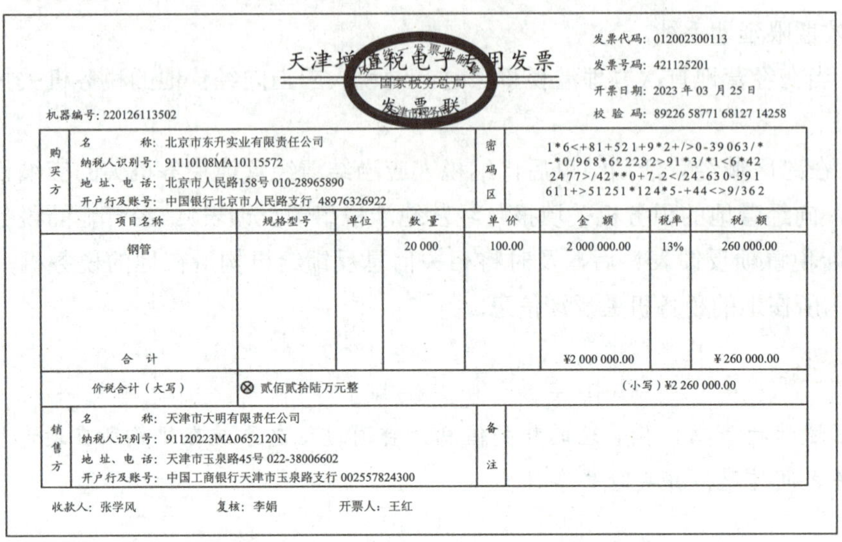

天津增值税电子专用发票

国家税务总局 发票联

发票代码：012002300113
发票号码：421125201
开票日期：2023 年 03 月 25 日
校 验 码：89226 58771 68127 14258

机器编号：220126113502

购买方	名　　称：北京市东升实业有限责任公司 纳税人识别号：91110108MA10115572 地 址、电 话：北京市人民路158号 010-28965890 开户行及账号：中国银行北京市人民路支行 48976326922	密码区	1*6<+81+521+9*2+/>0-39063/* -*0/968*62228 2>91*3/*1<6*42 2477>/42**0+7-2</24-630-391 611+>51251*124*5-+44<>9/362

项目名称	规格型号	单位	数 量	单 价	金 额	税率	税 额
钢管			20 000	100.00	2 000 000.00	13%	260 000.00
合　计					¥2 000 000.00		¥260 000.00
价税合计（大写）	⊗ 贰佰贰拾陆万元整				（小写）¥2 260 000.00		

销售方	名　　称：天津市大明有限责任公司 纳税人识别号：91120223MA0652120N 地 址、电 话：天津市玉泉路45号 022-38006602 开户行及账号：中国工商银行天津市玉泉路支行 002557824300	备注	

收款人：张学风　　复核：李娟　　开票人：王红

图 3-2　增值税电子专用发票（样票）

2. 增值税普通发票

增值税普通发票是相对于增值税专用发票而言的，主要由小规模纳税人和不能开具增值税专用发票的一般纳税人使用，其格式、字体、栏次、内容与增值税专用发票完全一致。增值税普通发票分为增值税普通发票（折叠票）、增值税普通发票（卷票）和增值税电子普通发票（见图 3-3）。

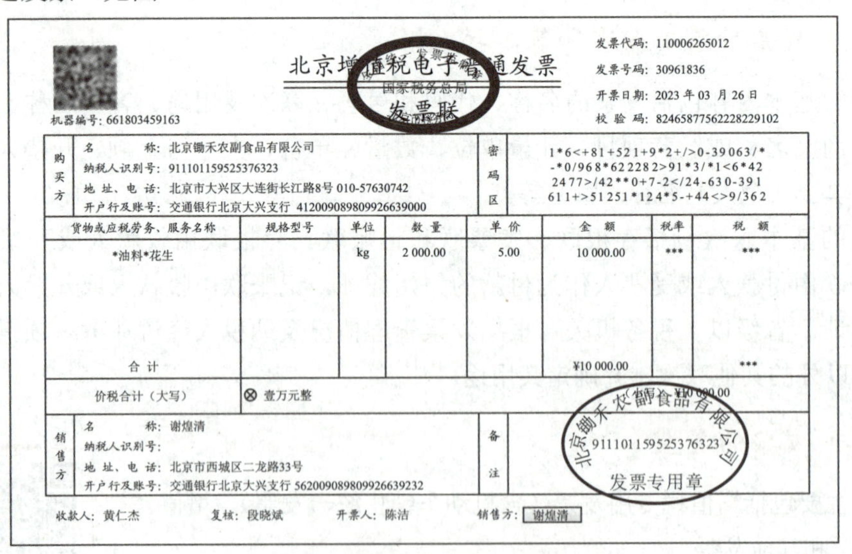

北京增值税电子普通发票

国家税务总局 发票联

发票代码：110006265012
发票号码：30961836
开票日期：2023 年 03 月 26 日
校 验 码：82465877562228229102

机器编号：661803459163

购买方	名　　称：北京锄禾农副食品有限公司 纳税人识别号：911101159525376323 地 址、电 话：北京市大兴区大连街长江路8号 010-57630742 开户行及账号：交通银行北京大兴支行 412009089809926639000	密码区	1*6<+81+521+9*2+/>0-39063/* -*0/968*62228 2>91*3/*1<6*42 2477>/42**0+7-2</24-630-391 611+>51251*124*5-+44<>9/362

货物或应税劳务、服务名称	规格型号	单位	数 量	单 价	金 额	税率	税 额
*油料*花生		kg	2 000.00	5.00	10 000.00	***	***
合　计					¥10 000.00		***
价税合计（大写）	⊗ 壹万元整				（小写）¥10 000.00		

销售方	名　　称：谢煌清 纳税人识别号： 地 址、电 话：北京市西城区二龙路33号 开户行及账号：交通银行北京大兴支行 562009089809926639232	备注	北京锄禾农副食品有限公司 911101159525376323 发票专用章

收款人：黄仁杰　　复核：段晓斌　　开票人：陈洁　　销售方：谢煌清

图 3-3　增值税电子普通发票（样票）

小贴士

增值税电子发票的法律效力、基本用途、基本使用规定等与税务机关监制的增值税纸质发票相同，并因其开具便捷、保管便利、查验及时、节约成本等优点，越来越受纳税人的欢迎。

3. 其他发票

其他发票包括农产品收购发票、农产品销售发票、门票、过路（过桥）费发票、定额发票、客运发票和二手车销售统一发票等。

知识视窗

全面数字化的电子发票

为落实中共中央办公厅、国务院办公厅印发的《关于进一步深化税收征管改革的意见》要求，全面推进税收征管数字化升级和智能化改造，降低征纳成本，国家税务总局建设了全国统一的电子发票服务平台，并于 2021 年 12 月 1 日起在试点地区开始推行全面数字化的电子发票（以下简称“数电票”，见图 3-4）。试点地区的纳税人自试点之日起，不再领用增值税电子专用发票和增值税电子普通发票。

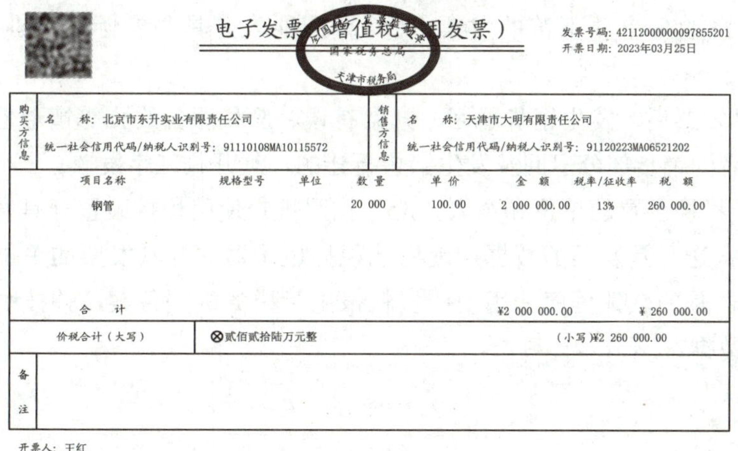

电子发票（增值税专用发票）

发票号码：42112000000097855201
开票日期：2023年03月25日

全国统一发票监制章 国家税务总局 天津市税务局

购买方信息	名　　称：北京市东升实业有限责任公司 统一社会信用代码/纳税人识别号：91110108MA10115572	销售方信息	名　　称：天津市大明有限责任公司 统一社会信用代码/纳税人识别号：91120223MA06521202

项目名称	规格型号	单位	数量	单价	金额	税率/征收率	税额
钢管			20 000	100.00	2 000 000.00	13%	260 000.00
合　计					¥2 000 000.00		¥ 260 000.00
价税合计（大写）	⊗贰佰贰拾陆万元整					（小写）¥2 260 000.00	
备注							

开票人：王红

图 3-4　数电票（样票）

数电票与现有的纸质和电子发票在法律效力和基本用途上是一致的，但相较之下，它具有显著的优点，主要体现在以下几个方面。

（1）所有信息数字化，实现了发票全领域、全环节、全要素电子化。

（2）领票流程简单化，新设立登记的纳税人可实现“开业即可开票”。

（3）开具方式多元化，纳税人不仅可以通过电脑网页端开具数电票，还可以通过客户端或移动端手机 App 随时随地开具数电票。

（三）发票的领用

纳税人领取营业执照后，可向主管税务机关申请领购发票。首次申领发票时，纳税人应当提出购票申请，并提供营业执照副本、经办人身份证明或其他有关证明，以及发票专用章的印模。主管税务机关审核后，准予纳税人申领发票。

非首次申领发票时，纳税人可用主管税务机关的发票自助申领机器办理发票申领手续，也可登录各省电子税务局网站或各省税务 App 申领发票。选择邮寄发票的，经主管税务机关审核通过后，税务机关统一进行邮寄。

（四）发票的开具

一般情况下，销售商品、提供服务及从事其他经营活动的单位和个人，对外发生经济业务事项收取款项时，应向付款人如实开具发票。特殊情况下，如收购单位和扣缴义务人支付个人款项及国家税务总局认为其他需要由付款人向收款人开具发票的情况，发票由付款人向收款人开具。发票的开具应符合以下要求。

（1）发票应按照规定的时限、顺序、栏目，全部联次一次性如实开具，并加盖发票专用章。

（2）未发生的经济业务事项一律不得开具发票。任何单位和个人不得有下列虚开发票的行为：① 为他人、为自己开具与实际经济业务事项不符的发票；② 让他人为自己开具与实际经济业务事项不符的发票；③ 介绍他人开具与实际经济业务事项不符的发票。

（3）开具发票后，发生销货退回、开票有误、应税服务终止等情形但不符合发票作废条件的，或者因销货部分退回及发生销售折让的，须开具红字发票。

（4）安装税控装置的单位和个人，应当按照规定使用税控装置开具发票，并按期向主管税务机关报送开具发票的数据。使用非税控电子器具开具发票的单位和个人，应当将非税控电子器具的软件程序使用说明资料报主管税务机关备案，并按照规定保存、报送开具发票的数据。

小贴士

所有单位和从事生产、经营活动的个人在购买商品、接受服务及从事其他经营活动支付款项时，应当向收款人索取发票，但不得要求变更发票的品名和金额。

不符合规定的发票，即未经税务机关监制、填写项目不齐全、内容不真实、字迹不清楚、没有加盖发票专用章及其他不符合税务机关规定的发票，不得作为财务报销凭证。任何单位和个人有权拒收不符合规定的发票。

（五）发票的使用

任何单位和个人应当按照发票的管理规定使用发票，不得有下列行为。

（1）转借、转让、介绍他人转让发票、发票监制章和发票防伪专用品。

（2）知道或应当知道是私自印制、伪造、变造、非法取得或废止的发票，却仍然受让、开具、存放、携带、邮寄或运输该发票。

（3）拆本使用发票（纳税人将领购的订本式发票的存根联、记账联和发票联同时从整本发票中拆离使用的行为）。

（4）扩大发票使用范围。

（5）以其他凭证代替发票使用。

（六）发票的保管与撤销

（1）开具发票的单位和个人应当建立发票使用登记制度，设置发票登记簿，配合税务机关进行身份验证，并定期向主管税务机关报告发票使用情况。

（2）开具发票的单位和个人应当按照税务机关的规定存放和保管发票，不得擅自损毁发票。

（3）已经开具的发票存根联和登记簿，应当保存五年；保存期满，发票应报经税务机关查验后销毁。

（4）开具发票的单位和个人应当在办理变更或注销税务登记的同时，办理发票和发票领购簿的变更或撤销手续。

三、纳税申报

纳税申报是指纳税人按照税法规定的申报期限和申报内容，向税务机关提交有关纳税事项书面报告的法律行为。纳税申报既是纳税人履行纳税义务、承担法律责任的主要依据，也是税务机关进行税收管理的主要信息来源。

（一）纳税申报的主体

纳税申报的主体是指在税收征纳活动中依法履行纳税义务、缴纳税款的当事人，包括纳税人和扣缴义务人。

（二）纳税申报的内容

纳税申报的内容主要在各税种的纳税申报表和代扣代缴、代收代缴税款报告表中体现，具体包括：税种，税目，应纳税项目或应代扣代缴、代收代缴税款项目，计税依据，扣除项目及标准，适用税率或单位税额，应退税项目及税额，应减免税项目及税额，应纳税额或应代扣代缴、代收代缴税额，税款所属期限等。

（三）纳税申报的要求

纳税人在办理纳税申报时，应当如实填写纳税申报表，并根据具体情况相应报送以下有关证件和资料：① 财务报表及其说明材料；② 与纳税有关的合同、协议书及凭证；③ 税控装置的电子报税资料；④ 外出经营活动税收管理证明和异地完税凭证；⑤ 中国境内或中国境外公证机构出具的有关证明文件；⑥ 税务机关规定应当报送的其他证件和资料。

小贴士

纳税人享受减税、免税待遇的，在减税、免税期间应当按照规定办理纳税申报。纳税人在纳税期内没有应纳税款的，也应当按照规定办理纳税申报。

（四）纳税申报的方式

（1）直接申报。直接申报是指纳税人、扣缴义务人自行到税务机关办理纳税申报或报送代扣代缴、代收代缴报告表的一种申报方式。

（2）邮寄申报。邮寄申报是指经税务机关批准的纳税人、扣缴义务人使用统一规定的纳税申报特快专递专用信封，通过邮政部门办理交寄手续，并向邮政部门索取收据作为申报凭证的一种申报方式。邮寄申报以寄出的邮戳日期为实际申报日期。

（3）数据电文申报。数据电文申报，也称“电子申报”，是指纳税人、扣缴义务人采用经税务机关确定的电话语音、电子数据交换和网络传输等电子方式向税务机关办理纳税申报或报送代扣代缴、代收代缴报告表的一种申报方式。采用电子方式办理纳税申报的纳税人，应当按照税务机关规定的期限和要求保存有关资料，并定期书面报送主管税务机关。

小贴士

我国已建成全国统一规范的电子税务局，它可以提供“非接触式”“不见面”的办税缴费服务。纳税人、扣缴义务人可以通过各省电子税务局网站或各省税务 App 进行网上纳税申报。在电子税务局的信息系统自动提取相关数据、自动计算税额、自动预填申报后，纳税人、扣缴义务人只需对结果进行确认或补正，即可在线提交纳税申报。

（五）纳税申报的期限

发生纳税义务后，纳税人、扣缴义务人应在税法规定的应纳或应缴税款的期限内办理纳税申报。各税种因征税对象、计税环节不同，其纳税申报期限也不尽相同。

若不能按照规定期限办理纳税申报或报送代扣代缴、代收代缴税款报告表确有困

难，需要延期的，纳税人、扣缴义务人应当在规定期限内向税务机关提出书面延期申请。经核准延期办理纳税申报的，纳税人、扣缴义务人应当在纳税期限内按照上期实际缴纳的税款或税务机关核定的税款预缴税款，并在核准的延长期限内办理税款结算。

此外，未按照规定期限缴纳税款的纳税人，以及未按照规定期限解缴税款的扣缴义务人，税务机关会责令其限期缴纳税款，并且从税款滞纳之日起，按日加收滞纳税款万分之五的滞纳金。

知识视窗

涉税专业服务机构

纳税人、扣缴义务人可以委托涉税专业服务机构代为办理纳税申报。涉税专业服务机构包括税务师事务所和从事涉税专业服务的会计师事务所、律师事务所、代理记账机构、税务代理公司、财税类咨询公司等其他机构。其中，涉税专业服务是指涉税专业服务机构接受委托，利用专业知识和技能，就涉税事项向委托方提供的税务代理等服务。

按照《涉税专业服务监管办法（试行）》的规定，涉税专业服务机构可以从事下列涉税专业服务。

（1）纳税申报代理，即对纳税人、扣缴义务人提供的资料进行归集和专业判断，代理纳税人、扣缴义务人进行纳税申报准备和签署纳税申报表、扣缴税款报告表及相关文件。

（2）一般税务咨询，即对纳税人、扣缴义务人的日常办税事项提供税务咨询服务。

（3）专业税务顾问，即对纳税人、扣缴义务人的特定涉税事项提供专项税务咨询服务或长期税务顾问服务。

（4）税收策划，即对纳税人、扣缴义务人的经营和投资活动提供符合税收法律、法规和规章制度的纳税计划、纳税方案。

（5）涉税鉴证，即依法对涉税事项的真实性和合法性出具鉴定和证明。

（6）纳税情况审查，即接受行政机关、司法机关的委托，依法对纳税人、扣缴义务人的纳税情况进行审查，并作出专业结论。

（7）其他税务事项代理，即接受纳税人、扣缴义务人的委托，代理建账、记账、领用发票、申请减免退税等税务事项。

（8）其他涉税服务，如涉税培训、涉税信息技术服务等。

上述第（3）项至第（6）项涉税业务，应当由具备税务师事务所、会计师事务所、律师事务所资质的涉税专业服务机构来承担。相关文件应由税务师、注册会计师、律师签字并承担相应的责任。

四、税款征收

税款征收是指税务机关依据税收法律、法规和规章制度确定的标准和范围，通过法定程序将纳税人应缴纳的税款组织征收并纳入国库的具体行为。税款征收是税收征收管理工作的中心环节，是全部税收征收管理工作的目的和归宿，也是纳税人履行纳税义务的体现。

（一）税款征收方式

税款征收方式是指税务机关根据各税种的不同特点、征纳双方的具体条件确定的征收税款的方法和形式（见表3-18）。

表3-18 税款征收方式

类型	概念	适用范围
查账征收	是指税务机关根据纳税人提供的账表所反映的经营情况，按照适用的税率，计算纳税人应缴税款的一种税款征收方式	财务会计制度较为健全，能够如实履行纳税义务的纳税单位
查定征收	是指税务机关根据纳税人的从业人员、生产设备、原材料等，对其生产的应税商品核实产量、销售额，并据以计算纳税人应缴税款的一种税款征收方式	生产经营规模较小、产品零星、税款分散、会计账册不健全，但能够控制原材料或进销货的纳税单位
查验征收	是指税务机关通过查验纳税人的应税商品数量，按市场一般销售单价计算其销售收入，并据以计算纳税人应缴税款的一种税款征收方式	经营品种比较单一，经营地点、时间和商品来源不固定的纳税单位
定期定额征收	是指税务机关通过典型调查，逐户确定营业额或所得额，并据以计算纳税人应缴税款的一种税款征收方式	无完整考核依据的小型纳税单位
委托代征	是指税务机关委托代征人以税务机关的名义向纳税人征收税款，并将税款缴入国库的一种税款征收方式	税源零星分散、税款数额较小的纳税单位

同步习题

【例3-6 单项选择题】一般情况下，上市公司适用的税款征收方式是（　　）。

A．查账征收　　B．查定征收

C．查验征收　　D．定期定额征收

答案：A

（二）税收保全措施

税收保全措施是指税务机关为保证税款征收采取的限制纳税人处理或转移应税商

品、货物及其他财产的措施。

1. 税收保全措施的形式

税务机关有根据认为从事生产、经营的纳税人有逃避纳税义务行为的，可以在规定的纳税期限之前，责令其缴纳税款。在纳税期限内发现纳税人有明显的转移、隐匿应税商品、货物及其他财产（包括纳税人的房地产、现金、有价证券等不动产和动产）或应纳税收入迹象的，税务机关可以责成纳税人提供纳税担保。如果纳税人不能提供纳税担保，经县级以上税务局（分局）局长批准，税务机关可以采取以下税收保全措施。

（1）书面通知纳税人的开户银行或其他金融机构冻结纳税人的相当于应纳税款的存款金额。

（2）扣押、查封纳税人的价值相当于应纳税款的商品、货物及其他财产。

2. 税收保全措施的解除

纳税人在规定期限内缴纳税款的，税务机关应当自收到税款或银行转回的完税凭证之日起一日内解除税收保全措施。在规定期限内已缴纳税款，而税务机关未立即解除税收保全措施导致纳税人合法权益遭受损失的，税务机关应当承担相应的赔偿责任。

（三）税收强制执行措施

税收强制执行措施是指税务当事人（纳税人、扣缴义务人、纳税担保人及其他税务当事人）不履行法律、法规和规章制度规定的义务时，有关国家机关采取的强迫其履行义务的手段。

对于从事生产、经营的纳税人和扣缴义务人未在规定期限内缴纳或解缴的税款，以及纳税担保人未在规定期限内缴纳的担保税款，税务机关应责令限期缴纳。逾期仍未缴纳的，经县级以上税务局（分局）局长批准，税务机关可以采取以下强制执行措施。

（1）书面通知纳税人的开户银行或其他金融机构从纳税人的存款中扣缴税款。

（2）扣押、查封、依法拍卖或变卖纳税人的价值相当于应纳税款的商品、货物及其他财产，并以拍卖或变卖所得抵缴税款。

税务机关采取强制执行措施时，对纳税人、扣缴义务人、纳税担保人未缴纳的滞纳金同时强制执行。

税收保全措施和税收强制执行措施的区别

小贴士

个人及其所扶养家属维持生活必需的住房和用品，以及单价 5 000 元以下的其他生活用品，不在税收保全措施和税收强制执行措施的范围之内。个人所扶养家属是指与纳税人共同居住和生活的配偶、直系亲属，以及无生活来源并由纳税人扶养的其他亲属。生活必需的住房和用品不包括机动车辆、金银饰品、古玩字画、豪华住宅及主要住所之外的其他住房。

（四）税款的退还和追征

1. 税款的退还

纳税人缴纳的超过应纳税额的税款，税务机关发现后应当立即退还；纳税人自结算缴纳税款之日起三年内发现的，可以向税务机关要求退还多缴纳的税款并加算同期银行存款利息，税务机关及时查实后应当立即退还。但是，纳税人在结清缴纳税款之日起三年后向税务机关提出退还多缴纳的税款要求的，税务机关不予受理。此外，涉及从国库中退库的，税务机关应当按照法律、法规和规章制度中国库管理的相关规定退还。

2. 税款的追征

（1）因税务机关的责任导致纳税人、扣缴义务人未缴或少缴税款的，税务机关在三年内可要求纳税人、扣缴义务人补缴税款，但不得加收滞纳金。

（2）因纳税人、扣缴义务人计算错误等失误导致未缴或少缴税款的，税务机关在三年内可以追征税款及相应的滞纳金。累计金额在10万元以上的，追征期可以延长至五年。

（3）对于因纳税人、扣缴义务人和其他税务当事人偷税、抗税、骗税等行为导致的未缴税款、少缴税款及骗取的退税款，税务机关可以无限期追征。

小贴士

偷税是指伪造、变造、隐匿、擅自销毁会计账簿、记账凭证，或在会计账簿上多列支出或不列、少列收入，或经税务机关通知申报而拒不申报或进行虚假的纳税申报，不缴或少缴应纳税款的行为；骗税是指以假报出口或其他手段骗取国家出口退税款的行为；抗税是指以暴力或威胁方法拒不缴纳税款的行为。

互动空间

请思考，如何将大数据广泛应用于税款征收过程？

五、税务检查

税务检查是指税务机关按照税收法律、法规和规章制度的规定，对纳税人、扣缴义务人履行纳税义务、扣缴义务及其他有关业务事项进行审查、核实和监督的一系列活动的总称。通过税务检查，税务机关可以加强各项税收政策的执行力度，提高税收管理水平，保障国家财政收入。根据规定，税务机关有权进行以下税务检查。

（1）查账：检查纳税人的记账凭证、会计账簿、财务报表和有关资料，检查扣缴义务人的记账凭证、代扣代缴税款账簿、代收代缴税款账簿和有关资料。

（2）场地检查：到纳税人的生产、经营场所和货物存放地检查应税商品、货物及其他财产，检查扣缴义务人与代扣代缴、代收代缴税款有关的经营情况。

（3）责成提供资料：责成纳税人、扣缴义务人提供与纳税、代扣代缴或代收代缴税

款有关的文件、证明材料和有关资料。

（4）询问：询问纳税人、扣缴义务人与纳税、代扣代缴或代收代缴税款有关的问题和情况。

（5）交通邮政场地查验：到车站、码头、机场、邮政企业及其分支机构检查纳税人托运或邮寄的应税商品、货物及其他财产的有关单据、凭证和资料。

（6）存款账户检查：经县级以上税务局（分局）局长批准，凭全国统一格式的检查存款账户许可证明，查询从事生产、经营的纳税人、扣缴义务人在银行或其他金融机构的存款账户。

小贴士

（1）税务机关派出的人员（以下简称“税务人员”）进行税务检查时，应当出示税务检查证和税务检查通知书；税务人员未出示税务检查证和税务检查通知书的，被检查人有权拒绝检查。

（2）税务人员对实施税务检查过程中知悉的国家秘密、商业秘密、个人隐私及其他个人信息等，应当依法严格保密。

六、税收法律责任

税收法律责任是指税收法律关系主体因违反税收法律、法规和规章制度所应承担的法律责任，主要包括行政责任和刑事责任，具体如表 3-19 所示。其中，税收法律关系主体是指在税收法律关系中享有权利和承担义务的当事人，主要包括纳税人、扣缴义务人、税务机关和税务人员。

表 3-19 税收法律责任

税收法律关系主体	违法行为	法律责任	
纳税人	未按照规定期限申报设立、变更或注销税务登记	行政责任	由税务机关责令限期改正，并处 2 000 元以下的罚款；情节严重的，可以处 2 000 元以上 1 万元以下的罚款
	未按照规定将财务和会计制度，财务和会计处理办法及会计软件报送税务机关备查		
	未按照规定将全部银行账号向税务机关报告		
	未按照规定安装、使用、损毁或擅自改动税控装置		
扣缴义务人	应扣未扣、应收未收税款	行政责任	由税务机关向纳税人追缴税款，对扣缴义务人处应扣未扣、应收未收税款 50%以上 3 倍以下的罚款

（续表）

税收法律关系主体	违法行为	法律责任	
纳税人和扣缴义务人	未按照规定设置或保管会计账簿、记账凭证及有关资料	行政责任	由税务机关责令限期改正，并处2 000元以下的罚款；情节严重的，可以处2 000元以上1万元以下的罚款
	未按照规定期限办理纳税申报和报送纳税资料		由税务机关责令限期改正，并处2 000元以下的罚款；情节严重的，可以处2 000元以上5 000元以下的罚款
	编造虚假计税依据		由税务机关责令限期改正，并处5万元以下的罚款
	逃避、拒绝或以其他方式阻挠税务机关检查		由税务机关责令限期改正，并处1万元以下的罚款；情节严重的，可以处1万元以上5万元以下的罚款
	偷税	行政责任或刑事责任	由税务机关追缴不缴或少缴的税款、滞纳金，并处不缴或少缴税款50%以上5倍以下的罚款；构成犯罪的，依法追究刑事责任
	欠税		由税务机关追缴欠缴的税款、滞纳金，并处欠缴税款50%以上5倍以下的罚款；构成犯罪的，依法追究刑事责任
	骗税		由税务机关追缴骗取的退税款，并处骗取税款1倍以上5倍以下的罚款；构成犯罪的，依法追究刑事责任
	抗税		情节轻微未构成犯罪的，由税务机关追缴拒缴的税款、滞纳金，并处拒缴税款1倍以上5倍以下的罚款；构成犯罪的，依法追究刑事责任
税务机关	违反规定擅自改变税收征收管理范围和税款入库预算级次	行政责任	责令限期改正，并对直接负责的主管人员和其他直接责任人员依法给予降级或撤职的行政处分
税务人员	与纳税人、扣缴义务人勾结，唆使或协助其进行偷税、欠税或骗税行为	行政责任或刑事责任	尚不构成犯罪的，依法给予行政处分；构成犯罪的，依法追究刑事责任
	因徇私舞弊或玩忽职守导致不征或少征税款，从而使国家税收遭受重大损失		
	对控告、检举税收违法违纪行为的纳税人、扣缴义务人及其他检举人进行打击报复		
税务机关和税务人员	查封、扣押纳税人个人及其所扶养家属维持生活必需的住房和用品	行政责任或刑事责任	责令退还，并依法给予行政处分；构成犯罪的，依法追究刑事责任

七、税务行政复议

税务行政复议是指税务当事人对税务机关及其工作人员作出的具体行政行为不服，依法向行政复议机关（上一级税务机关）提出申请，行政复议机关经审理对原税务机关的具体行政行为依法作出维持、变更、撤销等决定的活动。

（一）税务行政复议的范围

税务行政复议的范围是申请人可以申请税务行政复议的范围，也是行政复议机关具有复议审查权的行政行为的范围及受理税务行政复议案件的范围。

（1）征税行为，包括确认纳税主体、征税对象、征税范围、减税、免税、退税、抵扣税款、适用税率、计税依据、纳税环节、纳税期限、纳税地点和税款征收方式等具体行政行为，征收税款、加收滞纳金，扣缴义务人、受税务机关委托的单位和个人作出的代扣代缴、代收代缴、代征行为等。

（2）行政许可、行政审批行为。

（3）发票管理行为，包括发售、收缴、代开发票等。

（4）税收保全措施、税收强制执行措施。

（5）行政处罚行为，包括罚款、没收财物和违法所得、停止出口退税权。

（6）税务机关不依法履行下列职责的行为：① 开具或出具完税凭证、外出经营活动税收管理证明；② 行政赔偿；③ 行政奖励；④ 其他不依法履行职责的行为。

（7）资格认定行为。

（8）不依法确认纳税担保行为。

（9）政府信息公开工作中的具体行政行为。

（10）纳税信用等级评定行为。

（11）通知出入境管理机关阻止出境行为。

（12）税务机关作出的其他具体行政行为。

（二）税务行政复议的管辖

（1）申请人对税务所（分局）、各级税务局的稽查局的具体行政行为不服的，向其所属税务局申请行政复议。

（2）申请人对各级税务局的具体行政行为不服的，向其上一级税务局申请行政复议；对计划单列市税务局的具体行政行为不服的，向国家税务总局申请行政复议。

（3）申请人对国家税务总局的具体行政行为不服的，向国家税务总局申请行政复议；对国家税务总局的行政复议决定不服的，可以向人民法院提起行政诉讼，也可以向国务院申请裁决。国务院的裁决为最终裁决。

（三）税务行政复议的程序

1．申请

申请人可以自税务机关作出具体行政行为之日起六十日内提出行政复议申请。

申请人对税务行政复议范围内的征税行为不服的，应当先向行政复议机关申请行政复议；对行政复议决定不服的，再向人民法院提起行政诉讼。申请人对税务行政复议范围内的征税行为以外的其他具体行政行为不服的，既可以向行政复议机关申请行政复议，也可以直接向人民法院提起行政诉讼。

2．受理

行政复议机关收到行政复议申请后，应当在五日内进行审查并决定是否受理。对不符合规定的行政复议申请，行政复议机关不予受理，并以书面形式通知申请人。

对于行政复议机关已经受理的行政复议，在法定的行政复议期限内，申请人不得向人民法院提起行政诉讼（议中不诉）；申请人向人民法院提起行政诉讼，人民法院已经受理的，申请人不得向行政复议机关申请行政复议（诉中不议）。

3．审查

行政复议机关审理行政复议案件时，应当有两名以上行政复议工作人员参加。

行政复议原则上采用书面审查的办法，但是申请人提出要求或者行政复议机构认为有必要时，应当听取申请人、被申请人和第三人的意见，并向有关组织和人员调查以了解情况。

对于重大或复杂的案件，申请人提出要求或行政复议机关认为有必要时，可以采取听证的方式进行审理。

4．决定

行政复议机关应当自受理申请之日起六十日内作出行政复议决定。因情况复杂而不能在规定期限内作出行政复议决定的，经行政复议机关负责人批准，可以适当延期（不得超过三十日），并通知申请人和被申请人。

行政复议机关应当对被申请人的具体行政行为提出审查意见，经行政复议机关负责人批准，按照下列规定作出行政复议决定。

（1）具体行政行为认定事实清楚、证据确凿、适用依据正确、程序合法、内容适当的，决定维持。

（2）被申请人不履行法定职责的，决定其在一定期限内履行。

（3）具体行政行为有下列情形之一的，决定撤销、变更或确认该具体行政行为违法；决定撤销或确认该具体行政行为违法的，可以责令被申请人在一定期限内重新作出具体行政行为：① 主要事实不清、证据不足的；② 适用依据错误的；③ 违反法定程序的；④ 超越职权或滥用职权的；⑤ 具体行政行为明显不当的。

（4）申请人在申请行政复议时，可以一并提出行政赔偿请求。行政复议机关对符合

《中华人民共和国国家赔偿法》的规定应当赔偿的，在决定撤销、变更具体行政行为或确认具体行政行为违法、无效时，应当同时决定被申请人依法给予申请人赔偿。

小贴士

行政复议决定书一经送达，即发生行政复议的法律效力。

任务实施

（1）全班学生以3～6人为一组进行分组，各组选出组长并进行任务分工。

（2）小组成员共同参与角色设计、剧本创作、道具准备等工作，并利用课余时间进行排练。

（3）各组通过抽签决定表演顺序，然后依次上台表演，时间不超过五分钟。

（4）教师进行总结和点评。

知识检测

一、单项选择题

1．下列关于增值税征收管理的说法中，错误的是（　　）。

A．纳税人进口货物向报关地海关申报纳税

B．纳税人进口货物的纳税义务发生时间为报关进口的当天

C．非固定业户向其居住地的主管税务机关申报纳税

D．总机构和分支机构不在同一县（市）的固定业户，分别向各自所在地的主管税务机关申报纳税

2．下列选项中，不得从销项税额中抵扣进项税额的是（　　）。

A．购进生产用燃料所支付的增值税款

B．不合格产品耗用的材料所支付的增值税款

C．因管理不善被盗的材料所支付的增值税款

D．购进不动产耗用的装修材料所支付的增值税款

3．某小型工业企业为小规模纳税人，适用的征收率为3%。2024年2月，该企业取得含税销售收入8.24万元；购进原材料一批，支付含税货款2.06万元。则该企业当月应缴纳的增值税税额为（　　）万元。

A．0.24　　　B．0.18　　　C．0.3　　　D．0.06

4．下列选项中，（　　）不属于企业所得税的纳税人。

A．甲有限责任公司　　B．乙事业单位

C．丙个人独资企业　　D．丁股份有限公司

5．下列选项中，（　　）适用10%的企业所得税税率。

A．居民企业来自中国境外的股息所得

B．小型微利企业来自中国境内的经营所得

C．在中国境内未设立机构的非居民企业在中国境内提供劳务取得的所得

D．在中国境内设立机构的非居民企业取得的与该机构有实际联系的所得

6．下列选项中，在计算企业所得税应纳税所得额时，不计入收入总额的是（　　）。

A．转让固定资产取得的收入　　B．出租固定资产取得的租金

C．接受捐赠收入　　D．国债利息收入

7．企业所得税的征收办法是（　　）。

A．按月征收　　B．按季计征，分月预缴

C．按季征收　　D．按年计征，分月或分季预缴

8．企业应当自年度终了之日起（　　）内，向税务机关报送年度企业所得税纳税申报表，并汇算清缴，结清应缴应退税款。

A．十五日　　B．六十日

C．四个月　　D．五个月

9．某居民个人取得劳务报酬所得3 000元，则应由支付方预扣预缴个人所得税（　　）元。

A．600　　B．440

C．336　　D．480

10．某居民个人取得稿酬所得40 000元，则应由支付方预扣预缴个人所得税（　　）元。

A．5 480　　B．6 400

C．4 480　　D．8 000

11．个人所得税纳税人取得应税所得没有扣缴义务人的，应当在取得所得的次月（　　）日内向税务机关报送纳税申报表，并缴纳税款。

A．十　　B．十五

C．二十　　D．三十

12．邮寄申报纳税的实际申报日期是（　　）。

A．填表日期　　B．寄出的邮戳日期

C．收到的邮戳日期　　D．税务机关收到日期

13．下列关于税收保全的说法中，正确的是（　　）。

A．税收保全适用于所有纳税人

B．税收保全是指税务机关责成纳税人提供纳税担保

C．如果纳税人不能提供纳税担保，经税务局局长批准，税务机关可以采取税收保全措施

D．税收保全措施的范围包括纳税人的所有财产

14．根据规定，税务机关无权进行（　　）。

A．查账　　B．场地检查

C．询问　　D．扣押

二、多项选择题

1．税收的特点包括（　　）。

A．无偿性　　B．收益性

C．强制性　　D．固定性

2．我国税收法律关系中的征税主体包括（　　）。

A．税务机关　　B．税务师事务所

C．海关　　D．审计机关

3．根据我国增值税法律制度的有关规定，下列行为中，属于视同销售服务或无形资产的有（　　）。

A．企业向客户无偿转让专利技术使用权

B．企业向客户无偿提供运输服务

C．企业向员工无偿提供搬家服务

D．企业向员工无偿提供房屋装饰

4．纳税人销售货物向购买方收取的下列款项中，属于价外费用的有（　　）。

A．延期付款利息　　B．赔偿金

C．手续费　　D．包装物租金

5．纳税人发生视同销售行为，确定销售额的方法有（　　）。

A．纳税人当月销售同类货物的最高销售价格

B．纳税人最近时期销售同类货物的平均销售价格

C．其他纳税人最近时期销售同类货物的平均销售价格

D．组成计税价格

6．下列选项中，属于我国企业所得税征税对象的有（　　）。

A．居民企业来源于中国境内的所得

B．居民企业来源于中国境外的所得

C．非居民企业就其在中国境内所设机构、场所取得的来源于中国境内的所得

D．非居民企业就其在中国境外所设机构、场所取得的来源于中国境外的所得

7．下列选项中，属于企业所得税的不征税收入的有（　　）。

A．财政拨款

B．依法收取并纳入财政管理的行政事业性收费

C．依法收取并纳入财政管理的政府性基金

D．特许权使用费收入

8．在计算企业所得税应纳税所得额时，（　　）不得扣除。

A．税收滞纳金

B．银行按规定加收的罚息

C．被没收财物的损失

D．未经核定的准备金支出

9．按照我国个人所得税法律制度的规定，个人所得税的纳税人分为居民个人和非居民个人，其分类标准包括（　　）。

A．中国境内有无住所　　B．中国境内工作时间

C．取得收入的工作地　　D．中国境内居住时间

10．下列选项中，适用超额累进税率计征个人所得税的有（　　）。

A．偶然所得　　B．综合所得

C．经营所得　　D．财产转让所得

11．下列选项中，直接以取得的收入作为应纳税所得额来计征个人所得税的有（　　）。

A．稿酬所得　　B．偶然所得

C．股息所得　　D．特许权使用费所得

12．按照我国个人所得税法律制度的规定，纳税人应当依法办理纳税申报的情形有（　　）。

A．居民个人取得综合所得需要办理汇算清缴的

B．居民个人取得应税所得没有扣缴义务人的

C．居民个人取得中国境外所得的

D．非居民个人在中国境内从两处以上取得工资、薪金所得的

13．下列关于停业登记的说法中，正确的有（　　）。

A．停业期不得超过一年

B．实行定期定额征收方式的个体工商户需要停业的，可以在停业后再向税务机关申报办理停业登记

C．在申报办理停业登记时，纳税人应当如实填写《停业复业报告书》

D．在停业期间发生纳税义务的纳税人，可以在复业后再依法申报缴纳税款

14．申请人对（　　）行为不服的，既可以向行政复议机关申请行政复议，也可以直接向人民法院提起行政诉讼。

A．税款征收方式　　B．加收滞纳金

C．停止出口退税权　　D．税收保全措施

三、判断题

1．价外费用一般为含税金额。（　　）

2．一般纳税人可以选择按照简易计税方法计税。但一经选择，二十四个月内不得变更。（　　）

3．国家重点扶持的高新技术企业适用的企业所得税税率为15%。（　　）

4．企业纳税年度发生的亏损，在向以后年度结转时，其结转年限最长不得超过五年。（　　）

5．企业在年度中间终止经营活动的，应当自实际经营终止之日起三十日内，向税务机关办理当期企业所得税汇算清缴。（　　）

6．财产租赁所得，一般以个人每月取得的收入扣除规定费用后的余额为应纳税所得额。（　　）

7．纳税人在纳税期内没有应纳税款的，无须办理纳税申报。（　　）

8．税务机关可以无限期追征所有税款。（　　）

四、不定项选择题

乙公司为一般纳税人，适用的增值税税率为13%。2023年11月，乙公司发生了如下经济业务。

（1）5日，销售A产品，开具的增值税专用发票上注明含税销售额33.9万元。

（2）9日，将一批自产的B产品作为福利发放给员工。该批产品的不含税销售额为18万元。

（3）17日，将上月购进的一批原材料用于生产B产品。该批材料的不含税购买价为10万元。

（4）20日，用一批自产的C产品向丙公司进行投资。该批产品的含税销售额为24.86万元。

根据上述资料，回答下列问题。

1．下列关于一般纳税人的说法中，正确的有（　　）。

A．年应税销售额应大于或等于500万元

B．其会计核算健全，能够提供准确的税务资料

C．可以采用一般计税方法，特殊情况可采用简易计税方法

D．可以使用增值税专用发票

2．下列关于发票的说法中，正确的有（　　）。

A．未发生的经济业务事项一律不得开具发票

B．发票应按照顺序开具，并加盖单位公章

C．在特殊情况下，可以其他凭证代替发票使用

D．已经开具的发票存根联应当保存五年

3．乙公司发生的上述经济业务中，需要缴纳增值税的有（　　）。

A．销售 A 产品

B．将 B 产品作为福利发放给员工

C．将购进原材料用于生产 B 产品

D．用 C 产品向丙公司进行投资

4．乙公司 2023 年 11 月份的增值税销项税额为（　　）万元。

A．6.24　　　　B．7.8

C．9.1　　　　D．10.4

5．下列关于纳税申报的说法中，正确的有（　　）。

A．可以采取直接申报、邮寄申报或数据电文申报的方式进行纳税申报

B．增值税纳税人的具体纳税期限，由主管税务机关根据纳税人应纳税额的大小分别核定

C．如果乙公司享受免税待遇，则其在免税期间无须办理纳税申报

D．增值税纳税人以一个月或一个季度为一个纳税期的，自期满之日起十五日内申报纳税

项目考核评价

学生配合指导教师共同完成如表 3-20 所示的项目考核评价表。

表 3-20　项目考核评价表

<table>
<tr><td>班级</td><td colspan="2"></td><td>组号</td><td></td><td>日期</td><td colspan="2"></td></tr>
<tr><td>姓名</td><td colspan="2"></td><td>学号</td><td></td><td>指导教师</td><td colspan="2"></td></tr>
<tr><td rowspan="2">评价维度</td><td colspan="4" rowspan="2">评价内容</td><td rowspan="2">分值</td><td colspan="2">评价分数</td></tr>
<tr><td>自评</td><td>师评</td></tr>
<tr><td rowspan="3">知识评价
30%</td><td rowspan="3">重难点知识</td><td colspan="3">了解税收与税法的基础知识</td><td>8 分</td><td></td><td></td></tr>
<tr><td colspan="3">掌握增值税、企业所得税、个人所得税的基础知识和相关税务规定</td><td>12 分</td><td></td><td></td></tr>
<tr><td colspan="3">掌握税收征收管理的具体规定</td><td>10 分</td><td></td><td></td></tr>
<tr><td rowspan="5">能力评价
40%</td><td rowspan="3">自主学习能力</td><td colspan="3">能够概述本项目的主要知识点</td><td>8 分</td><td></td><td></td></tr>
<tr><td colspan="3">课堂认真听讲，积极与老师互动</td><td>8 分</td><td></td><td></td></tr>
<tr><td colspan="3">反思在预习和课堂学习中出现的问题，巩固所学知识，改进思路和方法</td><td>8 分</td><td></td><td></td></tr>
<tr><td rowspan="2">人际交往能力</td><td colspan="3">积极参与实践活动，与小组成员配合默契</td><td>8 分</td><td></td><td></td></tr>
<tr><td colspan="3">与小组其他成员沟通顺畅</td><td>8 分</td><td></td><td></td></tr>
<tr><td rowspan="3">素养评价
30%</td><td rowspan="3">职业素养</td><td colspan="3">按时出勤，积极参与课堂讨论</td><td>10 分</td><td></td><td></td></tr>
<tr><td colspan="3">做事细致，勤于思考，善于总结</td><td>10 分</td><td></td><td></td></tr>
<tr><td colspan="3">运用创新的方法或形式呈现实践成果</td><td>10 分</td><td></td><td></td></tr>
<tr><td colspan="5">合计</td><td>100 分</td><td></td><td></td></tr>
<tr><td>总评</td><td colspan="4">自评（30%）+师评（70%）=</td><td colspan="3">教师（签名）:</td></tr>
</table>

项目四

破译财政制度密码——财政法律制度

知识目标

（1）了解预算法律制度、政府采购法律制度和国库集中收付制度的构成。

（2）掌握国家预算的作用、原则、类型、组织程序、监督和管理职权。

（3）掌握政府采购的概念、作用、执行模式、当事人、方式和监督检查。

（4）掌握国库单一账户体系的构成和财政收支的方式。

技能目标

（1）能够按照规定办理政府采购事项。

（2）能够按照规定程序办理财政收支。

素养目标

（1）增强财政法制意识，践行依法治国理念。

（2）培养勤俭节约的习惯，传播勤俭节约的美德。

知识导航

财政法律制度是指国家权力机关和行政机关制定的，用以调整国家财政活动中各方关系的法律规范的总称。财政法律制度主要包括预算法律制度、政府采购法律制度、国库集中收付制度等。

一、预算法律制度

预算法律制度是指国家经过法律程序制定的，用于调整国家预算关系的法律、法规和规章制度。我国的预算法律制度由《中华人民共和国预算法》（以下简称《预算法》）、《中华人民共和国预算法实施条例》（以下简称《预算法实施条例》）及有关国家预算管理的其他法规制度构成。

（一）《预算法》

《预算法》既是规范我国预算管理工作的根本性法律，也是制定其他预算法律制度的基本依据。现行的《预算法》于 1994 年 3 月 22 日颁布并于 2018 年 12 月 29 日第十三届全国人民代表大会常务委员会第七次会议审议通过后施行。

《预算法》包括十一章，分别是总则、预算管理职权、预算收支范围、预算编制、预算审查和批准、预算执行、预算调整、决算、监督、法律责任、附则。

（二）《预算法实施条例》

《预算法实施条例》是根据《预算法》制定的，旨在对《预算法》中的相关法律概念、预算管理的方法和程序等内容进行具体细化和阐释。现行的《预算法实施条例》于 1995 年 11 月 2 日发布并于 2020 年 8 月 13 日修订，自 2020 年 10 月 1 日起施行。

《预算法实施条例》包括八章，分别是总则、预算收支范围、预算编制、预算执行、决算、监督、法律责任、附则。

二、政府采购法律制度

政府采购法律制度是调整政府采购关系的各种法律规范的总称。我国的政府采购法律制度由《中华人民共和国政府采购法》（以下简称《政府采购法》）、《中华人民共和国政府采购法实施条例》（以下简称《政府采购法实施条例》）、国务院各部门颁布的一系列政府采购部门规章，以及政府采购地方性法规和政府规章构成。

（一）《政府采购法》

《政府采购法》是规范我国政府采购活动的根本性法律，也是制定其他政府采购法律制度的基本依据。现行的《政府采购法》于 2002 年 6 月 29 日颁布并于 2014 年 8 月 31 日第十二届全国人民代表大会常务委员会第十次会议审议通过后施行。

（二）《政府采购法实施条例》

《政府采购法实施条例》是根据《政府采购法》制定的，是对《政府采购法》的细化。现行的《政府采购法实施条例》于 2014 年 12 月 31 日通过并于 2015 年 1 月 30 日公布，自 2015 年 3 月 1 日起施行。

小贴士

《政府采购法》《政府采购法实施条例》均包括九章，分别是总则、政府采购当事人、政府采购方式、政府采购程序、政府采购合同、质疑与投诉、监督检查、法律责任、附则。

三、国库集中收付制度

国库集中收付制度，也称“国库单一账户制度”，是指财政部门代表政府建立国库单一账户体系，用以对所有财政性资金实行统一收缴、支付和管理的制度。其中，财政性资金包括财政预算内资金、纳入财政预算管理的政府性基金、纳入财政专户管理的预算外资金和其他财政性资金。

在国库集中收付制度下，预算单位可以使用资金，但见不到资金；所有未支用的资金均保留在国库单一账户中，由财政部门代表政府进行管理和运作。

国库集中收付制度的实施既有利于降低政府的筹资成本，加强政府对财政资金收入和支出过程的监督和管理，提高财政资金的规范化运营水平，也有利于预算单位及时、便利地使用资金，提高财政资金的使用效率。

任务一 认知国家预算

任务导入 »

请同学们以小组为单位，上网查找并下载我国今年的政府预算报告，通过深入研究报告中的预算草案、预算执行情况等内容，分析其存在的问题，并探讨可能的改进方向。

国家预算，也称“政府预算”，是指经法定程序批准的国家年度财政收支计划。

一、国家预算的作用和原则

（一）国家预算的作用

国家预算作为财政分配的主要手段，具有以下几个方面的作用。

国家预算的基本特征

1．财力保证作用

国家预算既可以为国家机器运转提供物资条件，也可以为政府实施各项社会经济政策提供有效保证。

2．调节制约作用

作为国家的基本财政计划，国家预算是实施宏观调控的主要依据和手段。国家预算的收支规模可以调节社会总供给与总需求的平衡。预算支出的结构可以调节国民经济结构。因此，国家预算的编制和执行对社会发展和国民经济都有直接的调节制约作用。

3．反映监督作用

国家预算是国民经济状况的综合体现。预算收入可以反映国民经济的发展规模和效益水平，预算支出可以反映各项建设事业的基本情况。因此，国家预算的编制和执行有利于监督和掌握国民经济的运行状况、发展趋势及存在的问题，方便政府及时采取相应的对策，以促进国民经济的协调发展。

（二）国家预算的原则

国家预算的原则是一国预算立法、编制及执行等阶段所必须遵循的原则，主要包括以下几个方面。

1．公开性原则

国家预算体现了国家的施政方针和社会经济政策，并规定了政府活动的范围和方向，与全体公民的利益紧密相连。因此，国家预算的内容和执行情况应当向全体公民公开，并接受他们的监督。

2．可靠性原则

国家预算中每个收支项目的数字指标都应基于充分且真实的资料，通过科学的方法总结规律后进行计算。也就是说，国家预算中各项收支的来源和去向都应当明确，不能仅靠假定或估算，更不能任意伪造。

3．完整性原则

所有应当列入国家预算的财政收支都必须在国家预算中进行反映。此外，国家允许的预算外收支，也应当在国家预算中进行反映。

4．统一性原则

各级政府的预算应当设置统一的预算科目，并且每个科目都应按照统一的口径和程序进行计算和填列。

5. 年度性原则

各级政府必须按照法定的预算年度（采用公历年制，自公历 1 月 1 日起至 12 月 31 日止）来编制国家预算，以反映全年的财政收支活动。不属于本年度的财政收支内容不允许列入本年度的国家预算中。

二、国家预算的类型

（一）中央预算和地方预算

根据不同的政府级次，国家预算可分为中央预算和地方预算。

（1）中央预算。中央预算是指中央政府预算，由中央各部门（含直属单位）的预算组成，包括地方向中央上解的收入数额和中央对地方的返还或给予补助的数额。中央各部门是指与国务院财政部门直接发生预算缴款、拨款关系的国家机关、军队、政党组织和社会团体。中央各部门的直属单位是指与国务院财政部门直接发生预算缴款、拨款关系的企业和事业单位。

小贴士

“上解”可理解为“上交”。

（2）地方预算。地方预算是指地方各级政府预算，由本级各部门（含直属单位）的预算组成，包括下级政府向上级政府上解的收入数额和上级政府对下级政府的返还或给予补助的数额。本级各部门是指与本级政府财政部门直接发生预算缴款、拨款关系的国家机关、军队、政党组织和社会团体。本级各部门的直属单位是指与本级政府财政部门直接发生预算缴款、拨款关系的企业和事业单位。

小贴士

根据国家政权结构、行政区域划分和财政管理体制的要求，地方预算可分为省级（省、自治区、直辖市）预算、地市级（设区的市、自治州）预算、县市级（县、自治县、不设区的市、市辖区）预算、乡镇级（乡、民族乡、镇）预算。其中，对于不具备设立预算条件的乡、民族乡、镇，经省、自治区、直辖市政府确定，可以暂不设立预算。

（二）总预算和单位预算

根据不同的预算收支管理范围，国家预算可分为总预算和单位预算。

（1）总预算。总预算是指政府的财政汇总预算。根据国家预算的层级，总预算可分

为中央总预算、省总预算、市总预算、县总预算和乡镇总预算。各级总预算由本级政府预算和所属下级政府的总预算组成，由财政部门负责编制。没有下级政府预算的，总预算为本级政府预算。

（2）单位预算。单位预算是指各个政府单位根据职责和任务编制的预算。单位预算是总预算的基础，其预算收支项目比较详细和具体，由各预算单位编制。

（三）预算收入和预算支出

根据不同的预算收支内容，国家预算可分为预算收入和预算支出。

（1）预算收入。预算收入是指在一定时期内，国家通过特定的形式和程序，有计划地筹集可支配的资金，其构成如表 4-1 所示。

表 4-1　预算收入的构成

预算收入		具体说明
一般公共预算收入	税收收入	是国家预算收入最主要的组成部分，包括各税种的征税收入
	行政事业性收费收入	是指国家机关、事业单位等在实施社会公共管理，以及向公民、法人和其他组织提供特定公共服务的过程中，按照有关规定程序和标准向特定对象收取费用而形成的收入，包括行政审核审批费、教育收费、卫生检疫费等
	国有资源（资产）有偿使用收入	是指有偿转让国有资源（资产）使用权而形成的收入，包括国有自然资源的有偿使用收入、社会公共资源的有偿使用收入和行政事业单位国有资产的有偿使用收入等
	转移性收入	是指国家、单位、社会团体对居民家庭的各种转移支付和居民家庭间的收入转移，包括政府对个人收入转移的离退休金、失业救济金、赔偿等，单位对个人收入转移的辞退金、保险索赔、住房公积金等
	其他收入	是指除上述各项收入外的一般公共预算收入，包括罚没收入、杂项收入等
政府性基金预算收入		是指按照规定收取或通过当年财政安排，纳入政府预算管理并专项用于特定公共事业发展而形成的预算收入，包括政府性基金的各项目收入、转移性收入等
国有资本经营预算收入		是指按照规定从国有企业等获得的，纳入政府预算管理并专项用于国有资本经营而形成的预算收入，包括利润收入、股息红利收入、国有产权转让收入、清算收入、其他收入等
社会保险基金预算收入		是指经过规定程序审核和批准而形成的，纳入政府预算管理并专项用于社会保险基金而形成的预算收入，包括各项社会保险费收入、利息收入、投资收益、一般公共预算补助收入、集体补助收入、上级补助收入、下级上解收入、转移性收入、其他收入等

注：转移支付是一种收入再分配的形式，是指政府无偿支付给下级政府或个人，以增加其收入和购买力的费用。

（2）预算支出。预算支出是指国家按照计划，对预算收入进行分配和使用所形成的支出，其构成如表 4-2 所示。

表 4-2　预算支出的构成

预算支出	具体说明
一般公共预算支出	是指根据一般公共预算收入安排的各项支出 （1）根据不同的功能，一般公共预算支出可分为一般公共服务支出，外交、公共安全、国防支出，农业、环境保护支出，教育、科技、文化、卫生、体育支出，社会保障、就业支出、其他支出等 （2）根据不同的经济性质，一般公共预算支出可分为工资福利支出、商品和服务支出、资本性支出、其他支出等
政府性基金预算支出	是指根据政府性基金预算收入安排的各项支出，包括与政府性基金预算收入相对应的各项目支出、转移性支出等
国有资本经营预算支出	是指根据国有资本经营预算收入安排的各项支出，包括资本性支出、费用性支出、向一般公共预算调出资金的转移性支出、其他支出等
社会保险基金预算支出	是指根据社会保险基金预算收入安排的各项支出，包括各项社会保险费支出、补助下级支出、上解上级支出、转移性支出、其他支出等

注：转移性支出是指政府无偿向居民、企业、事业单位及其他单位供给的财政资金。

互动空间

2022 年，我国社会保险基金预算收入为 101 522.98 亿元，同比增长了 4.8%；社会保险基金预算支出为 91 453.11 亿元，同比增长了 5.5%。

2023 年，我国社会保险基金预算收入为 109 356.63 亿元，同比增长了 7.7%；社会保险基金预算支出为 98 008.44 亿元，同比增长了 7.2%。

（资料来源：《关于 2022 年中央和地方预算执行情况与 2023 年中央和地方预算草案的报告》，中国政府网，2023 年 3 月 15 日）

请思考，为什么 2022 年和 2023 年我国的社会保险基金预算呈不断增长的态势？

三、国家预算的组织程序

在预算管理过程中，国家需要按照一定的顺序和规范进行一系列工作，主要包括国家预算的编制、审查和批准、执行及决算。

（一）预算编制

预算编制是指国家制定年度内取得和分配预算资金计划的活动。在这个过程中形成的预算被称为预算草案，即各级政府、各部门和各单位编制的未经法定程序审查和批准

的预算收支计划。

国务院应当及时下达关于编制下一年度预算草案的通知。各级政府、各部门和各单位应当在国务院规定的时间内完成预算草案的编制工作。编制预算草案的具体事项由国务院财政部门负责部署。

1．预算的编制要求

（1）各级预算的编制既要符合年度经济社会的发展目标、国家宏观调控的总体要求和跨年度预算平衡的需求，还要参考上一年度预算的执行情况、有关的支出绩效评价结果和本年度的收支预测。

（2）政府的全部收入和支出都应当纳入预算，不得隐瞒、少列。

（3）各级预算收入的编制应当与经济社会发展水平相适应，与财政政策相衔接。

（4）各级预算支出的编制应遵循《预算法》的规定，按照功能和经济性质进行分类。同时，编制预算支出时，各级政府应贯彻勤俭节约的原则，严格控制各部门和各单位的机关运行经费、楼堂馆所等基本建设方面的支出。

（5）预算编制应按照规定程序征求各方面的意见，以确保科学性和民主性。

2．预算的编制内容

预算的编制内容，即预算草案的编制内容，具体如表4-3所示。

表4-3　预算草案的编制内容

预算名称		具体内容
一般公共预算	中央一般公共预算收入	包括本级一般公共预算收入、从国有资本经营预算调入的资金、地方上解收入、从预算稳定调节基金调入的资金、其他调入资金等
	中央一般公共预算支出	包括本级一般公共预算支出、对地方的税收返还和转移支付、补充预算稳定调节基金等
	地方各级一般公共预算收入	包括本级一般公共预算收入、从国有资本经营预算调入的资金、上级税收返还和转移支付、下级上解收入、从预算稳定调节基金调入的资金、其他调入资金等
	地方各级一般公共预算支出	包括本级一般公共预算支出、上解上级支出、对下级的税收返还和转移支付、补充预算稳定调节基金等
政府性基金预算	中央政府性基金预算收入	包括本级政府性基金的各项目收入、上一年度的结余、地方上解收入等
	中央政府性基金预算支出	包括本级政府性基金的各项目支出、对地方的转移支付、调出资金等
	地方政府性基金预算收入	包括本级政府性基金的各项目收入、上一年度的结余、下级上解收入、上级转移支付等
	地方政府性基金预算支出	包括本级政府性基金的各项目支出、上解上级支出、对下级的转移支付、调出资金等

（续表）

预算名称		具体内容
国有资本经营预算	中央国有资本经营预算收入	包括本级收入、上一年度的结余、地方上解收入等
	中央国有资本经营预算支出	包括本级支出、向一般公共预算调出的资金、对地方特定事项的转移支付等
	地方国有资本经营预算收入	包括本级收入、上一年度的结余、上级对特定事项的转移支付、下级上解收入等
	地方国有资本经营预算支出	包括本级支出、向一般公共预算调出的资金、对下级特定事项的转移支付、上解上级支出等
社会保险基金预算	中央和地方社会保险基金预算收入	各项社会保险费收入、利息收入、投资收益、一般公共预算的补助收入、集体补助收入、转移性收入、上级补助收入、下级上解收入、其他收入等
	中央和地方社会保险基金预算支出	各项社会保险费支出、转移性支出、补助下级支出、上解上级支出、其他支出等

（二）预算审查和批准

中央预算由全国人民代表大会负责审查和批准，地方预算由本级人民代表大会负责审查和批准。

1. 预算审查

1）预算审查的内容

全国人民代表大会和地方各级人民代表大会在审查预算草案及其报告时，应重点审查以下内容。

（1）上一年度预算的执行情况是否符合本级人民代表大会预算决议的要求。

（2）预算安排是否符合《预算法》的规定。

（3）预算安排是否贯彻国民经济和社会发展的方针政策，以及收支政策是否切实可行。

（4）重点支出和重大投资项目的预算安排是否适当。

（5）预算编制是否完整、细化。

（6）对下级政府的转移性支出预算是否规范、适当。

（7）预算安排中举借的债务是否合法、合理，以及是否有偿还计划和稳定的偿还资金来源。

（8）与预算有关的重要事项说明是否清晰。

2）预算审查的期限

预算审查期限的规定如表 4-4 所示。

表 4-4　预算审查期限的规定

预算部门	审查期限	具体规定
国务院财政部门	在每年全国人民代表大会会议举行的前四十五日	将中央预算草案的初步方案提交全国人民代表大会财政经济委员会进行初步审查
省、自治区、直辖市政府财政部门	在本级人民代表大会会议举行的前三十日	将本级预算草案的初步方案提交本级人民代表大会有关专门委员会进行初步审查
设区的市、自治州政府财政部门		将本级预算草案的初步方案提交本级人民代表大会有关专门委员会进行初步审查，或者送交本级人民代表大会常务委员会有关工作机构征求意见
县、自治县、不设区的市、市辖区政府		将本级预算草案的初步方案提交本级人民代表大会常务委员会进行初步审查

2. 预算批准

预算草案经批准后才会具有法律效力，并成为正式的国家预算。非经法定程序，国家预算不得进行任何修改。此外，预算草案经批准后，还应在规定时间内进行备案和批复。

1）预算备案

乡、民族乡、镇政府应当及时将经本级人民代表大会批准的本级预算报上一级政府备案。

县级以上地方各级政府应当及时将经本级人民代表大会批准的本级预算及下一级政府报送备案的预算进行汇总，然后报上一级政府备案；将下一级政府按照规定报送备案的预算汇总后，还应报本级人民代表大会常务委员会备案。

国务院应当及时将省、自治区、直辖市政府按照规定报送备案的预算进行汇总，然后报全国人民代表大会常务委员会备案。

2）预算批复

各级预算经本级人民代表大会批准后，本级政府财政部门应当在二十日内向本级各部门批复预算。本级各部门接到本级政府财政部门对其预算的批复后，应当在十五日内向所属各单位批复预算。

中央对地方的一般性转移支付和专项转移支付应当分别在全国人民代表大会批准预算后的三十日内和九十日内正式下达。

省、自治区、直辖市政府在收到中央的一般性转移支付和专项转移支付后，应当在三十日内将其正式下达到本行政区域内的县级以上各级政府。

县级以上各级政府安排给下级政府的一般性转移支付和专项转移支付，应当分别在本级人民代表大会批准预算后的三十日和六十日内正式下达。

此外，县级以上各级政府财政部门应当将批复的本级各部门预算和下级政府转移支付预算，抄送本级人民代表大会有关专门委员会和本级人民代表大会常务委员会的有关工作机构。

小贴士

> 因自然灾害等突发事件而产生的转移支付，应当及时下达预算；据实结算等特殊项目的转移支付，可以分期下达预算，或者先预付后结算。

（三）预算执行

预算执行是指各级财政部门和其他预算主体组织预算收入、拨付预算支出、调整预算的活动。各级预算由本级政府组织执行，具体工作由本级政府财政部门负责。各部门、各单位负责执行本部门、本单位的预算，并对其结果负责。

1. 组织预算收入

预算收入征收部门和单位必须按照法律、法规和规章制度的规定，及时、足额征收应征的预算收入，既不能提前征收或多征、减征、免征、缓征应征的预算收入，也不能截留、占用或挪用应征的预算收入。此外，各级政府不得向预算收入征收部门和单位下达收入指标。

2. 拨付预算支出

各级政府财政部门必须按照法律、法规和规章制度及国务院财政部门的规定，及时、足额拨付预算支出，并加强对预算支出的管理和监督。各级政府、各部门、各单位在支出时必须按照预算执行，不得虚假列支。此外，各级政府、各部门、各单位应当对预算支出情况开展绩效评价。

3. 调整预算

调整预算是指经批准的中央预算和地方预算在执行过程中因特殊情况的出现，需要对预算进行必要的修改或重新分配。

一般情况下，若出现以下任何一种情况，国家预算均需进行相应的调整：① 增加或减少预算总支出的；② 调入预算稳定调节基金的；③ 调减预算安排的重点支出数额的；④ 增加举债债务数额的。

调整预算时，各级政府应编制相应的预算调整方案，说明调整的理由、项目和数额。中央预算的调整方案应当提请全国人民代表大会常务委员会审查和批准，县级以上地方各级政府预算的调整方案应当提请本级人民代表大会常务委员会审查和批准，乡、民族乡、镇政府预算的调整方案应当提请本级人民代表大会审查和批准。未经批准，预算不得调整。

（四）决算

决算是指根据年度预算执行情况编制的会计报告。它是年度预算执行的总结，也是国家预算管理活动的最后一道程序。决算过程包括决算草案的编制、审批和批复。

1．决算草案的编制

决算草案由各级政府、各部门、各单位在每一预算年度终了后，按照国务院规定的时间编制。决算草案应当与预算相对应，按预算数、调整预算数、决算数分别列出。同时，决算草案还应符合法律、法规和规章制度的要求，做到收支真实、数额准确、内容完整、报送及时。

2．决算草案的审批

国务院财政部门负责编制中央决算草案。该草案经国务院审计部门审计后，报国务院审定。审定通过后，国务院将中央决算草案提交给全国人民代表大会常务委员会进行审查和批准。

决算草案审查时重点审查的内容

县级以上地方各级政府财政部门负责编制本级决算草案。该草案经本级政府审计部门审计后，报本级政府审定。审定通过后，本级政府将本级决算草案提交给本级人民代表大会常务委员会进行审查和批准。

乡、民族乡、镇政府负责编制本级决算草案，并将其提交给本级人民代表大会进行审查和批准。

3．决算草案的批复

各级决算经批准后，财政部门应当在二十日内向本级各部门批复决算。各部门接到本级政府财政部门批复的本部门决算后，应当在十五日内向所属单位批复决算。

四、国家预算的监督

国家预算的监督主要包括国家权力机关的监督、各级政府的监督和社会监督等。

（一）国家权力机关的监督

全国人民代表大会及其常务委员会对中央和地方的预算、决算进行监督，县级以上地方各级人民代表大会及其常务委员会对本级和下级政府的预算、决算进行监督，乡、民族乡、镇人民代表大会对本级政府的预算、决算进行监督。

各级人民代表大会和县级以上各级人民代表大会常务委员会有权就预算、决算中的重大事项或特定问题组织调查。在调查时，有关的政府、部门、单位和个人应当如实反映情况和提供必要的材料。

在各级人民代表大会和县级以上各级人民代表大会常务委员会举行会议时，人民代表大会代表或常务委员会组成人员有权按照法律规定程序就预算、决算中的有关问题提出询问或质询。有关的政府或财政部门必须及时对这些问题给予答复。

（二）各级政府的监督

各级政府负责监督下级政府的预算执行。下级政府应定期向上一级政府报告预算执行情况。

各级政府财政部门负责监督本级各部门及其所属各单位在预算管理方面的工作，并向本级政府和上一级政府财政部门报告预算执行情况。

县级以上政府的审计部门负责对预算执行和决算进行审计监督。审计后，关于预算执行和其他财政收支的审计工作报告应当向社会公开。

（三）社会监督

公民、法人或其他组织如果发现有违反《预算法》的行为，可以依法向有关国家机关进行检举或控告。

五、国家预算的管理职权

国家预算的管理职权包括确定和支配国家预算的权力，以及对国家预算的编制、审查和批准、执行、决算和监督等方面的权力。

（一）各级人民代表大会及其常务委员会的预算管理职权

各级人民代表大会及其常务委员会的预算管理职权如表 4-5 所示。

表 4-5　各级人民代表大会及其常务委员会的预算管理职权

各级人民代表大会及其常务委员会	预算管理职权
全国人民代表大会	（1）审查中央和地方预算草案、中央和地方预算执行情况的报告 （2）批准中央预算和中央预算执行情况的报告 （3）改变或撤销全国人民代表大会常务委员会关于预算、决算的不适当决议
全国人民代表大会常务委员会	（1）监督中央和地方预算的执行 （2）审查和批准中央预算的调整方案 （3）审查和批准中央决算 （4）撤销国务院制定的同宪法、法律相抵触的关于预算、决算的行政法规、决定和命令 （5）撤销省、自治区、直辖市人民代表大会及其常务委员会制定的同宪法、法律、法规和规章制度相抵触的关于预算、决算的地方性法规和决议
县级以上地方各级人民代表大会	（1）审查本级总预算草案、本级总预算执行情况的报告 （2）批准本级预算和本级预算执行情况的报告 （3）改变或撤销本级人民代表大会常务委员会关于预算、决算的不适当决议 （4）撤销本级政府关于预算、决算的不适当决定和命令

（续表）

各级人民代表大会及其常务委员会	预算管理职权
县级以上地方各级人民代表大会常务委员会	（1）监督本级总预算的执行 （2）审查和批准本级预算的调整方案 （3）审查和批准本级政府决算 （4）撤销本级政府和下一级人民代表大会及其常务委员会关于预算、决算的不适当决定、命令和决议
乡、民族乡、镇的人民代表大会	（1）审查和批准本级预算和本级预算执行情况的报告 （2）监督本级预算的执行 （3）审查和批准本级预算的调整方案 （4）审查和批准本级政府决算 （5）撤销本级政府关于预算、决算的不适当决定和命令

（二）各级人民代表大会有关专门委员会或各级人民代表大会常务委员会有关工作机构的预算管理职权

各级人民代表大会有关专门委员会或各级人民代表大会常务委员会有关工作机构的预算管理职权如表 4-6 所示。

表 4-6 各级人民代表大会有关专门委员会或各级人民代表大会常务委员会有关工作机构的预算管理职权

各级人民代表大会有关专门委员会或各级人民代表大会常务委员会有关工作机构的预算管理职权	预算管理职权
全国人民代表大会财政经济委员会	对中央预算草案的初步方案及上一年度预算的执行情况、中央预算调整的初步方案和中央决算草案进行初步审查，并据以提出初步审查意见
省、自治区、直辖市人民代表大会有关专门委员会	对本级预算草案的初步方案及上一年度预算的执行情况、本级预算调整的初步方案和本级决算草案进行初步审查，并据以提出初步审查意见
设区的市、自治州人民代表大会有关专门委员会	对本级预算草案的初步方案及上一年度预算的执行情况、本级预算调整的初步方案和本级决算草案进行初步审查，并据以提出初步审查意见。未设立专门委员会的，由本级人民代表大会常务委员会的有关工作机构研究提出意见
全国人民代表大会常务委员会和省、自治区、直辖市、设区的市、自治州人民代表大会常务委员会有关工作机构	按照本级人民代表大会常务委员会的决定，协助本级人民代表大会财政经济委员会或有关专门委员会完成审查预算草案、预算调整方案和决算草案，以及监督预算执行等方面的具体工作
县、自治县、不设区的市、市辖区人民代表大会常务委员会有关工作机构	对本级预算调整的初步方案和本级决算草案进行研究，并据以提出意见

（三）各级人民政府的预算管理职权

各级人民政府的预算管理职权如表 4-7 所示。

表 4-7 各级人民政府的预算管理职权

各级人民政府	预算管理职权
国务院	（1）编制中央预算、决算草案 （2）向全国人民代表大会作关于中央和地方预算草案的报告 （3）将省、自治区、直辖市政府报送备案的预算汇总后报全国人民代表大会常务委员会备案 （4）组织中央和地方预算的执行 （5）决定中央预算预备费的动用 （6）编制中央预算调整方案 （7）监督中央各部门和地方政府的预算执行 （8）改变或撤销中央各部门和地方政府关于预算、决算的不适当决定和命令 （9）向全国人民代表大会及其常务委员会报告中央和地方预算的执行情况
县级以上地方各级政府	（1）编制本级预算、决算草案 （2）向本级人民代表大会作关于本级总预算草案的报告 （3）将下一级政府报送备案的预算汇总后报本级人民代表大会常务委员会备案 （4）组织本级总预算的执行 （5）决定本级预算预备费的动用 （6）编制本级预算调整方案 （7）监督本级各部门和下级政府的预算执行 （8）改变或撤销本级各部门和下级政府关于预算、决算的不适当决定和命令 （9）向本级人民代表大会及其常务委员会报告本级总预算的执行情况
乡、民族乡、镇政府	（1）编制本级预算、决算草案 （2）向本级人民代表大会作关于本级预算草案的报告 （3）组织本级预算的执行 （4）决定本级预算预备费的动用 （5）编制本级预算调整方案 （6）向本级人民代表大会报告本级预算的执行情况 注：经省、自治区、直辖市政府批准，乡、民族乡、镇的本级预算草案、预算调整方案和决算草案，可以由上一级政府代为编制，然后按照《预算法》的规定报乡、民族乡、镇的人民代表大会进行审查和批准

（四）各级财政部门的预算管理职权

各级财政部门的预算管理职权如表 4-8 所示。

表 4-8　各级财政部门的预算管理职权

各级财政部门	预算管理职权
国务院财政部门	（1）具体编制中央预算、决算草案 （2）具体组织中央和地方预算的执行 （3）提出中央预算预备费的动用方案 （4）具体编制中央预算调整方案 （5）定期向国务院报告中央和地方预算的执行情况
地方各级政府财政部门	（1）具体编制本级预算、决算草案 （2）具体组织本级总预算的执行 （3）提出本级预算预备费的动用方案 （4）具体编制本级预算调整方案 （5）定期向本级政府和上一级政府财政部门报告本级总预算的执行情况

（五）各部门、各单位的预算管理职权

各部门、各单位的预算管理职权如表 4-9 所示。

表 4-9　各部门、各单位的预算管理职权

各部门、各单位	预算管理职权
各部门	（1）编制本部门预算、决算草案 （2）组织和监督本部门预算的执行 （3）定期向本级政府财政部门报告预算的执行情况
各单位	（1）编制本单位预算、决算草案 （2）按照国家规定上缴预算收入，安排预算支出，并接受国家有关部门的监督

同步习题

【例 4-1　单项选择题】下列选项中，（　　）不属于全国人民代表大会常务委员会的预算管理职权。

A．审查和批准中央预算的调整方案

B．审查和批准中央决算

C．批准中央预算和中央预算执行情况的报告

D．监督中央和地方预算的执行

答案：C

任务实施 »

（1）全班学生以3～6人为一组进行分组，各组选出组长并进行任务分工。

（2）各组利用互联网查找并下载我国今年的政府预算报告，并对其进行分析和总结。

（3）制作PPT。各组将分析和总结的内容制作成不少于八页的PPT，以便全面、清晰地呈现分析结果。

（4）展示汇报。各组通过抽签决定汇报顺序，然后由代表依次上台陈述分析结果。在此期间，教师和其他同学可随时提出问题或发表意见。

（5）教师进行总结和点评。

任务二 认知政府采购

任务导入 »

请从公开招标、邀请招标、竞争性谈判、单一来源采购、询价采购中任选一种，模拟政府采购的全过程。

一、政府采购的概念与作用

（一）政府采购的概念

政府采购是指各级国家机关、事业单位和社会团体，使用财政性资金采购依法纳入集中采购目录内的或采购限额标准以上的货物、工程和服务的行为。采购是指以合同方式有偿取得货物、工程和服务的行为，包括购买、租赁、委托、雇用等。货物是指各种形态和种类的物品，包括原材料、燃料、设备、产品等。工程是指建设工程，包括建筑物和构筑物的新建、改建、扩建、装修、拆除、修缮等。服务是指除货物和工程以外的其他政府采购对象。

（二）政府采购的作用

1．节约财政支出

政府采购通过充分引入竞争机制并建立对供应商的激励与约束机制，实现了采购过程的规范化。这使得政府能够以较低的价格获得高质量的货物、工程或服务，从而节约

财政支出，提高采购资金的使用效率。

2. 强化宏观调控

在采购过程中，政府可以通过制定和调整采购规模、时间、项目和规则等措施，发挥自身在国民经济发展中的宏观调控作用，从而促进保护环境、扶持不发达地区的发展等政策的实施。

3. 活跃市场经济

政府采购遵循公开、公平、公正的原则，在竞标过程中实施优胜劣汰的机制。这能够充分调动供应商参与政府采购的积极性，并激励他们不断提高产品质量、降低生产成本和改善服务，以赢得政府订单。供应商的积极参与为社会主义市场经济注入了新的活力，有助于推动市场经济的繁荣发展。

4. 推进反腐倡廉

《政府采购法》明确了权力行使范围和责任追究机制，有助于约束政府行为，从而实现对行政权力的有效制衡。同时，我国的政府采购受到全社会的监督，这种监督机制能够避免暗箱操作，促进廉政建设和提高政府形象。

5. 保护民族产业

政府采购在引入竞争机制的同时，遵循国货优先的原则。这一原则要求各级政府优先购买或重点购买国内企业的产品，有效地保护和扶持了民族产业，从而提升了民族产业和民族经济在国际市场上的竞争力。

二、政府采购的执行模式

政府采购实行集中采购和分散采购相结合的执行模式，具体如表 4-10 所示。

表 4-10　政府采购的执行模式

执行模式	集中采购	分散采购
概念	是指由政府设立的职能机构统一为其他政府机构提供采购服务的一种采购组织实施形式	是指由各预算单位自行开展采购活动的一种采购组织实施形式
优点	（1）能够取得规模效益，降低采购成本，保证采购质量 （2）能够贯彻落实政府采购政策，便于实施统一的管理和监督	（1）采购周期短，程序简单 （2）有利于满足多样化和及时性的需求
缺点	（1）采购周期长，程序复杂 （2）难以满足多样化的需求，特别是紧急情况下的采购需要	（1）无法取得规模效益，增加采购成本，造成资金浪费 （2）不利于国家宏观调控，容易滋生腐败

知识视窗

集中采购的相关规定

集中采购的范围由省级以上人民政府公布的集中采购目录来确定。对于中央预算的政府采购项目，集中采购目录由国务院制定并公布；对于地方预算的政府采购项目，集中采购目录由省、自治区和直辖市人民政府或其授权的机构制定并公布。

除特殊情况外，对于纳入集中采购目录的政府采购项目，采购人必须委托集中采购代理机构代理采购。具体而言，在纳入集中采购目录的政府采购项目中，通用的项目应当委托集中采购代理机构代理采购；本部门、本系统有特殊要求的项目应当实行部门集中采购；本单位有特殊要求的项目，经省级以上人民政府批准，可以自行采购。

对于未纳入集中采购目录的政府采购项目，采购人可以委托集中采购代理机构在委托范围内代理采购，也可以自行采购。

三、政府采购的当事人

政府采购的当事人是指在政府采购活动中享有权利和承担义务的各类主体，包括采购人、采购代理机构和供应商。

（一）采购人

采购人是指依法进行政府采购的国家机关、事业单位和社会团体。

1. 采购人的权利

（1）自行选择采购代理机构。

（2）要求采购代理机构遵守委托协议中约定的权利。

（3）审查供应商的资格。

（4）依法确定中标供应商。

（5）签订采购合同并参与对供应商的履约验收。

（6）针对特殊情况提出特殊要求。

（7）其他合法权利。

供应商常见问题解答

2. 采购人的义务

（1）遵守政府采购的各项法律、法规和规章制度。

（2）尊重供应商的正当合法权益。

（3）遵守采购代理机构的工作秩序。

（4）在规定时间内与中标供应商签订政府采购合同。

（5）在指定媒体上及时向社会发布政府采购信息和招标结果。

（6）依法答复供应商的询问和质疑。

（7）妥善保管反映每项采购活动的文件。

（8）接受各方的监督，并积极支持和配合有关部门的监管工作。

（9）其他法定义务。

同步习题

【例 4-2　单项选择题】下列选项中，（　　）不能作为政府采购的采购人。

A．中华人民共和国商务部　　B．宁夏回族自治区人民政府

C．北京市卫生健康委员会　　D．宁夏煤业有限责任公司

答案：D

（二）采购代理机构

采购代理机构是指在政府采购活动中依法接受委托，代表采购人执行政府采购任务的机构。

1．采购代理机构的类型

采购代理机构分为集中采购代理机构和一般采购代理机构。集中采购代理机构是政府集中采购的法定代理机构，由设区的市、自治州以上人民政府根据本级政府采购项目组织集中采购的需求而设立。一般采购代理机构是除集中采购代理机构以外的采购代理机构，其资格由国务院有关部门或省级人民政府有关部门认定，主要负责分散采购的代理业务。

2．采购代理机构的权利

（1）接受采购人的委托，承办与政府采购项目相关的事宜。

（2）执行政府采购法律、法规和规章制度。

（3）建立政府采购信息网络，以收集和整理供应商、产品和服务的相关信息，调查市场供求状况，记录政府采购的过程。

（4）组织实施具体的采购工作，按照有关规定编制招标文件、公布采购信息，并组织开标、评标和定标。

（5）按照委托协议的要求，代理采购人与中标供应商签订采购合同，并负责监督采购合同的履行和验收采购结果。

（6）代理采购过程结束后，向社会公开采购结果，以便接受社会的监督，并及时向政府采购管理监督机构上报中标文件、采购过程记录、采购中标通知书、采购合同副本等相关文件，以便其进行监督和管理。

（7）拒绝和防范任何单位和个人对采购过程的非法干预，并能够按照规定向采购人收取法定的代理费用。

（8）其他合法权利。

3．采购代理机构的义务

（1）自动接受采购人的委托，采购依法纳入集中采购目录内的或采购限额标准以上的政府采购项目。

（2）对于公开招标的采购项目，应当在指定媒体上发布采购信息；对于非公开招标的采购项目，如果供应商提出要求，应当将有关情况告知供应商。

（3）按照有关规定开展采购代理业务，并提供良好的服务。

（4）接受各方的监督，并积极支持和配合有关部门的监管工作。

（5）其他法定义务。

（三）供应商

供应商是指在政府采购活动中，向采购人提供货物、工程或服务的法人、其他组织或自然人。

1．供应商应当具备的条件

（1）独立承担民事责任的能力。

（2）良好的商业信誉和健全的财务会计制度。

（3）履行合同所必需的设备和专业技术能力。

（4）依法缴纳税收和社会保障资金的良好记录。

（5）参加政府采购活动的前三年内，在经营活动中没有重大违法记录。

（6）法律、法规和规章制度规定的其他条件。

小贴士

采购人可以根据政府采购项目的特殊要求，规定供应商的特定条件，但不得以不合理的条件对供应商实行差别待遇或歧视待遇。

2．供应商的权利

（1）公平、平等地参与政府采购活动。

（2）公平、平等地获得政府采购信息。

（3）自主、平等地参与政府采购竞争。

（4）提出质疑或投诉。

（5）自主、平等地签订政府采购合同。

（6）要求采购人或采购代理机构保守商业秘密。

（7）监督政府采购活动依法公开、公平进行。

（8）其他合法权利。

3．供应商的义务

（1）遵守政府采购的各项法律、法规和规章制度。

（2）按照规定接受供应商的资格审查，并在资格审查中客观真实地反映自身情况。

（3）满足采购人或采购代理机构的正当要求并提供合格的采购对象。

（4）中标后，按照规定程序签订政府采购合同并严格履行合同中规定的义务。

（5）其他法定义务。

知识视窗

政府采购的原则

政府采购应当遵循公开透明、公平竞争、公正和诚实信用原则。其中，公平竞争是核心，公开透明是体现，公正和诚实信用是保障。

1．公开透明原则

公开透明原则要求除涉及商业秘密外，政府采购的所有信息，如采购法律、政策、程序和活动等，都应当向社会公开发布。政府采购被誉为“阳光下的交易”，只有坚持公开透明原则，才能为供应商参与政府采购活动提供公平竞争的环境，为公众有效监督财政资金的使用情况创造条件。

2．公平竞争原则

公平竞争原则包括两个层面，即公平性原则和竞争性原则。

（1）公平性原则包括机会均等和待遇平等。机会均等是指所有符合条件的供应商均可参与政府采购活动，且不能排斥其他供应商的参与。待遇平等是指所有符合条件的供应商享有同等的待遇。

（2）竞争性原则要求政府采购活动建立竞争机制，实行优胜劣汰，以确保采购人能够从众多竞争者中获得质优价廉的货物或服务。

3．公正原则

公正原则要求政府采购在评定中标或成交供应商时，要按照事先约定的条件和程序进行，不得受任何单位或个人的干扰，也不得存在任何主观倾向。

4．诚实信用原则

诚实信用原则要求政府采购的当事人必须诚实守信，认真履行权利和义务。政府采购的当事人不得散布虚假信息，不得有欺诈、串通、隐瞒等违法行为，不得伪造、变造、隐匿或销毁应依法保存的文件，不得规避法律法规，也不得损害第三方的利益。

四、政府采购的方式

政府采购的方式如表 4-11 所示。

表 4-11 政府采购的方式

方式	概念	适用范围
公开招标	是政府采购的主要采购方式，是指采购人或采购代理机构按照法定程序，先发布招标公告，邀请所有潜在的不特定供应商参与投标，然后通过事先确定的标准从所有投标供应商中择优评选中标供应商的采购方式	达到公开招标数额标准的采购项目
邀请招标	是指采购人或采购代理机构根据供应商的资信和业绩，选择三家或三家以上供应商，向其发出招标邀请书，邀请他们参与投标竞争，然后从中择优评选中标供应商的采购方式	（1）具有特殊性，只能从有限范围的供应商处采购的项目 （2）采用公开招标方式所需费用占政府采购项目总价值比例过大的采购项目
竞争性谈判	是指采购人或采购代理机构与三家或三家以上供应商进行谈判，然后从中择优评选中标供应商的采购方式	（1）招标后没有供应商投标，或没有合格的投标标的，或重新招标未能成功的采购项目 （2）因技术复杂或性质特殊而不能确定详细规格或具体要求的采购项目 （3）采用其他招标方式所需的时间不能满足采购人紧急需要的采购项目 （4）不能事先计算出资金总额的采购项目
单一来源采购	是指采购人或采购代理机构向唯一的供应商进行采购的方式	（1）只能从唯一供应商处采购的项目 （2）因发生不可预见的紧急情况而不能从其他供应商处采购的项目 （3）为了保证原有采购项目的一致性或服务配套，需要继续从原供应商处添购，且添购资金总额不超过原合同采购金额 10%的项目
询价采购	是指采购人或采购代理机构向三家以上供应商发出询价单，要求他们报价，然后对这些报价进行比较和分析，从中择优评选中标供应商的采购方式	货物规格和标准统一，现货货源充足且价格变化幅度小的采购项目

注：（1）采购人不得将应当采用公开招标方式采购的货物或服务化整为零，或者以其他任何方式规避公开招标采购。

（2）在采用公开招标方式采购的项目中，属于中央预算的项目，其具体数额标准由国务院规定；属于地方预算的项目，其具体数额标准由省、自治区、直辖市人民政府规定。

（3）因特殊情况需要采用公开招标以外的采购方式的，采购活动在开始前应当获得设区的市、自治州以上人民政府采购监督管理部门的批准。

竞争性谈判和询价采购应遵循的程序

互动空间

某大学计划在下一年度重新修建主体教学楼，预计工程总造价为6 000万。

该教学楼建设项目是否属于政府采购项目？若不属于，请说明原因；若属于，请说明其应采用的采购方式。

五、政府采购的监督检查

（一）政府采购监督管理部门的监督

各级人民政府财政部门是负责政府采购监督管理的部门，依法对政府采购活动进行全方位的监督。为了确保政府采购的合法性和有序性，政府采购监督管理部门应当对以下内容加强监督：① 有关政府采购的法律、法规和规章制度的执行情况；② 采购范围、采购方式和采购程序的执行情况；③ 政府采购人员的职业素质和专业技能；④ 集中采购代理机构的有关情况。

（二）政府其他有关部门的监督

按照法律、法规和规章制度的规定，负责对政府采购实施行政监督的政府部门，应当按照各自的职责分工，加强对政府采购活动的监督。例如，审计机关应对政府采购监督管理部门、政府采购的当事人和政府采购活动进行审计监督，监察机关应对参与政府采购活动的国家机关、国家公务员和国家行政机关任命的其他人员进行监察。

小贴士

审计机关、监察机关及其他有关部门在依法对政府采购活动实施监督的过程中，若发现采购当事人存在违法行为，应及时通报财政部门。

（三）集中采购代理机构的内部监督

集中采购代理机构应建立并健全内部监督管理制度。一方面，采购活动的决策和执行程序应当明确，并实现相互监督和制约；另一方面，经办采购活动、审核采购合同和验收采购项目等人员的职责权限应当明确并相互分离。

（四）采购人的内部监督

采购人的内部监督主要包括以下几个方面。

（1）政府采购项目的采购标准和采购结果应当公开。

（2）采购人必须按照《政府采购法》规定的采购方式和采购程序进行采购，否则中标、成交结果无效。由此给供应商造成损害的，采购人应当承担相应的赔偿责任。

（3）任何单位和个人都不得违反规定，要求采购人或采购工作人员向其指定的供应商进行采购。

（五）社会监督

任何单位和个人都有权控告和检举政府采购活动中的违法行为。有关部门和机关应当依据各自的职责，及时处理这些问题。

任务实施 »

（1）全班学生以3～6人为一组进行分组，各组选出组长并进行任务分工。

（2）小组成员共同选择一种政府采购方式，了解其适用范围，然后准备相关材料（如招标邀请书）等，模拟政府采购的全过程。

（3）各组通过抽签决定模拟顺序，然后依次上台模拟，时间不超过五分钟。

（4）教师进行总结和点评。

任务三 认知国库集中收付

任务导入 »

国库集中收付制度是我国财政法律制度的重要组成部分。请同学们以小组为单位，了解我国的国库集中收付制度，然后以PPT的形式在课堂上进行展示。

一、国库单一账户体系

国库单一账户体系是以财政国库存款账户为核心的各类财政性资金账户的集合，其构成如表4-12所示。所有财政性资金的收入、支付、存储及资金清算活动都应在国库单一账户体系内运行。

国库集中收付制度

表4-12 国库单一账户体系的构成

构成	概念	用途
国库单一账户	是指财政部门在中国人民银行开设的国库存款账户	（1）记录、核算和反映预算资金的收入和支出活动 （2）与财政部门零余额账户、预算单位零余额账户和特设专户进行清算

（续表）

构成		概念	用途
零余额账户	财政部门零余额账户	是指财政部门按资金使用性质在商业银行开设的零余额账户	（1）财政直接支付 （2）与国库单一账户进行清算
	预算单位零余额账户	是指财政部门在商业银行为预算单位开设的零余额账户	（1）财政授权支付 （2）与国库单一账户进行清算 （3）办理转账、提取现金等结算业务 （4）按照账户管理规定，向本单位保留的相应账户划拨工会经费、住房公积金、住房提租补贴，以及经财政部门批准的特殊款项
预算外资金财政专户		是指财政部门在商业银行开设的，用于管理预算外资金的财政专户	（1）记录、核算和反映预算外资金的收入和支出活动 （2）预算外资金的日常收支清算
特设专户		是指财政部门在商业银行为预算单位开设的特殊过渡性专户	（1）记录、核算和反映预算单位的特殊专项支出活动 （2）与国库单一账户进行清算

注：（1）零余额账户是指无余额过夜的账户。

（2）财政部门零余额账户每日发生的支付，应于当日营业终了前与国库单一账户进行清算。单笔金额达到或超过 5 000 万元人民币的支付，应及时与国库单一账户进行清算。

（3）预算单位零余额账户每日发生的支付，应于当日营业终了前由代理银行在财政部门批准的用款额度内与国库单一账户进行清算。单笔金额达到或超过 5 000 万元人民币的支付，应及时与国库单一账户进行清算。此外，该账户不得违反规定向本单位的其他账户及上级主管单位和所属下级单位的账户划拨资金。

（4）住房提租补贴是指企业根据当地市（县）级以上人民政府规定的租金补助条件，向符合条件的低收入职工家庭提供的一种困难补助。

同步习题

【例 4-3 单项选择题】下列选项中，不用与国库单一账户进行清算的账户是（ ）。

A．财政部门零余额账户　　B．预算单位零余额账户

C．预算外资金财政专户　　D．特设专户

答案：C

二、财政收支的方式

（一）财政收入的收缴方式

1．直接缴库

直接缴库是指缴款单位或缴款人按照有关规定，直接将应缴收入缴入国库单一账户或预算外资金财政专户。

直接缴库的税收收入，应由纳税人或税务代理人提出纳税申报，经征收机关审核、批准后，由纳税人通过其开户银行将税款缴入国库单一账户。直接缴库的其他收入，应比照上述程序缴入国库单一账户或预算外资金财政专户。

2. 集中汇缴

集中汇缴是指征收机关按照有关规定，将收取的应缴收入汇总后缴入国库单一账户或预算外资金财政专户。

小额零散税收和法律规定的其他应缴收入，应在收缴当日内由征收机关汇总缴入国库单一账户。非税收入中的现金缴款，应比照上述程序缴入国库单一账户或预算外资金财政专户。

（二）财政支出的支付方式

1. 财政直接支付

财政直接支付是指财政部门向中国人民银行和代理银行签发支付令，由代理银行根据支付令，通过国库单一账户体系将资金直接支付到收款人或用款单位的账户。收款人是指商品或劳务的供应商等。用款单位是指申请和使用财政性资金的下级财政部门和预算单位。

工资支出、购买支出、中央对地方的专项转移支付，以及为企业的大型工程项目或大型设备采购提供的资金等，应直接支付到收款人；中央对地方的一般性转移支付，具体包括税收返还、原体制补助、过渡期转移支付、结算补助等支出，以及对企业的补贴和未指明购买内容的专项支出等，应直接支付到用款单位。

一般情况下，财政直接支付应按如下程序进行。

（1）预算单位提出支付申请。预算单位需要支付资金时，根据财政部门批复的分月用款计划，向财政部门提出支付申请。

（2）财政部门签发支付令。财政部门审核支付申请后，向代理银行签发支付令。

（3）代理银行办理支付。代理银行根据支付令的内容，通过国库单一账户体系将资金直接支付到收款人或用款单位的账户。

（4）资金入账与通知。代理银行完成支付后，向收款人或用款单位开具入账通知书，同时通知一级预算单位和基层预算单位。其中，入账通知书可作为代理银行已支付款项的凭证。

（5）资金清算。代理银行会根据实际支付的资金，按照预算单位和预算科目进行分类汇总，然后向国库单一账户和预算外资金财政专户进行资金清算。相应地，中国人民银行和预算外资金财政专户的开户银行会在限额内与代理银行进行资金清算。

2. 财政授权支付

财政授权支付是指预算单位在财政部门的授权下自行向代理银行签发支付令，由代理银行根据支付令，在财政部门核定的预算单位用款额度内，通过国库单一账户体系将

资金支付到收款人或用款单位的账户。

实行财政授权支付的支出包括未纳入工资的支出，以及物品、服务、工程的采购支出，具体包括：① 单件物品或单项服务购买额不足 10 万元人民币的采购支出；② 年度财政投资不足 50 万元人民币的工程采购支出（含建设单位的管理费）；③ 特别紧急的采购支出；④ 经财政部门批准的其他采购支出。

一般情况下，财政授权支付应按如下程序进行。

（1）财政部门下达用款额度。财政部门根据批准的一级预算单位用款计划书，每月 25 日前以财政授权支付汇总清算额度通知单和财政授权支付额度通知单的形式，分别通知中国人民银行和代理银行。代理银行收到财政部门下达的财政授权支付额度通知单后，向预算单位发出财政授权支付额度到账通知书。

（2）预算单位签发支付令。预算单位收到代理银行转来的财政授权支付额度到账通知书后，在额度内自行向代理银行签发支付令。

（3）代理银行办理支付。代理银行收到支付令后，对其进行审核。审核通过后，代理银行按照有关规定办理支付。

（4）预算单位进行账务处理。预算单位进行账务处理时，需要借记和贷记相关账户。

（5）资金清算。代理银行在规定时间内填写财政授权支付申请划款凭证，然后提交给中国人民银行。审核通过后，中国人民银行通知营业管理部办理相应的资金清算业务。

财政直接支付和财政授权支付的区别

互动空间

乙事业单位实行国库集中收付制度。2023 年，乙事业单位发生的财政支付情况如下。

（1）采用财政直接支付的方式发放员工工资 80 万元，由代理银行支付到员工的个人工资账户。

（2）多次购买办公用品，累计支出 2 万元，采用财政授权支付的方式支付该款项。

（3）采购了一台价格为 80 万元的专用设备，采用财政直接支付的方式将款项直接支付给收款人。

乙事业单位所采用的财政支付方式是否符合规定？请说明理由。

任务实施 »

（1）全班学生以 3～6 人为一组进行分组，各组选出组长并进行任务分工。

（2）各组学习我国的国库集中收付制度，并对其进行分析、总结和拓展。

（3）制作 PPT。各组将分析、总结和拓展的内容制作成不少于八页的 PPT，以便全面、清晰地呈现分析结果。

（4）展示汇报。各组通过抽签决定汇报顺序，然后由代表依次上台陈述分析结果。在此期间，教师和其他同学可随时提出问题或发表意见。

（5）教师进行总结和点评。

知识检测

一、单项选择题

1．国家预算收入最主要的组成部分是（　　）。

A．税收收入　　B．国有资本经营预算收入

C．行政事业性收费收入　　D．其他收入

2．下列关于预算编制的说法中，错误的是（　　）。

A．政府的全部收入和支出都应当纳入预算

B．各级预算的编制，只需考虑本年度的收支预测，无须考虑以往年度预算的执行情况

C．各级预算收入的编制应当与财政政策相衔接

D．各级预算支出的编制应当贯彻勤俭节约的原则

3．各级预算经本级人民代表大会批准后，本级政府财政部门应当在（　　）日内向本级各部门批复预算。

A．十五　　B．二十　　C．三十　　D．六十

4．下列关于预算调整方案的说法中，错误的是（　　）。

A．各级政府负责编制预算调整方案

B．只有在相关部门批准预算调整方案后，预算才能进行调整

C．预算调整方案应当说明调整的理由、项目和数额

D．中央预算的调整方案应当提请全国人民代表大会审查和批准

5．各部门接到本级政府财政部门批复的本部门决算后，应当在（　　）日内向所属单位批复决算。

A．十五　　B．二十　　C．三十　　D．六十

6．（　　）负责对预算执行和决算进行审计监督。

A．各级人民代表大会　　B．各级人民代表大会常务委员会

C．县级以上政府的审计部门　　D．各级政府财政部门

7．下列选项中，（　　）不属于我国政府采购的当事人。

A．采购人　　B．采购代理机构

C．供应商　　D．国有企业

8．财政部门在中国人民银行开设的国库存款账户是（　　）。

A．国库单一账户　　B．财政部门零余额账户

C．预算外资金财政专户　　D．特设专户

9．征收机关按照有关规定，将收取的应缴收入汇总后缴入国库单一账户或预算外资金财政专户的方式是（　　）。

A．分次汇缴　　B．直接缴库

C．集中汇缴　　D．汇总缴纳

二、多项选择题

1．国家预算的作用包括（　　）。

A．财力保证作用　　B．调节制约作用

C．反映监督作用　　D．平衡收支作用

2．下列关于中央预算的说法中，正确的有（　　）。

A．由中央各部门（含直属单位）的预算组成

B．包括地方向中央上解的收入数额

C．不包括中央对地方的返还

D．不包括中央对地方给予补助的数额

3．国务院的预算管理职权包括（　　）。

A．向全国人民代表大会作关于中央和地方预算草案的报告

B．编制中央预算、决算草案

C．编制中央预算调整方案

D．监督中央各部门和地方政府的预算执行

4．预算支出包括（　　）。

A．一般公共预算支出

B．公益性事业支出

C．国有资本经营预算支出

D．社会保险基金预算支出

5．下列关于预算审批权限的说法中，正确的有（　　）。

A．中央预算由国务院负责审查和批准

B．中央预算由全国人民代表大会负责审查和批准

C．地方预算由本级政府财政部门负责审查和批准

D．地方预算由本级人民代表大会负责审查和批准

6．政府采购的原则包括（　　）。

A．公平竞争原则　　B．公开透明原则

C．公正原则　　D．诚实信用原则

7. 下列选项中，可以采用单一来源采购方式的有（　　）。

A. 只能从唯一供应商处采购的项目

B. 具有特殊性，只能从有限范围的供应商处采购的项目

C. 因发生不可预见的紧急情况而不能从其他供应商处采购的项目

D. 为了保证原有采购项目的一致性或服务配套，需要继续从原供应商处添购，且添购资金总额不超过原合同采购金额 10%的项目

8. 下列选项中，（　　）可以对政府采购进行监督。

A. 财政部门　　B. 审计机关

C. 监察机关　　D. 个人

9. 政府采购监督管理部门监督的主要内容包括（　　）。

A. 有关政府采购的法律、法规和规章制度的执行情况

B. 采购范围、采购方式和采购程序的执行情况

C. 政府采购人员的职业素质

D. 政府采购人员的专业技能

10. 实行财政直接支付的支出包括（　　）。

A. 工资支出　　B. 购买支出

C. 中央对地方的专项转移支付　　D. 过渡期转移支付

三、判断题

1. 在预算执行过程中，因上级政府返还或给予补助而引起的预算收支变化，需要进行预算调整。（　　）

2. 对于不具备设立预算条件的乡、民族乡、镇，经省、自治区、直辖市政府确定，可以暂不设立预算。（　　）

3. 预算外收支都不得在国家预算中进行反映。（　　）

4. 经审查后，预算草案便具有了法律效力。（　　）

5. 采购人的权利包括在规定时间内与中标供应商签订政府采购合同。（　　）

6. 相比于分散采购，集中采购的采购周期较长。（　　）

7. 财政部门零余额账户可以用于财政授权支付。（　　）

四、不定项选择题

丁事业单位实行国库集中收付制度。2023 年，丁事业单位发生的财政支付情况如下。

（1）5 月，按照预算安排采购了一台用于药品检验的 A 设备（已纳入政府采购的集中采购目录）。鉴于 A 设备的专业特殊性，只能从特定的供应商群体中采购，所以丁事业单位以发出招标邀请书的方式邀请了五家供应商参与投标。经过规范的招标程序，丁事业单位最终选择了供应商海星公司并与其签订了采购合同。

（2）9月，通过国库单一账户体系向本单位保留的相应账户划拨了工会经费。

根据上述资料，回答下列问题。

1．下列选项中，属于丁事业单位预算管理职权的有（　　）。

A．编制本单位预算、决算草案

B．接受国家有关部门的监督

C．按照国家规定上缴预算收入

D．按照国家规定安排预算支出

2．丁事业单位采购A设备所采用的采购方式是（　　）。

A．公开招标　　B．邀请招标

C．竞争性谈判　　D．单一来源采购

3．下列关于政府采购的说法中，正确的有（　　）。

A．政府采购只能实行集中采购的方式

B．除特殊情况外，对于纳入集中采购目录的政府采购项目，采购人必须委托集中采购代理机构代理采购

C．对于未纳入集中采购目录的政府采购项目，采购人可以委托集中采购代理机构在委托范围内代理采购，也可以自行采购

D．采购人有权自行选择采购代理机构

4．供应商海星公司应当具备（　　）。

A．良好的商业信誉和健全的财务会计制度

B．履行合同所必需的设备和专业技术能力

C．依法缴纳税收和社会保障资金的良好记录

D．独立承担刑事责任的能力

5．按照账户管理规定，丁事业单位可以通过（　　）向本单位保留的相应账户划拨工会经费。

A．国库单一账户　　B．财政部门零余额账户

C．预算单位零余额账户　　D．预算外资金财政专户

项目考核评价

学生配合指导教师共同完成如表 4-13 所示的项目考核评价表。

表 4-13　项目考核评价表

<table>
<tr><td>班级</td><td></td><td>组号</td><td></td><td colspan="2">日期</td><td></td></tr>
<tr><td>姓名</td><td></td><td>学号</td><td></td><td colspan="2">指导教师</td><td></td></tr>
<tr><td rowspan="2">评价维度</td><td colspan="3" rowspan="2">评价内容</td><td rowspan="2">分值</td><td colspan="2">评价分数</td></tr>
<tr><td>自评</td><td>师评</td></tr>
<tr><td rowspan="3">知识评价
30%</td><td rowspan="3">重难点
知识</td><td colspan="2">掌握国家预算的具体规定</td><td>10 分</td><td></td><td></td></tr>
<tr><td colspan="2">掌握政府采购的具体规定</td><td>11 分</td><td></td><td></td></tr>
<tr><td colspan="2">掌握国库集中收付制度的具体规定</td><td>9 分</td><td></td><td></td></tr>
<tr><td rowspan="5">能力评价
40%</td><td rowspan="3">自主学习
能力</td><td colspan="2">能够概述本项目的主要知识点</td><td>8 分</td><td></td><td></td></tr>
<tr><td colspan="2">课堂认真听讲，积极与老师互动</td><td>8 分</td><td></td><td></td></tr>
<tr><td colspan="2">反思在预习和课堂学习中出现的问题，巩固所学知识，改进思路和方法</td><td>8 分</td><td></td><td></td></tr>
<tr><td rowspan="2">人际交往
能力</td><td colspan="2">积极参与实践活动，与小组成员配合默契</td><td>8 分</td><td></td><td></td></tr>
<tr><td colspan="2">与小组其他成员沟通顺畅</td><td>8 分</td><td></td><td></td></tr>
<tr><td rowspan="3">素养评价
30%</td><td rowspan="3">职业素养</td><td colspan="2">按时出勤，积极参与课堂讨论</td><td>10 分</td><td></td><td></td></tr>
<tr><td colspan="2">做事细致，勤于思考，善于总结</td><td>10 分</td><td></td><td></td></tr>
<tr><td colspan="2">运用创新的方法或形式呈现实践成果</td><td>10 分</td><td></td><td></td></tr>
<tr><td colspan="4">合计</td><td>100 分</td><td></td><td></td></tr>
<tr><td>总评</td><td colspan="3">自评（30%）+师评（70%）=</td><td colspan="3">教师（签名）：</td></tr>
</table>

项目五

筑牢品德价值基石——会计职业道德

知识目标

（1）了解职业道德和会计职业道德的特点和作用。

（2）掌握会计职业道德的内容。

（3）掌握会计职业道德教育的内容和途径。

（4）掌握推动会计职业道德建设的方式。

技能目标

（1）能够按照《会计人员职业道德规范》严格要求自己。

（2）能够辨别会计职业道德与会计法律制度之间的联系与区别。

素养目标

（1）具有热爱会计工作、忠于职守的敬业精神。

（2）树立实事求是的工作作风。

考证链接 »

本章内容与初级会计资格考试的《初级会计实务》考察内容相对应，具体内容如表 5-1 所示。

表 5-1 考证链接

本章内容	《初级会计实务》考察内容
知识导航	无
洞悉会计职业道德	要求掌握的内容：会计职业道德的概念与内容 要求熟悉的内容：会计职业道德的规定
领略会计职业道德教育	无
推动会计职业道德建设	无

知识导航

一、职业道德的概念与内容

（一）职业道德的概念

职业道德是指与人们的职业活动密切相关的、符合职业特点要求的道德准则、道德情操和道德品质的总和。它既是职业人员在职业活动中应遵循的行为规范，也是职业人员对社会所应承担的道德责任和义务。不同职业人员在特定的职业活动中形成了不同的职业关系、职业利益，同时也形成了不同的职业道德。

（二）职业道德的内容

虽然不同职业道德的规范和具体内容不同，但是基于社会共同的价值标准和取向，各种职业道德有着共同的内容。2019 年，中共中央、国务院印发了《新时代公民道德建设实施纲要》，明确指出职业道德的主要内容包括爱岗敬业、诚实守信、办事公道、热情服务和奉献社会。

爱岗敬业是职业道德的基础，也是职业道德所倡导的首要规范；诚实守信是职业道德的精髓，也是做人的基本准则；办事公道是职业道德的表现，代表了一种对待人和事的态度；热情服务是职业道德的灵魂，应当成为每位职业人员的座右铭；奉献社会是职

业道德的出发点和归宿。

二、职业道德的特点

（一）行业性

职业道德与职业活动紧密相关，它体现了特定职业对其从业者行为提出的道德要求。有些道德规范只适用于某一行业，不完全适用或完全不适用于其他行业。也就是说，职业道德具有很强的行业性，不具备普遍适用于整个社会的特点。

（二）实践性

职业行为过程就是职业实践过程。只有在实践过程中，职业人员才能体现其职业道德水准。这种实践性要求职业人员不仅要有正确的道德认知，还要有将道德认知转化为实际行动的能力。

小贴士

在实践过程中，有些职业道德规范会被纳入法律体系。例如，《中国注册会计师职业道德基本准则》由财政部门以规范性文件的形式颁布，可以直接指导并规范注册会计师的职业行为。

（三）继承性

职业道德作为一种独特的社会意识形态，是由社会经济关系决定的。随着社会经济关系的不断演变，职业道德也发生相应的变化。然而，在不同的社会经济发展阶段，同一职业的服务对象、手段、利益、责任和义务通常保持相对稳定。因此，职业道德的核心内容能够得到继承和发扬，具有相对稳定性。例如，教师“诲人不倦”、医生“救死扶伤”、商人“买卖公平”等职业道德观念，在各自的行业中代代相传，不断得到丰富和发展。

（四）多样性

职业道德与具体的职业相联系，如经商有“商德”、行医有“医德”、执教有“师德”、从艺有“艺德”。同时，同一职业包括不同的岗位，每个岗位都有其特定的职业道德要求。此外，随着生产力的发展和社会的进步，新的职业和岗位不断涌现，与之相对应的职业道德也在不断丰富和发展。这些均使得职业道德的种类越来越多，内容越来越丰富。

三、职业道德的作用

（一）推动职业活动的有序发展

职业道德通过约束职业人员的行为，不仅可以调节职业人员之间的关系，促进他们的团结与合作，也可以调节职业人员与服务对象之间的关系，如医患关系、师生关系等。这些调节有助于促进人际关系的和谐发展，维护行业秩序，进一步推动职业活动的有序发展。

（二）维护和提高行业声誉

职业道德具有评价和教化的功能，能够有效提升职业人员的职业素质。通常情况下，职业人员的职业道德水平直接影响他们的职业行为。也就是说，具备较高职业道德水平的职业人员能够保证服务或产品的质量，从而提升社会公众对服务、产品及行业的信任程度。因此，职业人员通过展现良好的职业素质，能够有效维护和提高行业声誉。

（三）促进行业发展

具备较高职业道德水平的职业人员通常具有强烈的责任心和上进心，他们会严格遵守行业规范，并以高度的责任感和使命感投入工作。在他们的共同努力下，单位能够建立良好的内部管理机制，提高生产效率和服务质量，在实现经济效益增长的同时，为整个行业的健康发展奠定坚实的基础。

（四）提高全社会的道德水平

职业道德是社会道德的主要内容，它既体现了职业人员的工作态度，也展现了他们的生活态度和价值观念。具备较高职业道德水平的职业人员能够为社会树立榜样，他们的行为规范和职业操守会被公众所效仿。如果每个行业中的职业人员都具备较高的职业道德水平，那么全社会的道德水平能够得到显著提高。

任务一　洞悉会计职业道德

任务导入 »

近年来，违反会计职业道德的行为屡见不鲜。这些行为不仅损害了相关单位的利益，更对整个会计行业造成了负面影响。请同学们以真实事件为例，分析该事件中存在

的违反会计职业道德的行为，并探讨这些行为所带来的教训和启示。

会计职业道德是指会计人员在从事会计活动时应当遵循的、体现会计职业特征的、用以调整会计职业关系的职业行为准则和规范。这些行为准则和规范是会计人员从事会计职业所应满足的基本要求。

一、会计职业道德的特点

（一）相对稳定性

会计作为一种专业技术性较强的职业，在确认、计量、记录和报告经济业务事项时，必须遵循客观经济规律和要求。尽管社会经济关系在不断变迁，但客观经济规律和要求却保持不变。这使得会计人员在面对多变的经济环境时，需要保持行为的连续性和一致性，会计职业道德也因此具有相对稳定性。

（二）广泛的社会性

会计职业道德之所以具有广泛的社会性，主要源于会计职业活动在经济社会中的核心地位及其所承载的重要责任。

会计作为经济社会不可或缺的一部分，其工作涉及社会各个层面和领域。会计人员的职业道德水平直接关系到经济秩序的稳定和健康发展。因此，会计职业道德不仅仅是对会计人员的要求，更是对整个社会环境的维护和促进。

（三）一定的强制性

因为会计工作在市场经济中具有重要的作用，所以会计职业道德与其他职业道德相比，具有独特性。这种独特性体现在会计职业道德的许多内容被直接纳入了会计法律体系中，使其具有一定的强制性。例如，《会计法》《会计基础工作规范》等法律、法规和规章制度都规定了会计职业道德的具体内容和要求。

但是，会计职业道德并非全然强制性，它也包含着许多非强制性的内容，这些内容同样发挥着重要作用。例如，守责敬业、坚持准则等会计职业道德，它们直接关系到会计人员的专业胜任能力、会计信息质量和会计行业的声誉，需要会计人员严格遵守。

（四）较多关注国家和社会公众的利益

会计职业的一个显著特点是其活动与社会公众利益紧密相关。在会计工作中，会计确认、计量、记录和报告的程序、标准、方法，在选择和运用上的任何变动都可能直接影响相关各方的经济利益。

会计人员的经济利益通常与其所在单位的利益相一致。但当单位利益与国家和社会公众的利益发生冲突时，如果会计人员过分倾向于维护单位利益，那么国家和社会公众的利益就会受到损害。这一利益冲突要求会计人员保持客观和公正，坚持准则，并始终把国家和社会公众的利益放在第一位。

二、会计职业道德的作用

（一）会计职业道德是规范会计行为的基础

会计行为是由会计人员的内心信念来支配的，信念的善恶决定行为的正当与否。作为职业行为准则和规范，会计职业道德对会计行为提出了相应的要求，如坚持诚信、守正创新等，以此来引导和规劝会计人员树立正确的职业观念，遵循职业道德要求，从而规范会计行为。

（二）会计职业道德是实现会计目标的重要保证

会计目标是为会计职业关系中的各个服务对象提供有用的会计信息。能否及时向这些服务对象提供有用的会计信息，取决于会计人员能否严格履行职业行为准则。会计人员如果不能严格履行职业行为准则，提供了不充分、不可靠的会计信息，可能会使服务对象基于错误的信息作出决策，最终扰乱社会经济秩序。因此，会计职业道德对会计人员的职业行为进行约束，是实现会计目标的重要保证。

（三）会计职业道德是对会计法律制度的重要补充

会计法律制度是会计职业道德的最低要求，会计职业道德是对会计法律制度的重要补充。例如，会计法律只能规定会计人员不得从事哪些违法行为，却难以具体规定他们应当如何守责敬业、坚持诚信和学习等。但是，会计人员如果缺乏敬业精神，不能坚持诚信且不具备必要的职业技能，即使不违法，也很难保证会计信息的真实性和完整性。

（四）会计职业道德是提高会计人员职业素养的内在要求

会计职业道德是会计人员素质的直观体现，更是他们提升职业素养的内在驱动力。高素质的会计人员应当做到诚信和敬业，并不断提高自己的专业能力。倡导会计职业道德，加强会计职业道德教育，并通过会计职业活动来引导会计人员加强自我修养和提高专业能力，将有助于推动会计人员整体素质的不断提高。

三、会计职业道德的内容

为了贯彻落实党中央和国务院关于加强社会信用体系建设的决策部署，推进会计诚信体系的建设，提升会计人员的职业道德水平，国务院财政部门根据《会计法》《会计基础工作规范》，于 2023 年发布了《会计人员职业道德规范》。

该规范将新时代会计人员的职业道德要求概括为“三坚三守”。一是坚持诚信，守法奉公，这是对会计人员的自律要求；二是坚持准则，守责敬业，这是对会计人员的履职要求；三是坚持学习，守正创新，这是对会计人员的发展要求。

（一）坚持诚信

诚信，即诚实、守信。诚实就是忠于事物的本来面貌，不隐瞒自己的真实思想，不掩饰自己的真实感情，不说谎，不弄虚作假。守信就是讲信用，信守承诺，忠于自己所承担的义务，答应了别人的事情就一定要去做。会计人员应当坚持诚信，牢固树立诚信理念，以诚立身、以信立业，严于律己、心存敬畏，树立良好的职业道德操守。

1. 做老实人，说老实话，办老实事，不搞虚假

做老实人要求会计人员言行一致，表里如一，光明正大；说老实话要求会计人员说话诚实，是一说一，是二说二，既不夸大也不缩小事实，更不隐瞒真相；办老实事要求会计人员踏踏实实地工作，不欺上瞒下；不搞虚假要求会计人员按照会计法律、法规和规章制度做好会计工作，确保言行一致、实事求是，如实反映和披露单位的经济业务事项，不为个人或小集团利益而伪造账目、弄虚作假，从而损害国家和社会公众的利益。

2. 保守商业秘密，不为利益所诱惑

保守商业秘密要求会计人员在履行职责时，应树立保密观念，不外传、外泄商业机密。

在充满竞争的市场经济中，商业秘密可以带来一定的经济利益。由于职业特点，会计人员能够接触到本单位的一些商业秘密，如财务状况、经营成果、成本资料及重要的经济合同等。会计人员如果泄露本单位的商业秘密，不仅会损害本单位的利益，同时也会损害会计人员自身的形象和利益，还可能对整个会计行业的声誉造成负面影响。因此，作为单位的一员，会计人员应保守商业秘密，有责任保护单位利益免受损害，维护单位利益和行业声誉。

小贴士

我国的法律制度对会计人员保守秘密作出了明确的规定。例如，《注册会计师法》规定，注册会计师在执业过程中，对获悉的商业秘密负有保密义务；《会计基础工作规范》规定，会计人员应当保守本单位的商业秘密，除非法律规定或单位领导人同意，不得擅自向外界提供或泄露单位的会计信息；《会计法》规定，依法对单位会计资料实施监督检查的部门及其工作人员，对在监督检查中获悉的国家秘密和商业秘密负有保密义务。

3．执业谨慎，信誉至上

会计人员在执业过程中应始终保持应有的谨慎态度，形成“守信光荣、失信可耻”的共识，以维护职业信誉。对于注册会计师而言，这一点尤为重要。注册会计师在执业过程中，应做到以下几点。

（1）在选择客户时应谨慎，确保自身的业务能力能够胜任所接受的委托业务，避免为了追求利益而接受违背职业道德的附加条件，更不能迎合客户的不正当要求。

（2）在接受委托后应全力以赴，认真履行合同条款，以维护委托方的合法权益。除法律、法规和规章制度另有规定外，注册会计师不得擅自终止合同或解除委托，也不得超出委托方的授权范围行事，以免损害当事人的利益。

（二）守法奉公

守法是指遵守法律、法规和规章制度，不违法乱纪；奉公是指维护国家和社会公众的利益，不谋取个人私利。会计人员应当守法奉公，积极学习相关法律、法规和规章制度，确保知法守法，同时做到公私分明、克己奉公，以此来树立良好的职业形象，维护会计行业的声誉和公信力。

1．树立正确的人生观和价值观

会计人员应树立正确的人生观和价值观，坚决摒弃拜金主义思想，发扬廉洁自律的精神，认真且扎实地完成会计工作，为所在单位和社会作出应有的贡献，以从中实现自我价值，创造幸福和谐的人生。

2．遵纪守法，一身正气

会计人员应深刻领悟相关法律、法规和规章制度的精髓，严格执行各项法律、法规和规章制度，做遵纪守法的楷模。同时，会计人员要敢于同违反会计法律、法规和规章制度的行为作斗争，确保会计信息的真实性和完整性。此外，会计人员还应当正确处理职业权利与义务之间的关系，增强抵制行业不正之风的能力，维护会计行业的良好形象。

小贴士

我国的法律制度对会计人员遵纪守法作出了明确的规定。例如，《会计法》规定，各单位必须依法设置会计账簿，并保证其真实、完整。

3．公私分明，不贪不占

公私分明要求会计人员严格区分公共利益与个人利益，确保公共资源不被滥用，个人利益不侵占公共领域；不贪不占要求会计人员对不应得的利益保持清醒的头脑，不贪婪、不占取，不收受礼物，不同流合污。会计人员如果公私分明，就能廉洁奉公，保持清白，做到“常在河边走，就是不湿鞋”；如果公私不分，就会出现以权谋私的腐败现象，甚至出现违法乱纪行为。

（三）坚持准则

坚持准则要求会计人员严格遵循会计准则，确保会计信息的真实性和完整性。

1. 熟悉准则

准则为会计人员提供了开展工作的外在规范和参考。会计人员必须全面了解和掌握会计领域的各项准则，以及本部门、本单位内部制定的管理制度，如内部控制制度和财务管理制度等。只有熟悉准则，会计人员才能按照准则办事，保证会计信息的真实性和完整性，为相关各方提供可靠的数据支持。

2. 遵循准则

会计人员在进行会计核算和监督时，应自觉遵循各项准则，将单位的经济业务事项与准则进行对照，判断其是否合法合规，对不符合准则的经济业务事项不予受理。同时，会计人员还应督促他人遵循准则，确保单位的各项经济业务事项和经济行为符合会计准则和国家统一的会计制度，以防止违规行为的发生。

（四）守责敬业

守责是指履行职责、遵守职责、坚守岗位、负责任的态度和行为；敬业是指对自己的职业充满热爱和热情，以高度的职业精神和职业道德对待工作。会计人员应当勤勉尽责，爱岗敬业，忠于职守，维护国家财经纪律和经济秩序。

1. 忠于职守，尽职尽责

忠于职守不仅要求会计人员认真执行岗位规范，还要求他们在面对各种复杂情况时，能够忠实履行自己的岗位职责；尽职尽责要求会计人员对自己的工作展现出强烈的责任感和义务感。

需要注意的是，会计人员不仅要忠诚于单位，还要忠诚于社会公众和国家，对他们负责。忠诚于单位要求会计人员客观真实地记录和反映单位的经济业务事项，监督其财产安全，并确保资金的有效运作，同时积极参与经营决策。忠诚于社会公众要求会计人员正确、真实地对外提供单位的会计信息，以便投资者、债权人及其他社会公众作出正确的判断和合理的决策。忠诚于国家要求会计人员遵守法律、法规和规章制度，不高估资产或虚构收入，不隐瞒或少报利润，以确保国家税收和其他合法权益不受侵害。

2. 正确认识会计职业，树立职业荣誉感

经济越发展，会计越重要。会计通过对单位的经济业务事项进行反映和核算，能够为国家的经济管理提供重要的数据支持。会计信息具有控制经济活动、反映经济状况的功能，它能够对单位的经营管理活动实施控制，也能为相关各方提供决策信息支持。因此，会计人员应当正确认识会计的本质和重要性，树立职业荣誉感，为自己的职业感到骄傲和自豪。只有如此，会计人员才有可能真正做到敬业。

3. 热爱会计工作，敬重会计职业

爱是敬的源泉。会计人员只有热爱会计工作，才能敬重会计职业，自觉自愿地遵守职业道德的各种规范，并不断改进工作，从而在平凡的岗位上取得不平凡的成就。

4. 安心工作，任劳任怨

安心工作是指潜下心来勤学多思、勤问多练，探索和研究工作中出现的新问题；任劳任怨是指具有勤奋工作的态度、不怕吃苦的敬业精神和不计较个人得失的思想境界。

5. 严肃认真，一丝不苟

会计工作是一项严肃细致的工作，稍有不慎便可能引起偏差。因此，会计人员必须秉持严肃认真的工作态度和一丝不苟的工作作风，并将其贯穿于会计工作的始终。

（五）坚持学习

坚持学习是指始终秉持专业精神，勤于学习，锐意进取，不断提高专业能力。会计人员的道德品行是其职业道德水平的根本和核心，而技能水平是其职业道德水平的保障。随着会计政策和法规的不断发展，加上会计工作本身具有较高的专业性和技术性，会计人员需要不断更新自己的会计专业知识和技能，以适应工作需求。

1. 具有不断提高会计专业技能的意识和愿望

市场经济的发展、全球经济一体化和科技的飞速进步，对会计人员的要求日益严格，也使得会计人才的竞争变得尤为激烈。在这种环境下，会计人员要想生存和发展，就必须具有不断进取的精神，主动寻求学习机会，不断更新知识、提高自身的专业技能，从而掌握过硬的本领，在会计人才竞争中立于不败之地。

会计主要的专业技能及提升策略

 互动空间

会计专业技能包括哪些？如何提高会计专业技能？

2. 具有勤学苦练的精神和科学的学习方法

专业技能的学习和提高不是一劳永逸的，必须持之以恒，真正做到“活到老学到老”。只有坚持不懈地勤奋学习，同时掌握科学的学习方法，在学中思，在思中学，并在实践中不断锤炼，会计人员才能不断提高自己的业务水平，从而推动会计工作和会计职业的发展。

（六）守正创新

守正是指端正态度，保持客观公正，按事物的真实情况来反映，不掺杂个人的主观意愿，也不受他人意见的影响；创新是指不断适应新的形势和要求，与时俱进、开拓创新，努力推动会计事业的高质量发展。

1．保持独立

会计人员的独立体现在形式和实质两个层面。

（1）形式上的独立强调会计人员在职务上的独立，即他们在组织结构上不依附于其他部门或个人，拥有专门的岗位和明确的职责。形式上的独立可以通过合理的岗位设置、明确的权限划分和有效的内部控制制度等手段来实现。

（2）实质上的独立强调会计人员在履行职能时能够保持独立，确保在处理经济业务事项时做到客观、公正，不受个人利益、他人利益或外部压力的影响。实质上的独立应贯穿于会计活动的整个过程，包括从会计凭证的取得或填制、会计账簿的登记、财务报表的编制、财务分析等。会计人员在整个过程中都要做到实事求是，严格按照会计法律、法规和规章制度进行记账、算账、结账、报账，做到手续完备、账目清楚、数字准确。

2．开拓创新

在从事会计工作的过程中，会计人员应不断探索新的工作方法、思维方式和管理办法等，提高工作效率和质量，以适应经济发展和社会进步的要求。

（1）技术创新。会计人员应学习和掌握新的会计软件和工具，并运用大数据、云计算、人工智能等先进技术，提高会计工作的效率和准确性。

（2）管理创新。会计人员应探索新的管理方式，如实施绩效管理、建立财务共享中心等，提高会计工作的管理水平和决策能力。

（3）流程创新。会计人员应优化工作流程，简化操作手续，提高工作效率并降低操作风险。

（4）理念创新。会计人员应更新观念，树立正确的价值观，并关注单位的长期发展，而不仅仅局限于短期利益。

（5）制度创新。会计人员应更新并完善单位会计制度，确保其与当前的财务要求和实践保持一致。

（6）服务创新。会计人员应提升服务水平，为单位提供高质量的会计服务。

同步习题

【例 5-1 多项选择题】由于公司严重亏损，董事长授意总会计师张某对财务报表进行技术调整，从账面上扭亏为盈。张某接受了这一授意，并对财务报表进行了相应的处理。张某违反了会计职业道德中（ ）的要求。

A．爱岗敬业　　B．诚实守信

C．客观公正　　D．坚持准则

答案：BCD

知识视窗

会计职业道德与会计法律制度的关系

1. 两者的联系

(1)内容上相互渗透、相互重叠。会计法律制度含有会计职业道德的相关内容，会计职业道德也含有会计法律制度的相关条款。两者在目标、调整对象和职责上具有一致性。

(2)作用上相互补充、相互协调。基本的会计行为必须运用会计法律制度进行规范，但不需用或不宜用会计法律制度进行规范的会计行为，可通过会计职业道德进行调整。

(3)地位上相互转化、相互吸收。最初的会计职业道德是基于会计职业中约定俗成的基本要求形成的。随着社会的发展，这些基本要求被会计法律制度所采纳，从而构成了会计法律制度的基础。

(4)在实施过程中相互作用、相互促进。会计职业道德是会计法律制度正常运行的社会基础和思想基础，会计法律制度是促进会计职业道德形成和遵守的制度保障。

2. 两者的区别

两者的区别具体如表 5-2 所示。

表 5-2 会计职业道德与会计法律制度的区别

项目	会计职业道德	会计法律制度
性质	不完全体现统治阶级的愿望和意志，其内容大多源自职业习惯和约定俗成。在同一社会中，会计职业道德并不是唯一的，它主要依靠会计人员的自觉遵守和自愿执行，并通过社会舆论和良心来实现。因此，会计职业道德基本上是非强制执行的，具有很强的自律性	充分体现了统治阶级的愿望和意志。一般情况下，同一社会只允许存在统一的会计法律制度。会计法律制度是强制执行的，具有很强的他律性
作用范围	较广，不仅规范会计人员的外在行为，而且调整会计人员的精神世界	较窄，侧重于规范会计人员的外在行为，并确保会计工作结果的合法性
表现形式	既有明确的成文规定，也有不成文的规范 (1)较高层次的会计职业道德存在于人们的意识和信念之中，没有具体的表现形式，仅依靠社会舆论、道德教育、传统习俗和道德评价来维持 (2)即使是成文的会计职业道德，与会计法律制度相比，在表现形式上通常缺乏具体性和准确性，一般仅指出会计人员应当做或不应当做某种行为的原则和要求	是具体的、明确的成文条款

（续表）

项目	会计职业道德	会计法律制度
实施保障机制	虽然国家法律有相应的要求，但主要还是靠会计人员自觉遵守，其次是靠舆论的影响	由国家强制力保障实施。这种保障不仅体现在法律规范中有明确的制裁和处罚条款，而且体现在设立了与之相配合的权威制裁和审判机关
评价标准	以善恶为标准来判定会计人员的行为是否违背道德规范	以享有的权利和承担的义务为标准来判定会计人员的行为是否违法

任务实施

（1）全班学生以3～6人为一组进行分组，各组选出组长并进行任务分工。

（2）各组通过网络搜索、观看新闻、翻阅报纸等方式，选择一个关于违反会计职业道德的真实事件，并对事件中涉及的会计职业道德违规内容进行分析和总结。

（3）各组将分析结果制作成不少于八页的PPT，以便全面、清晰地呈现分析结果。

（4）各组通过抽签决定汇报顺序，然后由代表依次上台陈述分析结果。在此期间，教师和其他同学可随时提出问题或发表意见。

（5）教师进行总结和点评。

任务二　领略会计职业道德教育

任务导入

随着会计机构的不断壮大，奇星公司计划组织一场会计职业道德教育培训。假如你是会计机构负责人小张，请为公司制定一份详细的会计职业道德教育培训方案。

会计职业道德教育是指为了促使会计人员正确履行职能，而对其施行有目的、有计划、有组织、有系统的道德教育活动。它的主要任务是帮助和引导会计人员培养正确的职业道德情感，树立坚定的职业道德信念，遵守会计职业道德。

一、会计职业道德教育的内容

（一）会计职业道德观念教育

会计职业道德观念教育旨在广泛宣传会计职业道德的基本常识，使广大会计人员明白会计职业道德的内涵，认识会计职业道德对社会经济秩序和会计信息质量的影响，以及违反会计职业道德将受到的惩戒。会计职业道德观念教育可以与社会教育、学校教育和家庭教育相结合，并借助广播、电视、报纸、杂志等媒介全面普及会计职业道德知识，使会计人员树立职业道德观念，形成“以遵守职业道德为荣，以违反职业道德为耻”的社会氛围。

（二）会计职业道德规范教育

会计职业道德规范教育是指对会计人员开展的，以会计职业道德为主要内容的教育活动。它是会计职业道德教育的核心内容，贯穿于会计职业道德教育的始终。通过接受会计职业道德规范教育，会计人员应当具备高度的自觉性，树立正确的会计职业道德观。

（三）会计职业道德警示教育

会计职业道德警示教育旨在通过分析和讨论违反会计职业道德的行为和典型案例，以启发和警示会计人员，从而提升他们的法律意识和会计职业道德观念，增强辨别是非的能力。

（四）其他教育

其他与会计职业道德相关的教育包括形势教育、品德教育、法制教育等。通过这些教育，会计人员可以了解国家的政治、经济和科技发展形势，掌握会计理论和实务的发展趋势，以增强职业责任感和社会责任感。

同步习题

【例 5-2　判断题】会计职业道德教育的核心内容是会计职业道德观念教育。　（　）

答案：×

二、会计职业道德教育的途径

（一）接受教育

接受教育是一种外在教育，是指学校或单位对会计人员进行的，以职业责任和职业义务为主要内容的正面灌输，旨在规范会计人员的职业行为，维护国家和社会公众利益的教育。这种教育方式是一种被动的学习和接受过程。

1．岗前职业道德教育

岗前职业道德教育是针对即将从事会计职业的人员所进行的道德教育。这种教育通常在会计学历教育阶段进行，重点培养学生的职业观念、职业情感和职业规范等。一般

情况下，会计专业类院校是会计职业道德教育的重要阵地，也是会计人员岗前职业道德教育的主要场所，在会计职业道德教育中占据着基础性的地位。

会计学历教育的具体目标包括：一是确保学生在学习会计理论和技能的同时，能够了解会计职业道德的主要内容，并树立职业道德观念；二是使学生了解会计职业可能面临的道德风险，为他们将来从事会计工作并在职业活动中保持正确的价值观和行为模式奠定基础；三是培养学生形成会计职业道德情感和观念及运用道德标准来判断是非的能力。

2．岗位职业道德继续教育

岗位职业道德继续教育是针对已从事会计职业的会计人员实施的继续教育。这种继续教育是加强会计职业道德教育的有效形式。在不同时期，岗位职业道德继续教育的侧重点应有所不同，以更好地适应时代发展的需要。一般来说，岗位职业道德继续教育包括以下内容。

（1）形势教育。形势教育的重点是贯彻“以德治国”的重要思想和“诚信为本，操守为重，坚持准则，不做假账”的指示精神，通过全面、系统地加强会计职业道德培训，提高广大会计人员的政治水平和思想道德意识。

（2）品德教育。品德教育的重点是引导会计人员自觉遵守会计职业道德，约束自身行为，增强职业道德自律，从而养成良好且稳定的道德品行。

（3）法制教育。法制教育的重点是引导会计人员了解不同时期的会计法律、法规和规章制度，并学会运用法律手段来处理会计业务。

（二）自我教育

自我教育是一种内在教育，是指会计人员通过自我学习、自我改造和自我提高来加强道德修养的行为活动。它是将外在的职业道德要求逐步转化为会计人员内在的职业道德情感、职业道德意志和职业道德信念的过程。会计人员应当主动进行自我教育，通过参与社会实践不断加强职业道德修养，养成良好的道德行为，从而实现道德境界的提升。自我教育的途径主要包括以下几种。

1．慎独慎欲

会计职业道德修养的最高境界是慎独，即在单独处事、无人监督的情况下，会计人员仍能自觉按照道德准则去办事。慎独要求每位会计人员都要严格要求自己，在履行职责时自律谨慎，即使存在制度漏洞、监督不足或管理宽松的情况，也应当坚守职业道德底线，始终按照职业道德的要求处理各项会计工作。

慎欲是指通过正当的手段获得物质利益。会计人员要想做到慎欲，一是要把国家和社会公众的利益放在首位，确保在追求个人利益的过程中不损害国家和社会公众的利益；二是要节制欲望，适度、适当、合理、合法地追求利益，坚决反对通过不正当手段谋取私利。

2. 慎省慎微

慎省是指认真地进行自我反省。慎省要求会计人员通过自我反思、自我剖析和自我总结来发扬优点、改正缺点，不断地自我提升和超越，以确保自己的行为符合职业道德规范和要求。慎微是指从微处、小处着眼，在微处、小处自律，积小善成大德。慎微要求会计人员在职业活动中能防微杜渐，坚持做到“勿以善小而不为，勿以恶小而为之”。

3. 自警自励

自警是指会计人员随时警醒并告诫自己，对各种腐朽思想文化保持警惕，以防止各种不良思想对自己的侵袭。自励是指会计人员用崇高的会计职业道德理想和信念来激励和教育自己，时常用《会计人员职业道德规范》这把标尺来衡量自己在职业活动中的言行。

互动空间

你未来进入会计岗位后，打算如何进行会计职业道德的自我教育？

任务实施 »

（1）全班学生以3～6人为一组进行分组，各组选出组长并进行任务分工。

（2）小组成员通过查找资料、共同讨论等，为奇星公司设计一份合理的会计职业道德教育培训方案。

（3）各组通过抽签决定汇报顺序，然后由代表依次上台分享方案。在此期间，教师和其他同学可随时提出问题或发表意见。

（4）教师进行总结和点评。

任务三　推动会计职业道德建设

任务导入 »

假如你是会计机构负责人小张，请为奇星公司制定一套关于如何实施会计职业道德内部监督的计划，并设计相应的奖惩机制。

会计职业道德建设决定着会计职能的发挥和会计信息质量，是一项重大且紧迫的任务。为推动会计职业道德建设，国家既要加强检查力度和完善奖惩机制，也要加强和改善会计职业道德建设的组织和领导，确保其得到切实的贯彻与实施。

一、加强检查力度

加强检查力度是确保会计人员遵守职业道德的重要手段。会计职业道德的检查通常由政府监管机构、行业自律组织、单位内部审计部门及专业的社会审计机构等共同实施。通过定期和不定期的检查，相关检查单位可以有效促进会计人员遵守职业道德，提高整个会计职业的社会形象和公众信任度。会计职业道德检查的内容主要包括以下几个方面。

（1）法律、法规和规章制度的遵守情况，即检查会计人员是否严格遵守《会计法》《注册会计师法》等法律、法规和规章制度，是否遵循了会计准则。

（2）诚信和保密，即检查会计人员在处理各项会计工作时是否保持诚信，是否泄露了商业秘密。

（3）独立性和客观性，即对注册会计师等独立审计人员进行检查，以确保他们在履行职责时保持高度的独立性和客观性，未受到任何不当的影响。

（4）专业判断能力，即检查会计人员是否具备应有的专业判断能力，确认他们能否胜任本职工作。

（5）公司治理和内部控制，即检查会计人员在公司治理和内部控制中的作用，以确定他们能否有效防止财务舞弊和错误的发生。

（6）教育背景和工作经历，即检查会计人员的教育背景和工作经历是否符合职业要求，是否能够持续接受专业培训。

（7）利益冲突，即检查会计人员能否妥善处理利益冲突，是否存在利用职务之便谋取个人利益的情况。

（8）环境和社会责任，即检查会计人员在工作中是否考虑到了环境和社会责任，是否实施了节能减排、参与公益活动等行为。

（9）反洗钱和反恐怖融资，即检查会计人员在反洗钱和反恐怖融资方面的意识和行动力，以确定他们能否识别并报告可疑交易。

（10）职业协作和关系维护，即检查会计人员在与审计、税务、金融等其他职业人员协作时，能否遵循职业道德，并维持良好的职业关系。

同步习题

【例 5-3　多项选择题】会计职业道德检查的内容包括（　　）。

A．诚信和保密　　B．独立性和客观性

C．公司治理和内部控制　　D．职业协作和关系维护

答案：ABCD

二、完善奖惩机制

根据会计职业道德的检查结果给予相应的奖励或惩罚，是确保《会计人员职业道德规范》得以贯彻执行的必要措施。这样做不仅有助于激发道德力量发挥作用，还能激励会计人员遵守职业道德规范，从而营造一个惩恶扬善的社会环境。

（一）会计职业道德的奖励方式

（1）表彰荣誉，即对在会计职业道德方面表现突出的个人或单位予以表彰，如授予会计人员“全国先进会计工作者”“优秀注册会计师”等荣誉称号。

（2）职业晋升，即对那些拥有良好职业道德记录的会计人员提供支持，在晋升和职称评定等事项上予以优先考虑。

（3）培训机会，即提供更多的专业培训和继续教育机会，以提升会计人员的专业能力和职业道德水平。

（4）政策优惠，即通过提供税收优惠、贷款便利等优惠政策，鼓励会计人员遵守职业道德，保持诚实守信。

（5）物质奖励，即给予遵守职业道德的会计人员一定的物质奖励，如奖金、补贴等。

（二）会计职业道德的惩罚方式

（1）纪律处分，即根据情节严重程度，对违反职业道德的会计人员实施相应的纪律处分，如警告、暂停执业或吊销从业资格等。

（2）法律责任，即对严重违反法律、法规和规章制度及职业道德的会计人员，实施相应的法律惩罚，如罚款、拘留、刑事处罚等。

（3）行业禁入，即对严重违反职业道德的会计人员，行业自律组织可以实施行业禁入措施，规定其在一定期限内不得从事会计工作。

（4）公开曝光，即对违反职业道德的会计人员及其行为进行公开曝光，以警示他人。

公开曝光的途径

 互动空间

对于违反会计职业道德的行为，公开曝光的途径有哪些？请举例说明。

三、鼓励各级财政部门积极推动

各级财政部门需要深刻认识新形势下加强会计职业道德建设的重要性、紧迫性、艰

巨性和长期性。在推动会计职业道德建设的过程中，各级财政部门可以采取以下措施。

（一）采用多种形式开展会计职业道德宣传教育

各级财政部门应当结合本地区的实际情况，充分利用各种宣传工具，积极开展多样化的宣传活动，如举办会计职业道德演讲、论坛、竞赛、有奖征文等活动，加大宣传力度，并注重发挥网络媒体的宣传作用及舆论的监督作用，从而营造一个有利于会计职业道德建设的良好氛围。

（二）将会计职业道德建设与会计专业技术资格考评、聘用相结合

各级财政部门应根据会计法律制度，将会计职业道德建设与会计专业技术资格考评、聘用相结合。这样可以让会计人员像重视专业技术职称一样重视自己的职业道德形象，在日常工作和学习中不断提高自身的职业道德修养。

（三）将会计职业道德建设与会计执法检查相结合

各级财政部门应通过解读和宣传会计法律条文，来引导会计人员理解和领悟职业道德的重要性。同时，在进行会计执法检查时，各级财政部门不仅要检查会计工作的合规性，还要检查会计人员的职业道德，对于违反职业道德的行为实施惩戒，进一步形成既强调法律约束力又重视道德自律的会计职业环境。

（四）将会计职业道德建设与会计人员表彰奖励制度相结合

《会计法》规定，对于那些认真执行会计法律、忠于职守、坚持原则并取得显著成绩的会计人员，应给予精神奖励或物质奖励。因此，各级财政部门应当建立并完善激励机制，对会计人员遵守职业道德的情况进行考核，并根据考核结果对自觉遵守会计职业道德的优秀会计人员提供精神奖励或物质奖励。在表彰会计人员时，各级财政部门可以组织各种活动并加大宣传力度，通过这些活动树立可信赖和学习的榜样，调动广大会计人员的积极性。

四、发挥会计行业自律管理

会计职业道德的建设不仅需要依靠政府监管，还需要行业自律管理。会计行业自律是指行业自律组织对所有会计人员的行为进行约束和控制。这种自律管理制度有效补充了行政管理制度，增强了会计行业的规范性。

行业自律组织作为连接会计人员与政府之间的桥梁，可以采取以下措施来推动会计职业道德建设：一是在注册会计师协会、会计学会、总会计师协会等组织中设立职业道德委员会，由其专门负责制定、解释、修订和实施职业道德规范；二是宣传遵守会计职业道德的行为；三是惩戒违反会计职业道德的人员；四是表彰严格遵守会计职业道德的人员。

五、优化企事业单位的内部监督

会计人员职业道德的优劣直接影响其所在单位的利益。因此，企事业单位的负责人应当切实抓好会计职业道德的建设工作。企事业单位在实施内部监督时，应注意以下几点。

（1）必须任用具备专业胜任能力的人员负责会计工作。在选拔重要会计岗位的人员时，企事业单位应严格审查其职业记录和诚信档案，优先考虑业务能力强和职业道德感强的会计人员。

（2）在日常工作中，应重视对会计人员开展职业道德和纪律教育，并加强检查，以督促其坚持职业原则。

（3）建立并完善单位的内部控制制度，形成有效的内部约束机制，为会计人员提供一个有利于遵守职业道德的执业环境，确保其依法开展工作。

（4）单位负责人应当以身作则，成为遵纪守法的典范，并支持会计人员依法开展工作。

六、动员社会各界的监督与配合

会计职业道德建设不仅关乎会计行业的形象和声誉，更影响社会经济的稳定和可持续发展。因此，国家需要广泛动用社会各界的力量，形成强大的监督合力，共同维护会计职业道德的纯洁性和严肃性。

除了政府相关部门、会计行业自律组织、企事业单位，媒体和社会公众也应积极参与会计职业道德建设的监督。媒体作为社会舆论的重要载体，应积极宣传会计职业道德建设的意义和成果，曝光违反会计职业道德的典型案例，通过舆论的压力，推动会计人员自觉遵守职业道德，维护会计职业的良好形象。同时，国家应鼓励社会公众积极参与监督，及时举报会计职业道德违反行为，为会计职业道德建设提供有力支持。

七、推进信息化建设

在信息化时代，会计职业道德建设需要与时俱进，即运用现代信息技术和管理方法，提升会计职业道德的实践水平和传播效率，从而推动整个会计行业的健康发展。

（1）加强信息化培训和教育，即通过建设职业道德教育平台、开发在线课堂等方式，将职业道德规范和教育内容以更加便捷、高效的方式传达给会计人员，提高其信息化素养和职业道德水平。

（2）完善职业道德监管体系，实现对会计人员行为的实时监控和数据分析，以便及

时发现并纠正违反会计职业道德的行为。

（3）建立会计职业道德信息共享平台，共享行业动态、政策解读、案例分析等内容，以便会计人员及时获取相关信息，加强职业道德意识的提升。

（4）建立会计人员信用档案，记录其职业道德表现和违规行为，为评价会计人员职业道德水平提供依据。

任务实施 »

（1）全班学生以3～6人为一组进行分组，各组选出组长并进行任务分工。

（2）小组成员通过查找资料了解并讨论财政部门和会计行业在推进会计职业道德建设方面的举措，然后以此为基础为奇星公司制定关于实施会计职业道德内部监督的计划，并设计相应的奖惩机制。

（3）各组通过抽签决定汇报顺序，然后由代表依次上台分享方案。在此期间，教师和其他同学可随时提出问题或发表意见。

（4）教师进行总结和点评。

知识检测

一、单项选择题

1．职业道德是指与人们的（　　）密切相关的、符合职业特点要求的道德准则、道德情操和道德品质的总和。

A．道德活动　　B．职业活动　　C．经济活动　　D．政治活动

2．职业道德是由（　　）决定的。

A．社会实践　　B．经济基础

C．社会经济关系　　D．上层建筑

3．会计职业道德修养的最高境界是（　　）。

A．慎独　　B．慎欲　　C．慎省　　D．慎微

4．会计人员公私分明，不贪不占，这是会计职业道德中（　　）的具体体现。

A．守责敬业　　B．守法奉公　　C．坚持学习　　D．守正创新

5．大学毕业后，王某找到了一份会计工作。他自认为在学校期间所学的会计知识足以应对本职工作，因此在工作后很少钻研业务，导致差错不断。王某违反了会计职业道德中（　　）的要求。

A．坚持准则　　B．守责敬业　　C．守正创新　　D．坚持学习

6．会计职业道德教育的途径不包括（　　）。

A．会计学历教育　　B．岗位职业道德继续教育

C．财政部门的监督检查　　D．会计人员的自我教育

二、多项选择题

1．会计职业道德的特点包括（　　）。

A．广泛的社会性　　B．一定的强制性

C．一定的他律性　　D．较多关注国家和社会公共的利益

2．守责敬业的基本要求包括（　　）。

A．热爱会计工作，敬重会计职业　　B．安心工作，任劳任怨

C．忠于职守，尽职尽责　　D．严肃认真，一丝不苟

3．坚持学习的基本要求包括（　　）。

A．具有不断提高会计专业技能的意识和愿望

B．具有勤学苦练的精神和科学的学习方法

C．熟悉准则

D．保持独立性

4．会计职业道德与会计法律制度的主要区别表现在（　　）。

A．性质不同　　B．作用范围不同

C．表现形式不同　　D．实施保障机制不同

5．会计职业道德建设的推动应依靠（　　）。

A．社会各界的监督与配合

B．会计行业的自律管理

C．企事业单位的内部监督

D．公安局的监督检查

三、判断题

1．基于社会共同的价值标准和取向，各种职业道德有着共同的内容。（　　）

2．职业道德具备普遍适用于整个社会的特点。（　　）

3．实质上的独立是指会计人员在职务上的独立，即他们在组织结构上不依附于其他部门或个人，拥有专门的岗位和明确的职责。（　　）

4．会计职业道德不受国家法律的直接规定，只能靠会计人员自觉遵守。（　　）

四、不定项选择题

李某是一名会计，多年工作中从未出现过差错。有一天，朋友刘某提议，如果单位有闲置资金，可以暂时拿出来用于炒股，等到赚了钱再归还给单位。这样做既不会引起单位的注意，也能赚一些钱。李某考虑后，接受了刘某的提议，挪用单位一笔短期内不会使用的资金

进行炒股。过了一段时间，李某的这一行为在审计过程中被揭露，他因此受到了相应的处罚。

根据上述资料，回答下列问题。

1．李某违反了会计职业道德中（　　）的要求。

A．坚持诚信　　　　B．坚持准则

C．守法奉公　　　　D．守正创新

2．在推动会计职业道德建设时，财政部门可以采取的措施包括（　　）。

A．将会计职业道德建设与会计执法检查相结合

B．采用多种形式开展会计职业道德宣传教育

C．将会计职业道德建设与内部控制制度的建立和完善相结合

D．将会计职业道德建设与会计专业技术资格考评、聘用相结合

3．会计职业道德教育的主要内容包括（　　）。

A．会计职业道德观念教育

B．会计职业道德规范教育

C．会计职业道德警示教育

D．会计职业道德理论教育

4．坚持诚信的基本要求包括（　　）。

A．做老实人，说老实话，办老实事，不搞虚假

B．遵纪守法，一身正气

C．保守商业秘密，不为利益所诱惑

D．执业谨慎，信誉至上

5．下列关于会计职业道德的说法中，正确的有（　　）。

A．会计法律制度是会计职业道德的最低要求

B．会计职业道德具有相对稳定性

C．会计职业道德是规范会计行为的基础

D．在发生利益冲突时，会计人员要坚持准则，把国家和社会公众的利益放在第一位

项目考核评价

学生配合指导教师共同完成如表 5-3 所示的项目考核评价表。

表 5-3　项目考核评价表

<table>
<tr><td>班级</td><td colspan="2"></td><td>组号</td><td></td><td>日期</td><td></td></tr>
<tr><td>姓名</td><td colspan="2"></td><td>学号</td><td></td><td>指导教师</td><td></td></tr>
<tr><td rowspan="2">评价维度</td><td colspan="2" rowspan="2">评价内容</td><td rowspan="2">分值</td><td colspan="2">评价分数</td></tr>
<tr><td>自评</td><td>师评</td></tr>
<tr><td rowspan="3">知识评价
30%</td><td rowspan="3">重难点
知识</td><td>了解职业道德的基础知识</td><td>8 分</td><td></td><td></td></tr>
<tr><td>掌握会计职业道德和会计职业道德教育的内容</td><td>12 分</td><td></td><td></td></tr>
<tr><td>掌握推动会计职业道德建设的方法</td><td>10 分</td><td></td><td></td></tr>
<tr><td rowspan="5">能力评价
40%</td><td rowspan="3">自主学习
能力</td><td>能够概述本项目的主要知识点</td><td>8 分</td><td></td><td></td></tr>
<tr><td>课堂认真听讲，积极与老师互动</td><td>8 分</td><td></td><td></td></tr>
<tr><td>反思在预习和课堂学习中出现的问题，巩固所学知识，改进思路和方法</td><td>8 分</td><td></td><td></td></tr>
<tr><td rowspan="2">人际交往
能力</td><td>积极参与实践活动，与小组成员配合默契</td><td>8 分</td><td></td><td></td></tr>
<tr><td>与小组其他成员沟通顺畅</td><td>8 分</td><td></td><td></td></tr>
<tr><td rowspan="3">素养评价
30%</td><td rowspan="3">职业素养</td><td>按时出勤，积极参与课堂讨论</td><td>10 分</td><td></td><td></td></tr>
<tr><td>做事细致，勤于思考，善于总结</td><td>10 分</td><td></td><td></td></tr>
<tr><td>运用创新的方法或形式呈现实践成果</td><td>10 分</td><td></td><td></td></tr>
<tr><td colspan="3">合计</td><td>100 分</td><td></td><td></td></tr>
<tr><td>总评</td><td colspan="2">自评（30%）+师评（70%）=</td><td colspan="3">教师（签名）：</td></tr>
</table>

参考文献

[1] 程淮中，鲍建青. 财经法规与会计职业道德 [M]. 大连：东北财经大学出版社，2023.

[2] 林建雄，余汉龙，王进. 财经法规与会计职业道德 [M]. 上海：上海交通大学出版社，2021.

[3] 王庆. 财经法规与会计职业道德 [M]. 上海：立信会计出版社，2022.

[4] 王娜. 财经法规与会计职业道德 [M]. 北京：中国人民大学出版社，2023.

[5] 张清亮，梁文涛. 财经法规与会计职业道德 [M]. 北京：高等教育出版社，2023.

[6] 周艳，刘焕雯. 财经法规与会计职业道德 [M]. 上海：立信会计出版社，2023.